Défricheurs d'imaginaire

Une anthologie historique
de science-fiction suisse romande

sous la direction de
Jean-François Thomas

camPoche

« Défricheurs d'imaginaire »,
une anthologie historique de science-fiction suisse romande,
sous la direction de Jean-François Thomas

Ce livre de poche paraît avec l'aide de
Pro Helvetia, Fondation suisse pour la culture

« Défricheurs d'imaginaire »,
deux cent trente et unième ouvrage publié
par Bernard Campiche Éditeur,
le trente-deuxième de la collection camPoche,
a été réalisé avec la collaboration d'Huguette Pfander,
de Daniela Spring et de Julie Weidmann
Couverture et mise en pages : Bernard Campiche
Dessin de couverture : François Rouiller
Photogravure : Bertrand Lauber, Color+, Prilly,
& Cédric Lauber, L-X-ir Images, Prilly
Impression et reliure : Imprimerie La Source d'Or,
à Clermont-Ferrand (ouvrage imprimé en France)

ISBN 978-2-88241-231-7

Grand-Rue 26 – CH-1350 Orbe
www.campiche.ch

À Claudia, pour son soutien constant
À Jérôme, pour ses encouragements
À Grégoire, qui revient de loin, et Yanti
À Loïc, Mélanie, Zoïa et Tyra

Préface

I
Les raisons d'un choix

Une anthologie de science-fiction suisse romande. Voilà un projet qui peut sembler bizarre et incongru. Trouverait-on aussi, en nos contrées, des auteurs assez farfelus pour se livrer à l'exploration d'espaces imaginaires sans craindre la mauvaise réputation attachée à ce genre de littérature, dont aucune étude littéraire en Suisse romande ne parle, si ce n'est au détour d'une phrase ou d'une note égarée en bas de page ?

Cette anthologie, qui regroupe dix-huit textes, dont le premier est né en 1884 et le plus récent en 2004 – soit un espace-temps de cent vingt ans –, est là pour le prouver. La science-fiction suisse romande existe bel et bien, sous la plume d'auteurs célèbres, réputés, peu connus voire carrément oubliés.

On ne construit pas sur du sable, sinon l'édifice ne tient pas. Il convient donc d'indiquer ici sur quelles fondations repose cette anthologie.

Ma première pierre angulaire pèse 3 kilos 200. Elle compte 997 pages et se nomme *Encyclopédie de l'utopie, des voyages extraordinaires et de la science-fiction*. Rédigée par Pierre Versins, cette encyclopédie monumentale a vu le jour en 1972 chez l'Âge d'Homme à Lausanne. Cette œuvre est l'ouvrage essentiel pour qui veut connaître l'histoire, l'évolution et les caractéristiques principales de la science-fiction, notamment d'expression francophone. L'article « Suisse », qui s'étend des pages 840 à 843, recense une belle brochette d'auteurs et d'œuvres.

Ma deuxième pierre angulaire est lourde, massive et célèbre. Elle est aussi due à Pierre Versins. C'est en faisant don à la ville d'Yverdon de toutes ses collections (livres, revues, affiches, jouets, disques) que Pierre Versins est à l'origine de la Maison d'Ailleurs, premier et unique musée-bibliothèque de science-fiction, ouvert en 1976. En plein essor de nos jours, avec l'inauguration d'une nouvelle salle entièrement consacrée à Jules Verne, la Maison d'Ailleurs est connue dans le monde entier.

Ma troisième pierre angulaire est la plus vieille, la plus cachée, la plus difficile à déterrer. Et, comme tous les objets rares, elle est infiniment précieuse...

Le 15 mai 1915, à l'Université de Lausanne, Hubert Matthey, licencié ès lettres, qui sera plus tard lecteur de français à l'Université de Bâle, publie sa thèse sous le titre *Essai sur le merveilleux dans la littérature française depuis 1800 : contribution à l'étude des genres*. Ce qu'elle a de remarquable ? C'est tout simplement la première thèse jamais consacrée à l'anticipation !

Il faut une quatrième pierre, n'est-ce pas, pour que la maison soit bien solide ? Eh bien quoi de mieux que cette anthologie, qui est justement la quatrième regroupant des nouvelles d'auteurs suisses romands. La quatrième, mais qui présente deux importantes particularités.

En premier lieu, c'est une anthologie historique : elle ne recense que des textes qui ont déjà été publiés, gage de qualité. En second lieu, c'est la première dont le tirage ne soit pas confidentiel et réservé à un cercle d'initiés. Pour les lecteurs amateurs de précision, voici la liste des trois autres anthologies.

1. *L'Empire du milieu: Suisse-fictions*, Édition NECTAR, 1982. Regroupe onze nouvelles et quatre articles de fond.
2. *Imagine*, N° 63, mars 1993. Revue canadienne qui contient cinq nouvelles, deux articles et deux portfolios.
3. *Îles sur le toit du monde: une anthologie romande de science-fiction*. Université de Lausanne, revue *Archipel*, novembre 2003, N° 24. Regroupe onze nouvelles et un article.

II
Un peu d'histoire

Historiquement, c'est au XVIIIe siècle que l'on voit apparaître les premiers auteurs de science-fiction en Suisse. Le Neuchâtelois Emmerich de Vattel (1714-1767) a publié trois recueils qui contiennent des éléments conjecturaux: *Pièces diverses, avec quelques lettres de morale et d'amusement* (1746); *Poliergie, ou Mélange de littérature et de poésies* (1757); *Mélanges de littérature, de morale et de politique* (1760). Grâce à un élixir inventé par un philosophe indien, le narrateur parvient à s'introduire dans l'esprit d'animaux. Puis c'est au tour du célèbre savant universel Albrecht von Haller (1708-1777) de rédiger, au milieu de sa vaste production scientifique et littéraire, trois utopies: *Usong, histoire orientale* (1771); *Alfred, roi des Anglo-Saxons* (1773) et *Fabius et Caton, fragment de l'histoire romaine* (1774). Le plus fameux directeur des Salines de Bex (de 1758 à 1764) étudie dans ses ouvrages les avantages respectifs du pouvoir absolu, de la monarchie éclairée et du gouvernement républicain.

Le troisième précurseur vit au début du XIXe siècle. Le Genevois Rodolphe Toepffer (1799-1846) invente non seulement la bande dessinée, mais aussi la bande dessinée de science-fiction avec *Le Docteur Festus* (1830) et *Voyages et Aventures du docteur Festus* (1833). Dans ces albums, suite à des mésaventures, le docteur Festus gravite par deux fois autour de la Terre, tel un satellite artificiel !

L'*Histoire de la prise de Berne et de l'annexion de la Suisse à l'Allemagne* est le premier véritable livre de science-fiction suisse. C'est aussi une superbe supercherie littéraire. On peut lire 1921 sur la page de couverture. En réalité, cette brochure anonyme a été publiée en 1872. Elle est due à Samuel Bury, autrefois juge cantonal genevois. C'est l'histoire d'une guerre imaginaire – une uchronie – qui voit la Suisse balayée par la puissance voisine. L'Allemagne veut en effet récupérer l'argent qu'elle a prêté à la Suisse pour la construction de la ligne du Gothard. Et comme la Suisse est incapable de rembourser… C'est, bien sûr, un livre de combat, un violent réquisitoire contre la centralisation, contre la révision de la Constitution fédérale de 1848, qui sera repoussée par le peuple en 1872, puis acceptée en 1874 après quelques allégements.

Ce thème de la guerre imaginaire sera repris plus tard par Willy-A. Prestre. *Tocsins dans la nuit* (1934) est un livre dur, alarmiste, haineux, qui vise à mettre en garde la Suisse contre une possible agression des armées hitlériennes. Ou par Pierre Dudan, qui n'a pas seulement bu le café au lait au lit, mais aussi rédigé *L'Écume des passions* (1982), véritable pamphlet de politique-fiction de droite.

Fort heureusement il existe un antidote à ces récits déprimants qui vont de l'avertissement à la xénophobie : l'humour. C'est ainsi que Léon Bopp, dans *Drôle de monde* (1940), démontre par l'absurde l'absurdité de toute guerre. Hilarantes et non conformistes, ces nouvelles rappellent que la science-fiction a aussi une origine satirique, n'est-ce pas Monsieur Voltaire ? De Léon Bopp, on lira *Une fable* dans cette anthologie.

L'utopie, la description d'un monde meilleur, est un des courants anciens de la science-fiction. La Suisse n'est pas prodigue en la matière. Haller, bien sûr, mais aussi Charles Secrétan, qui publie en 1892 *Mon utopie, nouvelles études morales et sociales*. Il s'y montre particulièrement novateur en réclamant l'égalité entre l'homme et la femme, n'y voyant que des avantages. On citera aussi Tefri, pseudonyme de Thérèse Frisch, qui publiera deux utopies nommées *Au Gravitor: fantaisie* (1960) et *Au Piladoc: fantaisie* (1963), planètes sur lesquelles de jeunes héros terriens confrontent leurs idées avec des extraterrestres chrétiens.

L'anti-utopie, dite aussi contre-utopie ou encore dystopie, est la description d'un monde pire que le nôtre. La science-fiction suisse a en revanche beaucoup produit d'anti-utopies. La Suisse est une île au milieu de l'Europe qui n'aime pas voir sa tranquillité perturbée.

Voici Pierre Girard, célèbre auteur genevois, un peu oublié maintenant, qui évoque une révolution à Genève à la fin de *Monsieur Stark* (1943). Le philosophe Jérôme Deshusses qui, avec *Sodome-ouest* (1966) puis *Le Grand Soir* (1971), raconte la même histoire sous deux formes différentes : un jour, les citoyens se croisent les bras et décident de tout arrêter. *La Vermine* (1970), d'Anne Cuneo, décrit l'arrivée au pouvoir d'un gouvernement communiste provisoire en Italie suite à une révolution et la rentrée au pays de tous les immigrés italiens, plongeant la Suisse dans le chaos. Véritable manifeste antixénophobe, cet ouvrage revu et corrigé par l'auteur vient, par le plus grand des hasards, d'être réédité dans la même collection que ce livre-ci, tant il est vrai que la xénophobie fait encore des ravages aujourd'hui. Le chanteur Michel Bühler, avec *Avril 1990* (1973), raconte à son tour une révolution en Suisse. Plus humoristique, François Bonnet et *La Montagne de beurre* (1979). Plus cynique, Jean-Bernard Vuillème et *La Tour intérieure* (1979).

Ce courant anti-utopique a produit en tout cas un excellent roman et un chef-d'œuvre. *Les Panneaux* (1978), de Jean-Claude Fontanet, est l'excellent roman. Le pays entier est envahi par des panneaux de topon, matériau mystérieux que l'on ne sait comment détruire, à l'instar des déchets atomiques. La vie de Joseph Clot, paisible retraité, va virer au cauchemar et le pays se transformer en camp retranché.

Le chef-d'œuvre, c'est *Soft goulag* (1977), d'Yves Velan. Réactualisation du mythe du paradis perdu, ce livre conte les avatars d'Ad et Ev qui ont gagné le droit de faire un enfant dans un monde surpeuplé et saturé où le gaspillage est un véritable crime. Les citoyens, tenus par leur dette, vivent en réalité dans un véritable enfer, dans un goulag mou, où même les sentiments sont abolis. Mais c'est aussi, par son écriture, une réflexion sur la littérature. Pas d'odeurs, dans *Soft goulag*. Toute l'histoire est racontée par un narrateur comme s'il la regardait défiler sur un écran, entrecoupée d'interruptions publicitaires. N'en déplaise à ses contradicteurs, la science-fiction produit ainsi parfois des monuments littéraires !

D'autres auteurs classifiés « littéraires » justement ont rédigé des romans que Pierre Versins qualifie de « contre-utopies étouffantes ». Des récits, issus de Kafka, qui ont pour caractéristique de rester énigmatique. Dans cette veine, on citera Jean-Michel Junod, *Archipel* (1970) ; Claude Delarue, *La Lagune* (1974) ; Jean-Marc Lovay, *Les Régions céréalières* (1976) ; ou Maurice Schneuwly, *L'Épopée de Soxana* (1980).

Revenons à l'uchronie. Car l'une des plus fameuses histoires parallèles de la science-fiction mondiale est due à la plume de Léon Bopp, quantitativement l'auteur suisse qui a le plus produit de pages d'anticipation. Son livre, *Liaisons du monde* (1938-1944), est unique en son genre.

L'histoire commence en 1929 et, jusqu'à la page 110, Léon Bopp se fait le chroniqueur de son temps et ne semble pas avoir eu l'idée d'écrire une uchronie. Au bas de la page 110, on trouve cette note: « Après avoir esquissé, jusqu'ici, l'état du monde et de la France d'une manière assez conforme à la " réalité " ou à la " vérité " de l'histoire, nous allons faire, de plus en plus grande, dans notre récit, la part de la fiction. Mais nous voulions que cette fiction s'insère dans un cadre à peu près historique. »

N'importe quel écrivain voulant rapporter l'histoire de son temps, voyant que cette histoire était en train de s'accélérer – nous sommes en 1935 – pour partir dans une direction abominable, se serait fait historien ou se serait arrêté. Mais pas Léon Bopp. Il continue, de 1935 à 1944, à rédiger une histoire parallèle à celle qui se déroule dans la réalité. C'est certainement la seule uchronie au monde à avoir été écrite en même temps que l'époque qu'elle décrit !

La première édition, en partie censurée, compte 1947 pages en quatre volumes. La seconde, 1173 pages sur deux colonnes (1949). Léon Bopp a entrepris de rédiger le roman cosmique, mettant en scène des milliers de personnages, où interviennent aussi bien les hommes que les animaux, les végétaux, les microbes, etc. Catalogue d'inventivité, fourmillant d'idées neuves ou folles, Léon Bopp pousse chaque élément jusqu'à la démesure, montrant que toute action entraîne une infinité de réactions dont certaines sont imprévisibles. Le roman de la démesure.

L'autre auteur majeur de la science-fiction helvétique est Noëlle Roger, qui figure aussi dans cette anthologie et dont on trouvera plus de détail sous la notice qui lui est consacrée à la fin du volume.

Autre auteur prolifique, Jules Pittard, qui sous le pseudonyme de Charles de l'Andelyn a publié six romans de science-fiction. Son premier roman, *Les Derniers Jours du monde* (1931), est probablement le meilleur. Elle n'est certes pas dénuée d'une grandeur tragique, cette histoire d'amour entre le dernier homme et la dernière femme d'une humanité éradiquée de la Terre par le froid. Le reste de l'œuvre de l'Andelyn est à citer, sans plus, tant la psychologie des personnages y est faible et les péripéties invraisemblables. *La Prodigieuse Découverte de Georges Lefranc* (1935), c'est l'immortalité. *Nara le conquérant* (1936), un roman préhistorique. *Entre la vie et le rêve* (1943), au titre suffisamment explicite. « Quant au *Voyage à la lune et au-delà* (1959) et *Il ne faut pas badiner avec le temps* (1964), ils font montre d'une méconnaissance totale de ce qui a pu se passer au point de vue scientifique depuis le temps où Héraclite jouait aux billes. » Le jugement de Pierre Versins est sans appel.

Qu'en est-il des voyages dans l'espace ? Les auteurs de science-fiction suisses sont-ils de joyeux conquérants qui repoussent de plus en plus loin les limites de l'univers connu ? Les fans de « Star Wars » vont être déçus.

En effet, en matière de voyage dans l'espace, les auteurs de science-fiction suisses sont particulièrement frileux. Ils se contentent, tout au plus, d'une virée en banlieue. Gine Victor clame, *Je suis allé dans la Lune* (1969). Son récit décrit une fusée qui tourne trois fois autour de la Lune pour prendre des photos. Bien. Faut-il rappeler que, la même année, un certain Neil Armstrong… Roque Da Silva se rend *Sur la planète Mars* (1919), qui est « habitée par des hommes qui me ressemblaient comme des frères et qui parlaient la même langue que moi ». Bien pratique. Alfred Chapuis joue sur les mots avec *L'Homme dans la Lune* (1929), dans lequel une femme rusée fait revenir à elle son mari volage en lui faisant croire qu'il se trouve sur notre satellite. L'auteur de science-fiction suisse n'est pas un conquérant galactique.

Mais il y a des exceptions. Et de fort belles ! En premier lieu *Anthéa ou l'étrange planète* (1923), de Michel Epuy, qui figure dans cette anthologie. Une petite merveille en son genre. Blaise Cendrars conte aussi les péripéties d'un voyage spatial avec *L'Eubage* (1926), sorte de science-fiction poétique, en étroite relation avec les signes du zodiaque. Enfin Jean Hercourt, poète genevois, et son vertigineux récit *Astrolabe* (1949), longue poésie en prose qui conte le voyage à travers les espaces sidéraux d'un homme volant engoncé dans un scaphandre autonome, vaisseau-mère et nourricier. *Astrolabe* voyage dans l'infiniment grand en compagnie des nébuleuses galactiques et il évoque la grandeur de l'univers, la petitesse de l'homme, la beauté de la création en un puissant délire d'imagination.

Et le voyage dans le temps, alors ? Il y a bien Jean-Claude Froehlich, qui écrit pour la jeunesse des récits préhistoriques comme *Voyage au pays de la pierre ancienne* (1962) ou *Naufrage dans le temps* (1965) et *La Horde de Gor* (1967). L'illustre savant Auguste Piccard s'y est aussi essayé, avec une nouvelle intitulée *César, Cléopâtre et Einstein* (1957), dans laquelle il joue avec la théorie de la relativité. C'est à peu près tout. En Suisse, le temps, on le mesure avec des montres ; c'est du sérieux, on ne joue pas avec.

Une exception, cependant : les mondes perdus. Il en existe un certain nombre, dont les meilleurs sont peut-être *La Vallée perdue* (1940) et *Le Soleil enseveli* (1928) de

Noëlle Roger. Dans ce registre, on peut citer aussi le premier roman de Jacques Chenevière, *L'Île déserte* (1917). Résolument conjectural à ses débuts, Jacques Chenevière consacre son deuxième roman, *Jouvence ou la chimère* (1922), à l'immortalité.

Le problème de la mort, qui préoccupe tant les philosophes depuis l'aube de l'humanité, interpelle aussi les écrivains. Édouard Rod décrit par le détail *L'Autopsie du docteur Z**** (1884) dans le récit qui ouvre ce recueil. Roger Farney raconte l'étrange destin d'un homme qui vit deux fois dans *La Double Formule* (1931). Noëlle Roger rapporte les tourments du *Nouveau Lazarre* (1933). Maurice Sandoz parle d'un homme à l'étrange longévité dans *Le Labyrinthe* (1941).

Et les robots, androïdes, clones et autres machines copiant l'être humain ? Ces thèmes intéressent-ils les auteurs de science-fiction suisses ? Pas vraiment. Des androïdes, peut-être ? Comme *La Créature* (1984), d'Étienne Barilier, dont on ignore la vraie nature à la fin. Ou le héros de *L'Étalon-or* (1984), de Daniel Wehrli, seul roman de science-fiction érotique helvétique, dans lequel le héros a la fâcheuse, et lucrative faculté, de transformer ses partenaires lors du coït en statues d'or.

Alors, il se cache où, le thème favori de nos défricheurs d'imaginaire ?

Nous avons déjà constaté le succès de l'anti-utopie. Dans la même ligne, ce sont les récits catastrophes qui ont la préférence des auteurs de science-fiction suisses : fins du monde, hécatombes cosmiques, cataclysmes naturels et autres accidents atomiques.

Tout commence avec un chef-d'œuvre d'humour, qui n'a jamais été publié en volume. C'est dans deux livraisons successives de la *Bibliothèque populaire de la Suisse romande* que paraît, en septembre et octobre 1882, l'*Histoire de la fin du monde ou la comète de 1904*. Personne n'a encore découvert le véritable patronyme de son auteur, dissimulé sous le pseudonyme de Verniculus (hommage appuyé à Jules Verne qui intervient d'ailleurs en tant que personnage dans le récit). Dans ce roman, une comète va croiser la trajectoire de la Terre. Entièrement composée d'hydrogène carboné, autrement dit de grisou, il faudra éviter toute flamme sur la planète pendant quatre jours, sinon la Terre explosera. Pas facile de tenir la gageure, surtout lorsque des nihilistes russes ont décidé de tout faire péter ! Merveilleuse satire politique, chargée de clins d'œil et d'humour léger, l'*Histoire de la fin du monde ou la comète de 1904* est une franche réussite. Blaise Cendrars a rédigé un scénario de film, *La Fin du monde filmée par l'Ange N.D.* (1916), interprétation surréaliste du Jugement Dernier. Charles Ferdinand Ramuz à son tour décrit l'Apocalypse. *Présence de la mort* (1922) raconte par le menu la fin du monde sur les bords du Léman. La Terre est en train de tomber dans le soleil ; la chaleur augmente sans cesse ; la société perd de plus en plus sa cohésion, on pille les banques à Lausanne, on se livre à des orgies, on massacre les gens de passage. Le Léman et ses alentours, refuge des vraies valeurs, ont souvent permis à Ramuz de montrer le caractère privilégié de ce lieu, sa capacité à atteindre l'universel. Même dans la fin de tout. Noëlle Roger raconte *Le Nouveau Déluge* (1922), dans lequel il y a quelques survivants et où le bien triomphera du mal. Nous avons déjà rencontré Charles de l'Andelyn avec *Les Derniers Jours du monde* (1931). Odette Renaud-Vernet passe aussi par là. Sa nouvelle *Ce jour-là*, publiée dans *Xannt : contes fantastiques* (1979), est si originale qu'elle méritait bien de figurer dans ce recueil.

La fin du monde n'est pas toujours due à des causes extérieures. Une de nos grandes craintes, c'est qu'elle provienne de la main de l'homme lui-même.

Charles-Albert Reichen nous promet que *La fin du monde est pour demain...* (1949), dans un curieux ouvrage qui mélange des chapitres de science et d'autres de fiction. Claude Pearson, pseudonyme de Jean Denoréaz, a écrit un livre étonnant sur le péril atomique, *La Mort atomique* (1947). Véritable réquisitoire contre les dangers de la science atomique, ce livre apparaît aujourd'hui comme étrangement prophétique avec une description des effets d'une bombe à neutrons, bien avant que cette arme soit inventée. La science-fiction, parfois, peut se révéler prémonitoire. Comme Verniculus en 1882, dans l'ouvrage déjà cité, qui prévoit le téléphone dans tous les ménages et le développement économique du Japon!

Et après la fin du monde? Il arrive en effet que quelques êtres survivent. Comme chez Eugène Pénard, dans *Le Déluge de feu* (1912). Edmond Pidoux, dans *Une île nommée Newbegin* (1977), sauve d'une guerre nucléaire quelques passagers d'un avion pour leur faire tout recommencer. Les vieux essayent bien d'inculquer leur savoir aux jeunes, mais ceux-ci n'écoutent pas... Les primitifs du futur de *La Chronique*, nouvelle de Jacques-Michel Pittier, in *La Corde raide* (1980), jouent malencontreusement avec des déchets radioactifs...

Depuis sa création, la Maison d'Ailleurs a focalisé autour d'elle les amateurs de science-fiction. Un certain nombre d'écrivains se sont retrouvés au sein de l'Association des amis de la Maison d'Ailleurs (AMDA). Parmi ceux-ci on peut citer François Rouiller, Georges Panchard, Wildy Petoud, Pascal Ducommun et l'auteur de ces lignes.

On trouvera plus de détail dans les notices consacrées à François Rouiller, Georges Panchard et Wildy Petoud, dont un texte a été retenu au sommaire de cette anthologie.

On relèvera non sans intérêt que les directeurs successifs de la Maison d'Ailleurs ont été aussi auteurs. Quelques nouvelles à l'inimitable style pour Pascal Ducommun. Plusieurs nouvelles pour le journaliste Roger Gaillard, par ailleurs auteur de textes critiques et anthologiste. Enfin, le directeur actuel, l'historien Patrick Gyger, a publié plusieurs livres. Dont un recueil d'essais aux Éditions Antipodes sous sa direction et celle de Gianni Haver: *De beaux lendemains? Histoire, société et politique dans la science-fiction* (2002). Et un solide ouvrage illustré: *Les Voitures volantes. Souvenirs d'un futur rêvé* (2005) aux Éditions Favre. En 2006, il a été nommé parmi « Les 100 personnalités qui font la Suisse romande » par le magazine *L'Hebdo*.

D'autres écrivains, non liés au musée d'Yverdon-les-Bains, se sont illustrés dans les littératures de l'imaginaire.

Professeur retraité de l'EPFL, conseiller national, Jacques Neyrinck est probablement le seul écrivain de science-fiction à avoir dirigé le Parlement de son pays! Auteur, avec Alex Décotte, de *Et Malville explosa* (1988), roman-catastrophe destiné à lutter contre l'énergie nucléaire, il persévéra dans la même ligne avec *Les Cendres de Superphénix* (1997). *Le Manuscrit du Saint-Sépulcre* (1994) est une anticipation religieuse qui se termine par l'élection d'un pape suisse. Dans *L'Ange dans le placard* (1999), une équipe de chercheurs tente de prouver scientifiquement l'existence de l'âme. Écrivain prolifique, Jacques Neyrinck est auteur d'une quinzaine d'ouvrages, dont des polars historiques et des essais sur la science et les religions.

Prolifique, c'est aussi le cas d'Olivier Sillig, né en 1951, dont le premier roman, *Bzjeurd* (1995), récit de vengeance déroutant dans un décor boueux à souhait, servi par une écriture originale, a été d'emblée remarqué par la critique et réédité en livre de poche. Depuis, Olivier Sillig a publié quatre nouveaux romans et en a plusieurs en réserve…

D'autres auteurs encore se sont laissé entraîner dans les vastes contrées des littératures de l'imaginaire. Marie-Claire Dewarrat, dont plusieurs nouvelles de *En enfer, mon amour* (1990), renouent avec la tradition fantastique. De sa plume, on lira *Le Trou* dans cet ouvrage. Bernard Comment, dont la fable isolationniste, *Château d'eau* (1998), figure aussi en bonne place dans ce recueil. Jean-Michel Junod, dont plusieurs nouvelles du *Cri du dinosaure* (1999) font intervenir un détail troublant, déplacé, incongru. Alex Muller, membre de l'association vaudoise des écrivains, est l'auteur de *Billets doux* (1995), recueil de contes, et d'un *Guide du tourisme intergalactique* (1999), où l'on trouve même un lexique français/intergalacte à la fin… Dans l'impossibilité de tout lire, il existe certainement d'autres auteurs et/ou textes qui ont échappé à ce modeste recensement. Ces auteurs voudront bien nous pardonner.

III
Spécificité de la science-fiction suisse romande

On peut estimer à plus de deux cents titres les livres de science-fiction d'auteurs suisses romands. Ces auteurs ne sont pas étiquetés « écrivains de science-fiction » et ne se considèrent certainement pas comme tels. Ils ne publient pas dans des collections spécialisées. Ils viennent des horizons les plus divers. De l'université : Charles Secrétan, Hubert Matthey ; de la science : Auguste

Piccard; des deux: Jacques Neyrinck; de la littérature: C. F. Ramuz, Léon Bopp; de la chanson: Michel Bühler; du droit: Samuel Bury. Tout se passe comme si les écrivains de littérature générale s'abandonnaient parfois à écrire une œuvre de science-fiction, par hasard.

Pourtant, une poignée d'auteurs romands ont produit plusieurs textes conjecturaux, montrant en cela leur intérêt pour les littératures de l'imaginaire.

Noëlle Roger a publié huit romans et un recueil de nouvelles dans le domaine. Léon Bopp a tant publié que sa contribution à la conjecture ne constitue qu'une partie de son œuvre, mais elle est imposante, quantitativement et qualitativement. On trouve aussi des éléments conjecturaux dans son roman *Jacques Arnaut et la somme romanesque* (1935). Charles de l'Andelyn a touché à plusieurs thèmes, mais de façon maladroite. On peut encore citer Tefri, avec cinq œuvres. Ou, plus près de nous, Jacques Neyrinck.

On peut résumer ainsi les grandes étapes de l'histoire de la science-fiction suisse romande.

1. Des origines à la fin de la Première Guerre mondiale, on trouve rarement de la science-fiction, mais les œuvres rencontrées sont de qualité. Verniculus et Bury assènent avec humour leur satire politique contre le centralisme helvétique. Secrétan fait montre d'idées sociales révolutionnaires. Hubert Matthey publie sa thèse sur le merveilleux.
2. Au cours de l'entre-deux-guerres (1919-1939), les auteurs suisses romands se livrent à une vaste exploration des thèmes classiques de la science-fiction. On y trouve toute l'œuvre de Noëlle Roger et la première partie de celle de Charles de l'Andelyn.
3. Léon Bopp marque la Seconde Guerre mondiale de tout son talent.

4. Mornes années d'après-guerre. Nombreuses œuvres sans intérêt, comme si l'on ne savait plus quoi dire, alors qu'aux États-Unis la science-fiction dite « classique » est en plein essor.
5. Un réveil se produit peu avant, mais surtout après Mai 68. Jérôme Deshusses, Yves Velan, Michel Bühler, Claude Delarue, Jean-Marc Lovay, etc. On constate l'arrivée en force de l'anti-utopie, dont le thème dominant est la critique sociale. D'autre part les auteurs savent maintenant qu'ils écrivent de la science-fiction et le font même parfois délibérément.

En définitive, la science-fiction suisse romande, au contraire de ses homologues française et américaine, n'a jamais constitué un mouvement d'ensemble. Les œuvres qui la constituent ont été publiées isolément.

IV
Aujourd'hui

Depuis quelques années cependant, un mouvement se dessine. Il semble que la science-fiction suisse soit en train de s'organiser, à l'instar de ce qui s'est passé dans les autres pays francophones comme la France, la Belgique ou le Canada.

Sous l'impulsion de Vincent Gessler, les « Mercredis de la SF » sont le lieu de rendez-vous de jeunes auteurs débutants qui se réclament ouvertement des littératures de l'imaginaire : science-fiction, fantastique et fantasy. Ces réunions se tiennent une fois par mois depuis 2003, d'abord à Genève, mais aussi à Lausanne. Il est courant d'y compter une dizaine de personnes, mais parfois le nombre de participants a dépassé la vingtaine.

Parmi ces jeunes auteurs, certains commencent à publier des nouvelles dans des anthologies ou des revues spécialisées. C'est le cas de Sandrine Bettinelli, Sébastien Cevey, Vincent Gerber, Vincent Gessler, Sébastien Gollut, Bertrand Graz, Simon Koch, André Ourednik, Laurence Rodriguez, David Ruzicka, Thomas Sandoz, Laurence Scheurer, Laurence Suhner (par ailleurs dessinatrice), Robin Tecon. En historien de la littérature, Frédéric Jaccaud consacre de nombreux articles de fond aux précurseurs de la science-fiction dans les pages de la revue *Bifrost*. En cette fin d'année 2008, il lance une nouvelle collection « Terra incognita », aux Éditions Terre de Brume, qui propose de redécouvrir des œuvres anciennes, parlant d'autres mondes ou d'autres temps. Anthony Vallat participe, en compagnie de François Rouiller et de l'auteur de cette préface, à un « Dictionnaire encyclopédique des littératures de l'imaginaire » qui paraîtra en 2010 aux Éditions L'Atalante, à Nantes. Lucas Moreno, auteur et traducteur, a créé avec Marc Tiefenauer un podcast nommé « Utopod » sur lequel il diffuse des nouvelles lues par des comédiens. Florence Cochet a déjà publié un roman, *La Prophétie d'Ashen-Shâ* (Éditions Bénévent, 2005). Emmanuelle Maia en a publié deux : *La Croix du néant* (2004) et *Résurgences* (2006), tous deux chez l'éditeur Nuit d'Avril. Hervé Thiellement en a publié deux aussi : *Les Souterriens* (2005) et *Les Hybrides* (2006) aux Éditions Amalthée. Yvan Bidiville commence à publier une trilogie de fantasy avec *Les Nouvelles Références* (2008). Que ceux que j'aurais oubliés de citer veuillent bien me pardonner !

L'université aussi se manifeste ! Sous l'impulsion de la professeure et vice-rectrice de l'université de Lausanne Danielle Chaperon, la science-fiction a enfin fait son entrée officielle à l'Université en Suisse. Marc

Atallah, assistant diplômé dans cette même université, intéressé par la philosophie de la science-fiction, a défendu début juin 2008 une thèse intitulée « Écrire demain, penser aujourd'hui. La science-fiction à la croisée des disciplines : façonner une poétique, esquisser une pragmatique. »

Ateliers d'écriture, participation assidue à des festivals et congrès, réunions informelles sont d'autres aspects de la grande activité déployée par ces jeunes auteurs. Une nouvelle génération d'écrivains gravitant autour des littératures de l'imaginaire semble avoir pris conscience que l'union fait la force. Gageons que nous aurons bientôt l'opportunité de lire des œuvres plus ambitieuses issues de leur plume.

V
Cette anthologie

Les textes retenus pour cette anthologie ont donc tous déjà connu la publication. À travers eux le lecteur pourra voir la diversité des thèmes, des styles et des auteurs qui caractérisent la science-fiction suisse romande. Nous avons privilégié la forme courte et notre promenade en compagnie de ces défricheurs d'imaginaire commence en 1884.

Au sommaire :

1.	Édouard Rod	*L'Autopsie du docteur Z****	1884
2.	Michel Epuy	*Anthéa ou l'étrange planète*	1918
3.	Roger Farney	*Les Anekphantes*	1931

4.	Albert Roulier	*La Grande Découverte du savant Isobard*	1938
5.	Léon Bopp	*Une fable*	1940
6.	Noëlle Roger	*Les Secrets de Monsieur Merlin*	1949
7.	Jean Villard Gilles	*Le Feu de Dieu*	1950
		Soucoupes volantes	1954
		Les Surhommes	1957
		Les Soudard	1962
8.	Gabrielle Faure	*Homo Ludens*	1979
9.	Odette Renaud-Vernet	*Ce jour-là*	1979
10.	Jacques-Michel Pittier	*Ego Lane*	1980
11.	Wildy Petoud	*La Maison de l'araignée*	1986
12.	Rolf Kesselring	*Martien vole*	1988
13.	Marie-Claire Dewarrat	*Le Trou*	1990
14.	Bernard Comment	*Château d'eau*	1998
15.	Claude Luezior-Dessibourg	*Granules*	2001
16.	Sylvie Neeman Romascano	*Mais aussi un cadenas, des menottes, une bille et un désir*	2003
17.	François Rouiller	*Délocalisation*	2004
18.	Georges Panchard	*Comme une fumée*	2004

JEAN-FRANÇOIS THOMAS

Édouard Rod

*L'Autopsie du docteur Z****

Pour moi qui ne sais rien et vais du doute au rêve,
Je crois qu'après la mort, quand l'union s'achève,
L'âme retrouve alors la vue et la clarté,
Et que, jugeant son œuvre avec sérénité,
Comprenant sans obstacle et s'expliquant sans peine,
Comme ses sœurs du ciel elle est puissante et reine,
Se mesure au vrai poids, connaît visiblement
Que le souffle était faux par le faux instrument,
N'était ni glorieux ni vil, n'étant pas libre;
Que le corps seulement empêchait l'équilibre;
Et, calme, elle reprend, dans l'idéal bonheur,
La sainte égalité des esprits du Seigneur.

Alfred de Vigny
La Flûte

On se rappelle peut-être encore, dans le monde scientifique, le bruit que firent, il y a une trentaine d'années, les découvertes du docteur Z***, qui d'ailleurs eurent le sort de beaucoup de découvertes et furent universellement niées. Au moment où il se décida enfin à publier le résultat de ses patientes recherches, le docteur Z*** habitait Bordeaux, et jouissait d'une renommée de bon praticien. La brochure dont il fit les frais : *Observations sur quelques phénomènes de l'existence cérébrale*, souleva un « tollé » général, et lui enleva peu à peu toute sa clientèle. Il faut dire aussi que cette brochure – un in-octavo d'environ cent-vingt pages, – bouleversait toutes les notions reçues, menaçant à la fois, par ses conséquences indirectes, la science, la morale et la religion. En effet, le physiologiste prétendait que la vie du cerveau ne s'éteint pas en même temps que celle du corps, qu'au contraire, elle continue pendant une période qui varie de sept à dix jours après le dernier soupir (sauf, bien entendu, dans les cas où le cerveau a été lui-même directement attaqué par la maladie, comme dans les méningites, encéphalites, paralysie générale, ramollissement, ataxie, etc.). Il allait plus loin : il affirmait que, tandis que pendant la vie les cellules cérébrales consumées par la pensée se reforment sans cesse, elles sont irrévocablement détruites après la mort : de sorte que le cerveau, encore intact et en pleine activité au moment où le cœur cesse de battre, quoique déjà dégagé de la sensation par l'usure ou la faiblesse des centres nerveux inférieurs, s'élimine peu à peu dans ce suprême travail.

Aussi bon mécanicien qu'il était excellent chimiste, le docteur Z*** construisit lui-même un appareil – qui, autant que je m'en souviens, ressemblait un peu à l'instrument qu'on inventa depuis et qu'on nomma « photophone » – avec lequel il pouvait, quatre ou cinq jours encore après le décès, suivre le jeu des cerveaux en pleine décomposition. Il détruisit cet instrument, comme il brûla ses observations, en voyant qu'on lui refusait toute créance, que les plus indulgents le traitaient de fou et les autres de charlatan. Rien ne reste donc de ses grands travaux, et, quand la science aura enfin déchiffré l'énigme de la mort, nul ne pourra savoir si l'obscur praticien de Bordeaux était un précurseur ou un faiseur de dupes. Pour moi, qui l'ai connu, qui l'ai vu travailler, qui ai écouté bien des fois, dans son laboratoire, ses causeries toutes pleines d'aperçus lumineux, ses raisonnements partis de la plus minutieuse observation pour s'élever jusqu'à ces hauteurs où la pensée peut enfin se dégager de la tyrannie du fait, ses déductions dont tous les anneaux étaient enchaînés par la logique la plus sévère, – pour moi, je l'ai toujours regardé comme un de ces phares que l'ignorance et la bêtise humaines se plaisent trop souvent à éteindre, par crainte de voir s'illuminer les ténèbres de leur routine.

Je n'entends point m'étendre ici sur les théories du docteur Z***, ni raconter son histoire personnelle, – qui pourtant serait instructive : il convient, je crois, de le laisser dans l'obscurité où la fatalité le relégua, – et à laquelle il se résigna sans peine. Mais il lui fut donné, une fois, de lire avec une absolue clarté dans cette dernière période de la vie que lui seul a connue, – et je veux rappeler les circonstances de ce cas étrange :

Un armateur de Bordeaux, d'origine hollandaise, M. van Gelt, se suicida vers 1854. Sa famille prit tant de précautions pour cacher ce funeste événement, que des bruits malveillants ne tardèrent pas à circuler dans le public, où M. van Gelt était fort estimé : les secrets de sa vie intime, qui avaient transpiré depuis longtemps, donnaient à ces commérages une certaine consistance. La famille elle-même dut demander une enquête, et le docteur Z***, alors encore en vogue, fut chargé de l'autopsie. Il communiqua ses observations chirurgicales à la justice, mais il garda pour lui toute la psychologie du mort, qu'il avait lue comme dans un livre dans le cerveau à peine assoupi. L'armateur van Gelt était évidemment un homme de haute intelligence et de grand cœur : aussi, ses idées posthumes présentaient-elles un caractère de supériorité que le docteur Z*** n'avait jamais rencontré. Il collationna ses notes avec amour, en leur conservant leur forme personnelle. Le jour où il me les communiqua – lisant son manuscrit comme un auteur vous lit un chapitre de roman, – je restai stupéfait : le mort « vivait », pour ainsi dire, devant moi, sa vie étrange de cadavre. Je suppliai mon ami de me donner un double de son cahier. Il y consentit, – sous la réserve expresse que je ne le publierais pas avant qu'il ait publié le grand ouvrage dont ses « observations » n'étaient que la préface. J'ai dit quel avait été le sort de ses écrits. Il est mort lui-même : je puis donc me regarder comme délié de ma parole et livrer au public ce curieux document, qui, si je ne me trompe, jettera un jour nouveau sur les mystères jusqu'à présent insondés de l'éternité. Le seul changement que je me permette d'y introduire, et qui m'a paru nécessaire à l'intelligence de l'écrit, porte sur l'ordre des faits : j'ai réuni dans les premières pages les détails relatifs aux circonstances du suicide, qui, dans les notes, se trouvaient dispersés comme au hasard du souvenir.

...J'avais épuisé ce qu'on est convenu d'appeler le calice de la souffrance : depuis quelque temps, les catastrophes se superposaient sur moi comme de lourdes pierres sur un homme qu'on murerait vivant, le malheur me poursuivait avec une ténacité presque incroyable à force d'être féroce. D'abord, ce fut mon fils unique, un garçon de vingt-six ans, qui s'enfuit avec une créature, après m'avoir « volé » comme un caissier infidèle. Puis, ma fille mourut d'une fièvre typhoïde au moment où j'allais la fiancer à un jeune homme qu'elle aimait. Peu de temps après, je découvris que ma seconde femme – que j'avais épousée sans dot, par amour, moi, vieillard, – me trompait avec un de mes neveux, auquel j'avais fait une situation dans ma maison, que je regardais, hélas ! comme un second fils : rendu lâche par cet amour presque sénile, presque ridicule, dont les racines étouffaient mon courage, j'acceptai avec des tortures intérieures mon rôle de mari trompé, mendiant à la misérable le rebut de ses tendresses, m'ingéniant à cacher une blessure qui s'élargissait chaque jour. Abattu par tant d'émotions, je me trouvai peu bien. Je consultai : le médecin reconnut que mon état morbide était causé par les premiers symptômes d'une affection cancéreuse à l'estomac. Enfin, à la suite d'un sinistre qui coïncidait fatalement à une crise financière à Lyon, je vis arriver le moment où je ne pourrais plus faire face à mes échéances. À soixante-deux ans, à la fin d'une carrière honorable, après avoir travaillé et fait le bien, je me trouvais donc entouré d'affections mensongères, trompé, malade et pauvre.

Parmi le peu d'idées qui pouvaient encore germer dans mon cerveau labouré comme par des serres d'oiseaux de proie, il se glissa une comparaison entre mon sort et celui de Job. Et je me trouvai plus malheureux que le patriarche : il avait Dieu ; moi, pendant mon existence surmenée, je ne m'étais point occupé des choses surnaturelles, qui m'inspiraient une insurmontable méfiance et même un peu de ce dégoût que les hommes d'action ont pour les rêveries des contemplatifs. À cette heure, arraché à toute activité, forcé à d'amers retours sur moi-même, rêvant pour la première fois peut-être de ma vie, et rêvant devant ma douleur, je me pris à désirer la foi, que les malheureux regardent comme la panacée suprême. Mais, pour l'acquérir, il aurait fallu du temps ; et puis, parviendrais-je jamais à vaincre mon scepticisme enraciné ? le besoin de vérité inné en moi ne triompherait-il pas toujours des suggestions de mon sentimentalisme ? Certainement, malgré mes efforts, des doutes subsisteraient en moi, empoisonnant les consolations du prêtre. Cet asile m'était donc refusé. Il m'en restait un autre, plus sûr : la mort ; je l'acceptai.

La crainte de la faillite vainquit mes dernières hésitations. En d'autres temps, j'aurais tendu mes muscles, raidi ma volonté, lutté jusqu'à la défaite finale. Mais je me sentais paralysé par une lassitude définitive, comme un naufragé dont les membres s'alourdissent, qui perd les sens et s'abandonne. Je n'attendis même pas que la certitude de mon désastre fût absolue : la probabilité me suffit, et j'achetai un revolver américain.

... Je rentrai chez moi, je m'enfermai dans mon cabinet de travail ; et là, tout en promenant les yeux sur ces cartons remplis de papiers où stagnait mon activité entière, sur les vieux meubles curieusement travaillés dont j'aimais à m'entourer, sur les quelques tableaux de prix appendus aux murailles, je rêvai longuement. Ma vie repassa devant moi par images dont les couleurs chantaient des symphonies étranges : je me mis à remonter le cours du temps en m'arrêtant à des dates inoubliables ; j'arrivai à ces lointaines années de jeunesse où je bataillais furieusement pour vivre, le cœur gonflé d'ambitions démesurées, tourmenté par des appétits irrassasiés ; et je m'y reposai avec délices, tandis que certains détails charmants émergeaient peu à peu de la teinte monotone du passé, pareils à des trouées de lumière dans le brouillard. Un souvenir entre tous les autres me poursuivit longtemps, et me faisait sourire : c'était au mois de mai ; j'avais quitté la mansarde obscure de la rue des Jeûneurs où je rentrais après mes longues journées de travail ; je me promenais dans les bois de Meudon avec ma première maîtresse, – une modiste blonde, svelte, rieuse, qui m'aimait comme je l'aimais, sans arrière-pensée, sans idées de lendemain, pour le plaisir que nous nous donnions l'un à l'autre. Nous avions un peu d'argent, et nous buvions du lait chaud dans une ferme. Tout à coup, elle fit un mouvement, le lait se répandit sur sa belle robe des dimanches. Elle fut consternée. Nous étions cachés par des touffes d'arbres : je l'embrassai longuement, elle oublia son chagrin. Elle s'appelait Marguerite. Il y avait des fleurs partout…

… La pendule, sonnant minuit, me tira de ma rêverie : les intervalles entre chaque coup me semblaient longs ; le timbre, cuivré, sonore, était lugubre. Je compris que cette heure avait réellement quelque chose de solennel ; en l'entendant tomber dans le lourd silence de ma dernière nuit, je m'expliquai pourquoi on la désignait pour le crime. Et je me dis qu'il fallait en finir. Aussi bien, je n'avais plus rien à faire : ni testament, puisque ma succession se bouclerait probablement par un déficit, ni lettres, puisque ceux que j'aimais ne m'aimaient pas et apprendraient ma mort d'un œil sec. J'écrivis seulement sur une grande feuille de papier que je mis en évidence :

« Aujourd'hui, 26 juin 1854, je me suis donné la mort. »

Et je signai. Comme minuit venait à peine de sonner, j'avais eu, pour mettre la date, une légère hésitation.

(Cette feuille de papier, égarée d'abord, fut retrouvée par l'enquête judiciaire, *quelques jours après que le docteur Z*** m'eut communiqué ses notes*, et leva tous les doutes sur la fin de M. van Gelt.)

Ma décision était bien prise ; je conservais tout mon calme, mais il me semblait que j'agissais dans un rêve, que rien de ce qui se passait n'était définitif, que je m'éveillerais tout à coup avec des horizons nouveaux devant moi, comme dans une splendide aurore, – et sans avoir pour cela besoin d'agir. Alors, je me renfonçais dans mon fauteuil, les yeux attachés sur l'arme dont le canon reluisait aux feux de la lampe, m'hypnotisant. Une grande torpeur m'envahissait. Des visions de plus en plus vagues flottaient devant moi et par moments me faisaient sourire. J'aurais voulu rester éternellement ainsi, laissant couler le temps sans perdre la conscience de sa durée et pourtant sans plus sentir, sans plus penser… Puis, tout à coup, le souvenir de la résolution qu'il fallait exécuter me revint, la réalité me reprit : je me secouai comme un homme prêt à s'endormir qui se rappelle soudain une affaire négligée, et, d'un effort, chasse le sommeil.

Ce fut presque machinalement que j'ouvris ma redingote, mon gilet, ma chemise. Je cherchai la place du cœur, qui se mit à battre avec violence sous ma main, comme pour affirmer, par ses coups précipités, sa force de vivre. En même temps, je sentais un froid glacial courir dans mes os : je crois que mes dents claquèrent ; pourtant, mon front était inondé de sueur. Je fis des gestes d'angoisse : je souffrais comme un malade auquel on va faire une douloureuse opération, qui a peur et qui veut quand même, et qui repousse le chirurgien en lui criant : faites donc !… Cependant, la volonté triompha des dernières révoltes de l'instinct, dans une lutte suprême, si rapide et si passionnée qu'elle me parut un spasme : je pus prendre le revolver, dont la crosse d'ivoire me brûlait la main. Je plaçai la bouche un peu au-dessus de l'endroit où mon cœur bondissait, en ayant soin de ménager quelque espace entre ma chair et le canon de l'arme, qui tremblait tellement que je dus l'assurer à l'aide de la main gauche. Enfin, dans un frémissement de tout mon être, dominé par une terreur épouvantable de l'inconnu dressé devant moi, repris soudain par des désirs de vivre poignants comme des remords et par des regrets plus aigus eux-mêmes que toutes les douleurs, – je pressai la gâchette. Vraiment, je crois que ma volonté, à cet instant précis, était annihilée, – consumée qu'elle avait été par son dernier effort : les nerfs abandonnés exécutaient simplement d'eux-mêmes un mouvement commencé. Je sentis une douleur atroce, mais ne perdis pas connaissance : sans doute, je n'avais fait que me casser une côte ; c'était à recommencer. Mais j'étais pris d'une sorte de délire : machinalement, je pressai encore deux fois la détente, sans entendre le bruit des détonations. Le dernier coup frappa juste, car je sentis mon cœur qui cessait de battre, mon sang qui s'arrêtait dans mes veines et une grande raideur qui étirait mes membres, comme la main d'un géant invisible...

Je suis mort, je n'en puis douter. Alors, par quel miracle la Pensée et la Sensation s'obstinent-elles à subsister en moi ? Mes yeux ne voient plus, et j'ai la vision merveilleusement précise de ce qui m'entoure ; mes oreilles n'entendent plus, et les moindres bruits – le bourdonnement d'un papillon de nuit resté dans la chambre, les lointains murmures du dehors, le crépitement de la lampe qui va s'éteindre – me semblent répercutés en moi-même comme par un écho très clair, mes membres

sont déjà raides, et je sens, à peine adoucie par un tapis épais, la dureté du parquet sur lequel j'ai glissé ; je perçois jusqu'à l'odeur de poudre qui remplit la pièce. J'analyse ma situation avec une lucidité supérieure à celle que j'ai jamais déployée. « Sans doute, me dis-je, cet état ne va pas se prolonger : mes pensées s'arrêteront peu à peu, comme mes membres se glacent et se raidissent (cette double sensation de froid et de raideur m'est excessivement pénible) ; et tout mon être s'endormira dans le bon repos final. » Même il me revient à la *mémoire* – car mes facultés continuent leur jeu comme tout à l'heure, mieux peut-être – que j'ai entendu exposer, dans une conférence, les effets de l'empoisonnement par le curare : et je pense qu'il se produit en moi un phénomène de même nature, que je ne mourrai pas d'un seul coup, qu'il faut patienter...
Mais non ! Aucune diminution appréciable dans mes souffrances physiques, pas le plus léger trouble dans mes raisonnements ; et ce froid, ce froid terrible qui me glace jusqu'à la moelle sans que je puisse même grelotter comme jadis, lorsque j'étais jeune et couchais dans une chambre sans feu !... Et voilà qu'à ces douleurs précises une poignante inquiétude vient s'ajouter : si c'était là cette immortalité de l'âme dont on parle ? S'il fallait rester ainsi pendant le cycle des âges éternels, à la fois mort et vivant, la Pensée persistant dans le corps raide et froid, et qui se décomposerait ?... Qui sait ? peut-être que Dieu existe, peut-être que c'est là la dernière torture qu'il nous inflige, peut-être punit-il ainsi ceux qui n'ont

pas su l'entrevoir dans son infini ou qui ont transgressé ses lois mystérieuses ?... Y a-t-il des prières qui pourraient le toucher ?...

Les minutes et les heures tombent avec une indicible lenteur : je me mets à songer aux cataleptiques qu'on enterre vivants, qui se réveillent dans la tombe avec des hurlements que la terre étouffe, et se rongent les poings, et se convulsent dans les affres de l'asphyxie. Si, par suite d'une lésion étrange, comme il ne s'en est jamais produit, que la chirurgie ne soupçonne même pas, – si j'étais seulement en catalepsie ? Si j'allais me réveiller dans trois, quatre, huit jours, et hurler dans le silence de la terre, et me convulser avec un poids immuable sur la poitrine ?... Mais non, c'est impossible : je suis mort, je suis bien mort. Le corps humain est soumis à des lois précises, on l'a démonté pièce à pièce comme une machine dont on connaît les moindres rouages : or, j'ai senti la balle passer dans mon cœur ; donc, je n'ai plus rien à craindre : mes idées vont se calmer peu à peu, le silence va se faire en moi. Mon état actuel est logique : sans doute tous les morts l'ont connu, tous ont éprouvé les mêmes angoisses, – et tous se sont apaisés comme je m'apaiserai...

... Cependant, le petit jour commence à poindre en des lueurs blafardes qui traînent sur moi. Des bruits se font dans la rue, qui me parviennent comme au travers d'une épaisse paroi. Encore quelques instants, et mon valet de chambre, habitué à m'éveiller de bonne heure, viendra frapper à la porte ; ne recevant pas de réponse, il entrera... C'est un brave homme, qui me sert depuis dix ans. J'ai été

bon pour lui, en plusieurs circonstances : il me regrettera peut-être... Puis, ma femme entrera à son tour, et mon neveu... Et je sens un frisson passer en moi à l'idée que je pourrai tout à l'heure mesurer irrévocablement leur affection......................
On frappe à la porte : depuis dix ans, les mêmes coups étaient frappés chaque matin, et c'était ma voix qui répondait... Comme la réponse ne vient pas, on frappe de nouveau, plus fort... La porte s'ouvre...

...Jean devient aussi pâle que je dois l'être, étouffe un cri, fait un mouvement pour sortir, hésite sur le seuil, rentre et ferme la porte *avec précautions*... Il s'approche de moi, met la main sur mon cœur, écoute... Il me porte sur mon lit. Pourquoi me regarde-t-il d'un air si effrayé ? Pourquoi me tourne-t-il contre le mur ? Je le vois quand même, puisque mes facultés sont en quelque sorte dégagées de mes sens, puisque je vis une vie supérieure et indépendante, puisque ma vision est plus vaste malgré la fixité de mes yeux...

Que va-t-il faire ?...

Il s'approche de mon secrétaire, auquel j'ai laissé la clef... Il l'ouvre... Il fouille dans les tiroirs, s'acharne à faire jouer un secret qu'il ne connaît pas, compte l'argent... J'entends le bruit sec des louis dans sa main... Et, le vol accompli, quoique ses jambes flageolent, quoique ses dents claquent encore d'épouvante, tout défait, il s'élance hors de la chambre en appelant au secours... On dira : « Ce domestique était bien attaché à son maître, bien fidèle, on n'en trouve plus de pareils aujourd'hui... »

… Après tout, c'est un pauvre homme. Il n'aurait jamais eu le courage de me voler vivant, peut-être pas l'idée ; et pourtant, la vue de mon cadavre l'épouvantait plus que la justice, à laquelle il ne songeait point. Il faut donc qu'il ait été poussé par un motif bien puissant : sans doute, il a deviné tout de suite les causes de mon suicide, il a été frappé par l'intelligence nette et subite de sa situation : il n'est plus jeune, il avait compté rester à mon service jusqu'à ce que je lui fisse une petite rente, ou, si je mourais avant lui, qu'il serait porté sur mon testament ; au lieu de cela, c'est le hasard des places qui recommence, tout l'arrangement paisible de sa vie est troublé… Et puis, qui sait par quelle école précédente il a passé, qui sait les circonstances qui l'ont rendu mauvais ou défiant ? des jours sans pain ont peut-être développé en lui des appétits plus forts que la conscience, qui tôt ou tard devaient le plier à leur irrésistible domination. Il a vécu dix ans à côté de moi, sans que je me sois jamais informé de sa vie : peut-être qu'il a été abandonné tout enfant ; ou bien son père le battait sans raison, ou sa mère ne l'aimait pas… Et puis, après tout, je n'ai plus besoin de l'argent qu'il m'a pris. Il me faut un effort de mémoire pour me rappeler que j'ai travaillé toute ma vie pour en gagner, que je me suis tué parce que j'allais en manquer, que d'autres se tuent pour la même raison et vivent comme j'ai vécu… Il y a deux jours, si j'avais trouvé dans la conduite de Jean la moindre irrégularité, je l'aurais chassé, sans hésitation ; pour le plus léger délit, je l'aurais impitoyablement traîné devant les tribunaux, parce que j'étais rigide, et de ceux qui regardent comme un devoir pour les honnêtes gens de poursuivre le mal. À présent, je voudrais pouvoir me lever pour dire à cet homme, dont la conscience est sans doute en tourments, que je lui pardonne. C'est sans doute le détachement qui commence ; ou peut-être les choses m'apparaissent-elles sous un autre jour ?..

Ma femme entre dans la chambre, elle dit :

— Laissez-moi seule !...

Nous voilà face à face, le bourreau et la victime. Et la mort a interverti les rôles : c'est elle qui souffre, maintenant ; je vois passer sur son visage les traces de ses émotions ou de ses remords ; c'est moi qui suis placide et tranquille. Elle s'approche de moi, lentement, comme fascinée ; elle ferme mes yeux, dont la fixité la gênait sans doute ; puis elle recule... Je ne connaîtrai jamais ses pensées.

Peut-être, moi qui voulais son bonheur, l'ai-je rendue malheureuse. Je me rappelle comme elle était triste avant le mariage ; et cela ne m'inquiétait pas ; je me disais : « C'est l'inconnu de sa vie nouvelle qui la trouble... » Ses parents la forçaient, j'en suis sûr. Elle en aimait peut-être un autre, avec la chasteté toute-puissante du premier amour, et j'ai sans doute blessé ses délicatesses de vierge comme je renversais ses rêves de jeune fille. Elle a dû me maudire...

Elle se rapproche de moi, toute pâle. Elle touche ma main. Elle recule de nouveau avec un mouvement de crainte, comme si cette main glacée la brûlait...

Je ne me fais pourtant nul reproche, car j'ai agi comme les autres hommes : l'égoïsme m'aveuglait, j'ai cru donner le bonheur en le prenant ; c'est là une illusion commune. Elle a souffert par moi : qu'importe ? Il ne reste rien de ses larmes, pas plus qu'il ne subsistera quelque chose de ses regrets. Moi aussi, j'ai pleuré pour elle : déjà je m'en souviens à peine ; et qui le sait ?...

La porte s'ouvre de nouveau : c'est mon neveu.

Il s'arrête à quelques pas d'elle, il vient plus près. Tous deux sont graves... Je n'ai jamais calculé leurs luttes, je ne me suis pas dit que leur faute leur avait sans doute coûté bien cher, qu'ils s'aimaient et se rendaient compte de ce qu'ils appelaient leur infamie, mais que l'amour triomphe de tout selon la loi de la nature : que de choses que les vivants trouvent monstrueuses leur paraîtraient naturelles, si les passions du moment ne les aveuglaient pas !...

Cependant, elle appuie sa tête sur son épaule, avec ce mouvement gracieux de la femme qui demande protection ; et la gorge pleine de sanglots, elle dit :

— Il était pourtant bien bon !...

... Ai-je été bon ? Je ne le crois pas. Je ne valais ni plus, ni moins que qui que ce fût, la règle qui mesurait mes actions était la règle communément appliquée. J'ai donné à des mendiants et j'ai laissé mourir de faim des pauvres ; selon le caprice des circonstances, j'ai senti mon cœur prêt à fondre à la pitié ou plus dur que les pierres ; j'ai respecté les lois, mais je me servais aussi d'elles pour la défense de mes intérêts; entre deux partis, j'ai toujours choisi celui auquel j'étais le plus fortement déterminé par des motifs qui tyrannisaient ma volonté. En somme, à présent que je puis juger ma vie dans son ensemble, je ne regrette rien de ce que j'ai fait et ne voudrais point avoir fait autre chose; et pourtant, mon activité m'apparaît comme bornée, inutile et fatale.

... Après un silence, il répond:

— C'était un vrai père pour moi!

... Je me trompais donc sur son compte. Je le croyais ingrat: il a été malheureux. Elle reprend:

— Mon Dieu, que nous sommes coupables!

Et ils restent honteux devant moi; puis, elle se jette en pleurant dans ses bras...

Ah! je voudrais me lever et leur dire: « Aimez-vous! aimez-vous! non certes pour la jouissance de l'amour, qui n'en vaut pas la peine, mais parce qu'il ne vaut pas la peine non plus de lutter contre ses désirs! » Ils sont jeunes, ils sont beaux, le sang fermente dans leurs veines: de quel droit, moi, vieillard, qui avais eu déjà ma part de joies, voulais-je les séparer?...

... Les heures marchent. Il me semble qu'une modification s'est produite dans mon état: je n'éprouve plus aucune douleur physique, la sensation de froid a disparu, je crois même que je jouis d'être étendu, comme après de lourdes fatigues, et les idées qui continuent à passer en moi ne me troublent plus.

Des gens viennent: des amis d'autrefois, qui me regrettent; l'un d'eux, mon plus vieux camarade, est resté longtemps assis à mon chevet, sans rien dire, secouant la tête de temps en temps; sans doute, il pensait que ce serait bientôt son tour, et il craignait. Les indifférents se sont composé à la porte, en tirant la sonnette, des visages consternés qu'ils poseront en mettant leur chapeau. Les employés de la maison ont défilé l'un après l'autre, serrés dans des redingotes râpées et pauvrement gantés: on leur parlait d'un coup d'apoplexie; ils semblaient inquiets. Des cierges brûlent; une bonne sœur, à mon chevet, marmotte des prières qu'elle interrompt d'un air maussade chaque fois qu'il arrive quelqu'un... Je me rappelle qu'autrefois, dans mes promenades, il m'arrivait de voir tourbillonner des essaims de moucherons: ils volaient dans tous les sens, pareils à des grains de poussière, et je ne savais s'ils poursuivaient un but commun ou si le hasard seul combinait leurs mouvements. Vraiment, il en est de même pour tant d'allées et de venues, pour ces inquiétudes contradictoires que je lis sur tous les visages, pour la chaleur des mains qui touchent craintivement les miennes et me laissent comme une vague impression de fièvre. Le visage humain ne me frappe déjà plus que comme une réminiscence lointaine; les êtres qui passent autour de moi me semblent des ombres qui se meuvent dans un brouillard. Quand je compare leur agitation à mon immobilité, le bruit de leurs pas qu'ils étouffent comme s'ils craignaient de m'éveiller et le murmure de leurs voix à mon silence, l'animation de leurs yeux à la fixité des miens sous mes paupières à jamais baissées, – je me demande où est la réalité de l'existence. Entre leur état et le mien, entre l'être et le non-être, n'y a-t-il donc qu'une si imperceptible nuance ? Je contemple la vie comme le voyageur qui vient de passer d'une montagne à une autre regarde derrière lui : il a marché longtemps, ses pieds se sont déchirés à des pierres aiguës, il a hésité devant bien des obstacles ; et maintenant, les torrents qui lui barraient la route marquent à peine à ses pieds de fines lignes blanches, les rochers qui se dressaient devant lui sont des points noirs, il ne retrouve plus les précipices où il a failli rouler, et l'espace parcouru lui semble si peu de chose, qu'il croirait toucher du doigt la montagne voisine. Puis, les ombres du soir montent, tout se noie et disparaît dans une teinte uniforme, l'espace n'existe plus.

La nuit vient. Ma femme a voulu me veiller, avec la bonne sœur. Toutes deux se sont endormies. Aux efforts de leur respiration, j'entends que des pensées pénibles, mal assoupies, ou des rêves lourds, les poursuivent. L'idée de leurs actions, que dans leur conscience imparfaite elles jugent mauvaises, les trouble encore ; et aussi le souci des choses qu'elles croient importantes. Dans mon sommeil qui vaut mieux que le leur et n'a point de cauchemar, rien de semblable ne se passe en moi ; des soucis oubliés il ne me reste que l'indifférence, et je comprends l'irresponsabilité...

...Par moments, mon cerveau s'arrête : je ne pense plus...

...Le second jour commence. J'ai la vision moins nette des choses qui m'entourent : les points d'or des cierges pâlissent ; les bruits s'étouffent : et cette sensation de l'aveuglement et de la surdité qui m'envahissent, au lieu d'être pénible, est pleine de charme.

Mon fils est arrivé : il est tombé sur une chaise au pied de mon lit, sans parler. Je ne sais ni d'où il vient, ni comment la nouvelle de ma mort lui est arrivée : peut-être l'a-t-il apprise par un journal lu dans quelque café. Je n'ai d'ailleurs aucune curiosité sur son compte, quoique je le juge aussi bien autrement : au lieu de laisser sa jeunesse se développer, je l'ai comprimée, voulant qu'il travaillât comme j'avais travaillé, sans tenir compte de la différence des situations, « par principe », comme je disais ; je l'ai contrarié dans ses goûts, jusqu'à l'empêcher de poursuivre la carrière de sa préférence ; dès son enfance, je lui mesurais parcimonieusement ses plaisirs, sous prétexte de le dresser à la vie avare de joies. Est-il donc étonnant que sa jeunesse ait éclaté ?... Il n'avait en somme nulle raison de m'aimer, et il me pleure ; sa conduite est le résultat fatal de circonstances dont il n'est point coupable, et il la déplore : c'est l'illogisme de toute pensée que la vie écrase. Tandis que de vains remords le tourmentent, je le comprends et je l'absous ; à vrai dire, sans m'affliger de son affliction, sans sympathiser avec sa peine *imméritée*, sans que ma quiescence soit en rien troublée par sa douleur : car les afflictions se refroidissent en même temps que le sang. Avec la suprême intelligence des choses que je sens en moi, je sens aussi la suprême indifférence. De même que j'ai échappé aux lois de la morale humaine, dont je comprends enfin la relativité, j'ai fui la tyrannie du cœur : je n'ai pas plus de haine pour ceux qui m'ont fait souffrir que de reconnaissance pour ceux qui m'ont aimé. Les heures bonnes ou mauvaises que je dois au commerce des hommes sont maintenant trop loin pour que je puisse distinguer entre elles. Chaque jour, dans la vie, n'éprouve-t-on pas de même des sensations agréables ou pénibles dont on ne garde aucun souvenir ? Personne, par exemple, ne songera plusieurs jours de suite au plaisir qu'il a eu dans un bain parfumé, ou dans un bon repas, ou en entrant dans une chambre chaude après avoir souffert du froid, – pas plus qu'à la douleur que lui a causée une piqûre d'épingle ou au coup qu'il s'est donné contre une porte. Eh bien, mes grandes joies et mes grandes douleurs, celles qui m'ont fait errer par les rues avec la poitrine près d'éclater, celles qui m'ont fait pleurer à l'âge d'homme comme pleure un enfant, tout cela est aussi lointain, aussi effacé, aussi perdu que ces mille impressions fuyantes que chaque journée emporte et remplace. Comment donc la moindre rancune contre ceux qui m'ont affligé pourrait-elle subsister en moi, puisque la peine est passée ? et comment la moindre affection, puisque le souvenir des êtres n'éveille plus rien en moi ?...

...Mon fils et ma femme se sont toujours détestés. Ce matin, quelques heures avant l'enterrement, ils semblaient réconciliés par leur deuil et leurs remords communs : ils pleuraient ensemble. Mais la crise de désespoir passée, ils se mettent à parler de choses ordinaires, de moi, et tout à coup, sur un mot échappé à ma femme, la dispute éclate. Ils s'accusent réciproquement de ma mort :

— C'est vous qui l'avez tué !

Et j'apprends ainsi, sur tous deux, des détails nouveaux : de mon vivant, par une sorte de complicité tacite, ils fermaient les yeux sur leurs fautes respectives, s'entr'aidant au besoin, malgré leur inimitié moins forte que leur intérêt. À présent, l'ennemi commun n'est plus là : ils peuvent se déchirer à leur aise. Ils étalent devant moi leurs actions malpropres : comment ont commencé les amours adultères, par quels procédés de dissimulation ils se sont tenus longtemps cachés :

— Votre femme de chambre savait tout ; à quel prix avez-vous acheté son silence ?...

J'apprends que le vol de mon fils n'est pas le seul qu'il ait commis chez moi ; que, lorsqu'il est entré dans cette voie, il y était poussé par une longue série de fautes déshonorantes :

— N'est-ce pas moi qui ai payé votre premier faux ?... Vous ne me demandiez pas alors où je prenais l'argent !...

J'apprends aussi mes défauts : j'étais trop exigeant pour la vie de tous les jours ; je grondais mal à propos pour des choses sans importance, j'avais des manies ridicules, des manies de vieillard dont ma femme se moquait, j'effrayais autour de moi par ma sévérité, que sais-je encore ? Tout cela était peut-être vrai. — Mais qu'importe ?

La querelle continue, quoique l'heure approche où l'on va venir chercher mon corps. Je les connais à présent mieux que je ne les ai jamais connus, mieux que je ne me connaissais moi-même. Je vois bien que, tout à l'heure encore, je m'illusionnais sur leur compte ; leurs larmes me trompaient : elles étaient peut-être fausses ; peut-être en sont-ils à un tel point, qu'ils jouent la comédie devant eux-mêmes et jonglent avec leurs sentiments pour leur propre duperie. Et pourtant, je persiste dans mon jugement : ils ne sont ni meilleurs ni pires que qui que ce soit : les hommes sont des pâtes malléables, que les choses façonnent et salissent à leur gré ; ils sont des miroirs passifs où des images laissent leur reflet, parfois bon à l'œil, parfois repoussant ; le lit d'un éternel ruisseau qui roule dans ses flots des immondices et des fleurs. C'est la vie qui les forme : seule, elle est coupable et malpropre.

Les questions d'argent reviennent sans cesse dans leur dispute. Tout à coup, ma femme pâlit, frappée d'une idée subite : elle a eu tort d'irriter mon fils :

— Mon Dieu ! s'écrie-t-elle, que deviendrai-je s'il n'a pas fait de testament ?...

Mon fils répond :

— À quoi servirait un testament ? Il est ruiné.

Et il ajoute :

— Ce sont vos dépenses... Vous qui étiez entrée dans la maison comme une mendiante...

Elle l'interrompt, toute droite devant lui :

— N'en êtes-vous pas sorti comme un voleur ?...

Ils sont blancs de colère, ils tremblent tous les deux : leurs tristesses et leurs remords ont disparu ; seule, la haine demeure.

Il marche sur elle, la main levée. Elle ne recule pas :

— Oui, frappez-moi ! frappez-moi ! Vous êtes assez lâche pour cela. Mais prenez garde ! je me défendrai !

Elle tient un couteau qui s'est trouvé par hasard sous sa main ; vont-ils se battre, là, sans même attendre qu'on m'ait emporté ?...

Mon fils s'en va lentement. Sur le seuil, il s'arrête et crie :

— Dépêchez-vous donc d'épouser un de vos amants, que nous soyons au moins débarrassés de vous !

Il a dit cela très haut : si des domestiques passaient dans le corridor, ils ont pu l'entendre. Et ma femme s'est rapprochée de moi, comme pour me demander protection.

... Il me semble que j'ai entendu, de très loin, un orage. Le même roulis qui faisait peut-être hurler de terreur les passagers sur les navires me berçait comme un murmure caressant. Le vent, qui là-bas déchirait les voiles et brisait les mâts, était un air frais qui m'effleurait le visage ainsi qu'une haleine aimée. À cause de la distance, la mer me semblait à peine ridée, et je prenais les vaisseaux ballottés, tordus, renversés, pour des points immobiles. Les angoisses des malheureux luttant désespérément ne trouvaient en moi nul écho, tant j'étais empli du sentiment de ma sécurité... Je n'entre plus pour rien dans ces querelles misérables dont je prenais jadis ma part ; et il me tarde d'être tout à fait séparé des hommes par la terre amassée sur moi.....................

Ce moment désiré approche : la suprême cérémonie commence.

J'entends un bruit de sanglots : les colères ont de nouveau fait place aux larmes, plus convenables. On parle bas. Des gens sont là.

Le couvercle de ma bière est abaissé. Je ne vois plus rien. J'ai peine à percevoir encore les bruits de la chambre. On cloue : au premier coup de marteau toutes les voix se sont tues, comme effrayées par ce bruit dur qui m'enferme dans une solitude suprême. Puis, cette besogne achevée, un piétinement recommence, une agitation sourde. Que de fois j'ai attendu, dans des maisons mortuaires, le signal de suivre la bière, dans la cohue des parents et des invités ; et presque toujours, des pensées étrangères au mort me suivaient...

...Je suis hissé sur la voiture, un peu étonné de ne sentir aucune secousse : il paraît que je suis séparé de la sensation matérielle, sans avoir pourtant perdu toute conscience de ce qui se passe autour de moi. Le convoi se met en route : le bruit des sabots des chevaux, des roues, des pas, n'est pour moi qu'un bourdonnement vague. Il me faut un effort d'esprit pour que je puisse me représenter qu'on se transporte d'un lieu à un autre : la notion du mouvement n'existe déjà plus ; l'espace entier me semble compris dans ce petit coin que j'en occupe, où tout tient sans que rien remue. Si je n'avais des souvenirs et de l'expérience, je croirais volontiers que le monde tourne autour, et que, dans sa rotation, les objets particuliers restent éternellement en place.

...On psalmodie les prières des morts, que l'orgue accompagne de ses ronflements. De temps en temps, la hallebarde du Suisse sonne un coup sec sur les dalles, ou bien la clochette fait agenouiller l'assemblée... De mon vivant, j'avais des accès d'athéisme où je voulais renverser l'Église. Je détestais les cérémonies religieuses que je trouvais puériles jusqu'à la déraison. Eh bien, je les juge autrement : sans doute, je n'éprouve aucun besoin de Dieu, je ne sais pas plus qu'avant s'il existe ou non quelque part dans son ciel. Mais il me semble que ces chants monotones peuvent bercer et apaiser la douleur des vivants, qu'ils peuvent faire naître, dans les cœurs encore pleins de doutes, de vagues espérances – mensongères et consolantes ; et pour le mort, ce dernier écho des voix humaines qui lui parvient, ces génuflexions qu'il se représente par le souvenir, ces mouvements de prêtres en costumes, – tout cela résume admirablement la nullité de sa vie et de toutes les vies ; si quelque regret des choses quittées subsistait en lui, il le perdrait à coup sûr dans cette solennité suprême.

On me remporte, et l'on marche longtemps. Ma pensée erre encore sur les problèmes religieux. Je ne puis parvenir à décider si Dieu est une invention utile ou nuisible : sans doute, il est indifférent, comme tout ce qu'ont trouvé les hommes.

On me descend dans la terre : le sable qu'on jette à pelletées sonne sur mon cercueil. C'est le moment où tout ce qu'il y a dans le cœur des vivants d'affection pour les morts bondit et sanglote, où les indifférents mêmes se sentent remués jusqu'au fond des entrailles par ce bruit sec que parfois un caillou plus gros rend sonore. Parmi le murmure de ces désolations, le prêtre reprend ses psalmodies... Je le sais, mais je ne les entends pas : je n'entends plus rien. La séparation d'avec les vivants est accomplie, je ne percevrai même pas le bruit que feront en s'en allant ceux que j'ai aimés, j'ignore les dernières larmes qui ont coulé pour moi..............................

Le temps marche ; et plus rien ne peut me faire distinguer les minutes ou les heures, les saisons ou les années. Je ne saurai pas quand écloront les fleurs dont les racines vont bientôt plonger dans mon être ; je ne sentirai pas la chaleur du soleil de l'été ; je n'aurai pas froid, quand la neige s'étendra sur les gazons morts comme un autre linceul ; au printemps, je n'entendrai pas le gazouillis des oiseaux dans mon cyprès où montera la sève. Ce sera toujours la même obscurité, le même silence. Et j'éprouve une sorte de volupté en songeant à cette confusion de tout dans laquelle je disparais. Il fut un temps où, pour peu que je restasse immobile et éveillé, les minutes me semblaient longues : maintenant, les minutes sont fondues entre elles pour faire l'éternité comme des gouttes d'eau pour faire un fleuve ; et elles m'entraînent doucement dans leur flot…

…Peu à peu, mes souvenirs s'y noient. J'ai peine à me rappeler la vie. Il me semble que je la vois de très haut et de très loin. Je ne suis plus seulement le voyageur que les mirages de l'arrivée trompent sur la distance parcourue : je suis l'aéronaute suspendu dans l'espace, à des hauteurs où l'homme n'est jamais parvenu. Il ne voit plus les villes, les montagnes lui semblent des rugosités imperceptibles, les mers, des flaques d'eau, et de tout le bruit que font les êtres, aucun murmure ne lui parvient : au-dessus des nuages flottants et disloqués qu'éclairent des lumières étranges, il vit comme dans un élément nouveau.

Les faits dont ma vie a été formée s'effacent peu à peu : mon enfance pauvre, ma jeunesse pleine de luttes, mes années de prospérité, les douleurs de mes derniers temps, tout cela s'éloigne et se fond comme dans une teinte uniforme. J'oublie les différences du plaisir et de la peine. Je ne sais plus que j'ai aimé jadis ; aucun souvenir, de quelque nature qu'il soit, ne peut troubler ma pensée, qui continue pourtant à se mouvoir, mais comme avec lenteur et dans une très grande limpidité, ainsi qu'un corps auquel rien ne fait obstacle. Un dernier souci demeure en moi, ou plutôt un problème dont la solution m'intéresse encore : je cherche à retrouver par quelle série d'impulsions successives ma volonté a été déterminée à ce suicide qui m'a demandé tant d'efforts. Je retrouve les motifs, par un effort de mémoire, mais je ne comprends plus comment la crainte de la ruine, – le regret d'une morte, – la peur de la maladie, – la douleur d'être trompé, – toutes ces abstractions – ont pu se changer en un fait brutal, provoquer une résolution positive et une souffrance réelle. Certes, je ne regrette point de m'être tué : dans l'espace où je suis, il n'y a pas de place pour le regret : mais je ne puis m'expliquer comment les mobiles de mon action ont pu sortir de la monotonie indifférente des choses et agir sur moi au point de me faire changer un état contre un autre. L'acuité de la douleur, la force des affections, la ténacité des angoisses, – voilà autant de notions qui m'échappent. Le voile qui, il y a un temps que je n'apprécie plus, enveloppait déjà et cachait à mon souvenir les choses passées, s'est épaissi : tout ce qui m'est autrefois arrivé m'apparaît comme apparaissent les objets matériels dans une obscurité de plus en plus profonde ; des formes vagues se meuvent lourdement dans ma pensée ; je me figure que dans les longues nuits des régions arctiques, les blocs de glace remuent ainsi................................

Par moments, je me plais en efforts pour retrouver les détails de ma vie ou les visages de ceux que j'ai aimés : et l'inutilité même de ces évocations me satisfait. De mon vivant, il me suffisait de fermer les yeux pour voir aussitôt des figures depuis longtemps disparues, – et si nettes que j'aurais pu me croire à côté d'elles. À présent, dans cette obscurité où mes yeux sont toujours clos, je cherche en vain : les images ne se dessinent plus ; et c'est sans le moindre regret que je constate la fuite de ces ombres pourtant chères. Ainsi tout s'efface, comme si le Temps qui marche sans que je l'entende, détruisait une à une, doucement, les impressions gravées en moi... Justement, je me rappelle qu'il y a quelques heures – quelques minutes ou quelques jours, je ne sais pas – certains faits de mon passé me revenaient exacts, me préoccupaient. À présent, je ne les retrouve plus : je m'échappe donc à moi-même, le sentiment de ma propre personnalité me fuit, comme les souvenirs, comme toutes les obsessions fatigantes. Je ne sais plus au juste ce que c'est que Moi : il me semble que je ME fonds dans des millions d'êtres, que je disparais parmi les choses, que je ne suis plus qu'un avec une formidable unité…

Si les hommes parvenaient à se figurer ce que c'est que ne pas voir, ne pas entendre, ne pas sentir, si surtout ils pressentaient qu'on n'arrive que par une gradation lente à cet état auquel je touche, en désaccoutumant son être des habitudes passées – ils ne redouteraient pas la Mort. Ce roi des épouvantements, ainsi que l'appellent leurs sages, leur apporte la paix inaltérable, les délices d'un sommeil dont rien ne marque la durée, sur un lit si moelleux qu'on ne le sent pas. Dans le grand silence et dans la grande obscurité de la tombe, il ne flotte que des voluptés apaisantes, douces de plus en plus, comme des lumières qui s'en vont, comme des harmonies qui s'éloignent. Je sens que mon cerveau vit encore, – mais ma pensée s'endort délicieusement.

*L'Autopsie du docteur Z****,
Bibliothèque des Deux Mondes, Frinzine, Klein & Cie,
Paris, 1884

Michel Epuy

Anthéa ou l'étrange planète

Avant-propos

Les romans d'aventures, et principalement les romans dits « planétaires », sont à la mode. C'est une des raisons qui ont conduit les éditeurs de la Bibliothèque de la Plume de Paon à introduire dans cette collection ce petit roman d'*Anthéa* qu'un maître du genre, J.-H. Rosny aîné, salua lors de sa publication dans une revue littéraire par des éloges vigoureux et un vif témoignage d'admiration.

L'auteur d'*Anthéa*, lauréat d'un des prix les plus importants de la Société des Gens de Lettres de France (le prix « Jean Revel »), a publié de nombreux ouvrages d'un autre genre : *Le Sentiment de la Nature*, *Petite âme*, *Le Nouvel Homme*, etc. Citons encore ses traductions : *Œuvres choisies de Rudyard Kipling*, *Anthologie des humoristes anglais et américains*, *Daphné* de Mme Humphry Ward, *Rien que David*, de Mme Éleanor H. Porter, et dix autres romans.

Mais là où Michel Epuy semble avoir obtenu le plus franc succès, c'est avec ses romans pour la jeunesse, tels que *Petite Princesse*, *Jacqueline Sylvestre*, etc.

Le petit roman d'*Anthéa* allie les qualités d'un roman d'aventures, originalité et fécondité d'imagination, avec celles du roman littéraire, sentiment de la beauté, habileté de la description et, par là, il est destiné à plaire aux petits aussi bien qu'aux grands.

À J.-H. Rosny aîné,
en admiration et respectueuse
affection.

APRÈS plusieurs années de méditation et de recueillement, maintenant que mon esprit a repris peu à peu sa vigueur, sa lucidité et son calme, je me sens pressé de décrire minutieusement tout ce que j'ai vu, senti et éprouvé pendant les quelques semaines que j'ai passées sur une autre terre.

C'est mon ambition qui fut la première cause perceptible de toute cette affaire. J'étais aide-astronome à l'Observatoire de Paris, j'avais vingt-sept ans, j'étais très impatient d'arriver, de me faire un nom, et, pour cela, je ne m'épargnais pas, mais jusqu'alors mes observations et mes travaux n'avaient obtenu qu'un assez froid accueil de la part de mes maîtres.

Je me souviens très bien du jour où le grand savant Lador annonça qu'il avait découvert une comète nouvelle, qui s'avançait vers le système solaire avec une vitesse prodigieuse. Ce fut dans notre petit monde de jeunes astronomes, épris de gloire, une très grosse émotion, et dès qu'il fut avéré que l'astre inconnu passerait encore plus près de la Terre que la Comète de Halley en mil neuf cent dix, chacun se démena de son mieux pour obtenir une mission quelconque, un détail spécial à observer, des photographies ou des calculs à faire. Les plus favorisés, à mon sens, furent ceux qui obtinrent d'être envoyés en un point de l'équateur. Car c'était de la ligne équatoriale que le passage de la Comète de Lador devait vraisemblablement être le mieux visible.

Pour moi, malgré mes travaux précédents, malgré mes démarches pressantes et les sollicitations de mes amis, je n'obtins rien... moins que rien, puisque je dus céder l'oculaire de mon télescope à un vieux savant suédois qui se trouvait en séjour à Paris.

Le soir du passage de la Comète, j'errai tristement dans les rues. Très affecté par ma malchance, je résolus d'aller à un théâtre gai, de souper ensuite, de m'étourdir enfin pour oublier mon ennui, et de ne pas même lever les yeux pour apercevoir le panache laiteux de l'astre voyageur.

Je tins bon jusqu'à une heure du matin, mais au sortir du restaurant, tout mon chagrin me revint ; et, tout à coup, comme pour en atténuer un peu la force, une idée jaillit : Pourquoi n'irais-je pas saluer mon vieux maître Artémion, à la tour Eiffel ? Il m'avait témoigné beaucoup de sympathie autrefois. Il apprendrait avec chagrin, certainement, le passe-droit dont j'étais victime et sans doute il me permettrait de jeter un coup d'œil avec lui sur le ciel.

Je me fis conduire à la tour Eiffel. Je rencontrai Artémion auprès des appareils de télégraphie sans fil. Il avait mal aux yeux ; il n'observait pas lui-même. Il attendait là les dépêches qu'un de ses amis, un illustre astronome américain, devait lui envoyer de Quito. À cause de la différence de longitude, il n'était guère alors que six heures du soir à Quito. C'était à sept heures que la Comète devait frôler la Terre. Donc, en supposant une heure d'observations, une autre heure de transmission télégraphique, il nous fallait attendre trois heures du matin pour avoir des nouvelles. Nous passâmes joyeusement ce temps-là à griller des cigarettes et à nous rappeler le bon temps de l'École Polytechnique, où Artémion m'avait enseigné les premiers éléments du calcul différentiel.

Les heures coulèrent très vite. Je n'étais plus triste ; il me semblait que quelque part, dans l'ombre et le mystère des choses qui ne sont pas encore, un triomphe se préparait pour moi. J'étais en tout cas plein d'une nouvelle ardeur et je projetais déjà d'écrire pour un magazine mon interview nocturne avec le grand savant. Il ne me parla qu'accidentellement de la Comète.

— Il en sera très probablement de même que pour celle de Halley, dit-il. Toutes les menaces de catastrophe, toutes les prévisions pessimistes sont plus ou moins fantaisistes. Ces comètes ne sont que des amas de gaz infiniment dilués.

— Mais ne s'en pourrait-il trouver une qui nous imprégnât de gaz délétère ?

— Évidemment, riposta Artémion, tout est possible ; mais ces gaz, même délétères, ne pourraient guère pénétrer dans l'atmosphère terrestre, imperméable comme du marbre pour ces substances à densité si faible.

Sur ces entrefaites, je vis que l'appareil de T.S.F. fonctionnait. Je fis signe au maître et nous nous penchâmes au-dessus des épaules de l'opérateur. Cet homme écrivit : « De Quito (Équateur) (réexpédié de New York) : Très bonnes observations. Temps clair. Passage de Comète accompagné d'un grand vent... »

Ici il y eut une très courte interruption ; mais, avant que j'aie eu le temps de reprendre la conversation avec le savant, l'appareil se remit en marche. Je me penchai de nouveau :

« ... Très curieux phénomène, continuait la dépêche ; un astre de diamètre apparent égal à celui de la lune reste au-dessus de nous. Dans nos lunettes nous le voyons comme immobile... »

Cette fois la communication s'arrêta tout à fait. L'opérateur de Quito dut aller contempler l'astre nouveau car, cette nuit-là, on ne reçut plus rien de lui à New York ni par conséquent chez nous.

Pour moi, j'exultais : Enfin, je tenais ma chance ! Je n'allai pas me coucher. Au petit jour, je courus éveiller ma vieille tante Adeline et lui expliquai précipitamment que ma gloire était assurée si je pouvais disposer d'une vingtaine de mille francs... Encore tout endormie, la chère vieille dame, épouvantée, ne crut pas un mot de ce que je lui disais, mais craignant quelque tragique histoire de jeu, elle me signa un chèque en blanc.

De retour chez moi, j'empilai quelques instruments et un peu de linge dans une valise et sautai dans un taxi... Je partais pour ma conquête. J'allais voir l'astre inconnu, l'étudier, l'explorer du plus près possible, le faire mien...

C'était bien un nouvel astre. Les journaux du matin publièrent la dépêche que j'avais été le premier à connaître. Il en arriva d'autres dans la matinée, et, à midi, des éditions spéciales donnèrent quelques détails sur le merveilleux événement. Déjà quelques observations exactes avaient été faites par les astronomes de Quito et ceux-ci rapportaient que l'astre abandonné dans leur ciel par la Comète n'était point du tout aussi considérable que la lune, mais que sa grandeur apparente était due à son excessif rapprochement de la Terre...

Je n'attendis pas d'en savoir davantage. Le jour même je pris le train du Havre, voulant profiter du départ d'un transatlantique rapide. Sept jours plus tard, je débarquais à New York. Le temps d'acheter les journaux de la semaine écoulée... et je sautais à bord d'un vapeur qui devait me transporter au Panama. Quatre jours de navigation, puis traversée de l'isthme en chemin de fer... Deux autres jours à bord d'un bateau très peu confortable, et je me trouvai enfin à Guayaquil, le port de Quito.

Déjà, dès le second jour passé sur les flots du Pacifique, j'avais aperçu à l'horizon méridional, au-dessus des hauts sommets des Andes, une énorme masse ronde et d'un blanc laiteux qui ressemblait à la lune vue de jour et qui grossissait à mesure que nous nous rapprochions de l'équateur. C'était l'astre inconnu, le monde nouveau, que la Comète de Lador avait été cueillir dans les régions inexplorées de l'espace et avait abandonné là, tout près de notre vieille Terre !

En sortant de la gare de Quito, tandis que le nez en l'air je cherchais l'astre, j'entendis soudain l'encourageant et jovial *allô !* par lequel tout bon Américain annonce sa présence. C'était mon vieil ami Merryman de l'Université de Harvard, avec qui je m'étais trouvé en Australie, lors du dernier passage de Vénus sur le disque solaire. Il m'accueillit chaleureusement, puis, devinant mon intense curiosité, il s'écria immédiatement :

— Interrogez-moi, ami ; je puis vous donner tous les derniers détails pendant que nous allons à l'hôtel.

— Bravo ! répondis-je, et merci ! Eh bien, cet astéroïde ?

— C'est une petite planète qui sort on ne sait d'où. Elle est devenue notre satellite. Elle s'appelle Anthéa… d'après les désirs exprimés par moi-même…

— C'est vous qui l'avez aperçue le premier ?

— Oui, et comme on donne généralement aux planètes un nom mythologique, j'ai pensé à ce surnom d'Anthéa, dont les Grecs affublaient certaines déesses. Cela ne va pas trop mal, car notre Anthéa céleste a bien l'aspect d'une grande fleur épanouie là-haut…

— Mes félicitations, répondis-je. Nous tenons donc un monde inédit, mais le tenons-nous bien ?

— *All right*, parfaitement. Anthéa est immobile au-dessus de Quito, c'est-à-dire tourne autour de la Terre en vingt-quatre heures exactement, d'où il suit qu'elle ne se déplace pas relativement à nous.

— Bon, et ses dimensions ?

Il répondit avec volubilité :

— Rayon de quinze kilomètres. Surface de deux mille huit cent vingt-sept kilomètres carrés. Volume de quatorze mille cent trente kilomètres cubes. Circonférence à l'équateur : quatre-vingt-quatorze kilomètres. Densité beaucoup plus faible que celle de la Terre, mais sensiblement égale à celle de la lune, trois environ.

Je ne bronchai pas sous cette avalanche de chiffres, mais repris :

— Cela nous fait une très petite planète... Moins de cent kilomètres de tour ! Et à quelle distance se trouve-t-elle de la Terre ?

— À trois cent quatre-vingt-un kilomètres.

— Mais ce n'est rien, cela. Vous êtes sûr ?

En effet, vis-à-vis des distances formidables qui séparent les plus rapprochées des planètes, ce chiffre de trois cent quatre-vingt-un kilomètres me paraissait ridiculement petit. Mon interlocuteur répondit :

— Nous sommes absolument certains. La planète Anthéa n'est qu'à trois cent quatre-vingt-un kilomètres ; néanmoins elle n'est pas précipitée à la surface de la Terre, parce que, comparée à la lune, elle a une masse un million de fois plus petite... et j'ose dire qu'il le fallait bien parce que, étant mille fois plus près de nous que la lune, elle subit de notre part une attraction un million de fois plus grande. Il y a donc équilibre.

Tout habitué que je fusse aux précisions mathématiques des observations astronomiques, je demeurai interdit un instant devant toutes ces certitudes acquises en si peu de temps. Vraiment, la science est une belle chose ! Mais je recommençai à interroger :

— Vous dites qu'Anthéa tourne autour de la Terre au-dessus de notre équateur ?

— Oui, dans un plan parallèle à l'équateur. Son orbite est de quarante-deux mille trois cent quatre-vingt-douze kilomètres.

— Sa vitesse ?

— Mille sept cent soixante-sept kilomètres à l'heure. Elle tourne aussi sur elle-même en une heure.

J'arrivai enfin à la question palpitante :

— De si près, vos télescopes ont pu fouiller la surface...

— Oh ! vieux loup de mer ! cria Merryman en se frottant les mains, je vous voyais venir ! Les chiffres ne vous amusent pas. Vous n'êtes pas un astronome mathématicien, vous, vous êtes un astronome sentimental. Eh bien, Anthéa, qui est un globe *solide*, offre diverses particularités...

— Y a-t-il une atmosphère ?

— Oui, et relativement à la petitesse de la planète, cette atmosphère est lourde, je veux dire dense et elle lui constitue une enveloppe de plusieurs kilomètres d'épaisseur.

— C'est une terre en miniature !

— On ne sait pas, fit flegmatiquement l'Américain. En tout cas, personne n'y a encore aperçu des bipèdes.

— Quoi, rien ?

— Si, des plantes, ou du moins des taches sombres que le télescope décompose en feuillages, ramures, arborescences... ou choses semblables... Mais vous apportez, je crois, des verres plus puissants que les nôtres. C'est donc vous qui allez, le premier, découvrir ce qu'il y a d'intéressant sur Anthéa.

...Il y avait là, en effet, de magnifiques perspectives pour moi. Je me voyais déjà célèbre à la suite des travaux que je publierais sur la faune et la flore d'Anthéa. Et puis, songeais-je, cette minuscule planète porte peut-être des êtres analogues à nous. Quelle gloire si je parviens à les découvrir, à attirer leur attention, à converser avec eux ! Étant donné la si petite distance qui nous sépare, toute supposition, tout espoir, tout grand rêve est possible.

Je levai la tête et aperçus l'astéroïde. C'était une grande tache ronde, d'un gris-bleu un peu brillant, suspendue comme une coupe de cristal dans le pur et ardent ciel de l'équateur. Sans perdre de temps à le considérer davantage à l'œil nu, je hâtai fiévreusement le montage du télescope que j'apportais de France. Les heures les plus propices pour l'observation étaient celles du matin et du soir, un peu après le lever du soleil et un peu après son coucher, car, pendant la nuit, Anthéa entrait dans le cône d'ombre de la Terre, et, vers le milieu du jour, elle se trouvait trop près du soleil pour être utilement examinée.

Malgré les grossissements relativement forts de mon appareil, je n'aperçus rien de plus que ce que m'avait annoncé mon ami Merryman. La surface de notre nouveau satellite offrait des parties brillantes et miroitantes comme celle des planètes télescopiques, mais ce qui attira le plus particulièrement mon attention, ce fut en quelques endroits, assez rares, la présence de taches bizarres, offrant l'aspect de ces enchevêtrements, de ces arborescences qui se forment quelquefois sur les vitres de nos appartements, après une nuit de gelée. Étaient-ce là des forêts ? Des couleurs vives y éclataient par places, mais le bleu y dominait, brillant, cru, étincelant. Évidemment rien de semblable n'avait encore été observé sur une planète, mais mon petit télescope ne me donnait pas une image bien agrandie de ces taches ou masses arborescentes.

Après avoir refait rapidement les calculs et vérifié les renseignements fournis par mon ami, je passai de longues heures à contempler Anthéa. Il ne s'y trouvait point de montagnes, point de fleuves ni de rivières ; le sol y semblait très peu accidenté mais plutôt couvert de roches de formes diverses ; les parties planes et miroitantes pouvaient être des nappes d'eau immobile. Mais je n'aperçus aucune brume, aucun nuage, et l'atmosphère de la petite planète se maintenait parfaitement limpide et tranquille. J'étudiai longuement cette atmosphère. Lorsque la lumière solaire s'y réfractait, elle faisait une magnifique auréole blonde à l'astéroïde. Avec mes instruments imparfaits, je ne pouvais songer à y discerner la présence de vapeur d'eau ou de tel ou tel gaz. L'absence de nuages et de calottes de glace aux pôles d'Anthéa ne me plaisait point, car c'était là une forte présomption pour que ce satellite fût un globe entièrement refroidi et mort... Cependant l'existence d'une atmosphère et de ces singulières formes végétales permettaient le doute.

Plusieurs jours passèrent pendant lesquels je n'avais rien aperçu d'insolite sur Anthéa. Je ne pouvais faire des observations plus approfondies faute de meilleurs et surtout de plus grands instruments, et je me désolais. Mon ami américain, me voyant ainsi énervé et surexcité, réussit à m'arracher à ma vaine contemplation en me proposant de faire, avec lui, une grande excursion. Il s'agissait de tenter l'ascension du Chimborazo, le célèbre volcan qui élève son sommet neigeux à plus de six mille mètres au-dessus du niveau de l'océan. Songeant que de là-haut je pourrais encore voir Anthéa, j'acceptai.

Je n'ai pas à raconter ici en détail les aventures de ce pittoresque voyage... Du reste, auprès de celles qui m'advinrent peu après, elles paraîtraient insignifiantes. Le seul fait important, celui qui nécessite la mention que je fais ici de cette expédition, arriva au moment où, recrus de fatigue, nous atteignions un des sommets voisins du géant des Andes. Mes deux pieds à peine posés sur l'étroit plateau, je me retournai vers l'astre qui n'était plus immédiatement au-dessus de nous. Le soir tombait. Le soleil se couchait dans une atmosphère écarlate au-dessus des eaux miroitantes du Pacifique, et, dans le ciel, de longues banderoles roses et mauves témoignaient de la présence d'une grande quantité de vapeur d'eau dans l'air ordinairement sec et pur de ce versant des Andes. Anthéa ne s'assombrissait pas encore, car, à sa hauteur, les rayons solaires l'éclairaient longtemps après la disparition du soleil au-dessous de notre horizon.

Entre les brumes violacées du couchant, à un certain moment, le soleil darda un long faisceau de lumière. Alors, entre mes yeux et les espaces verts et rouges qui flamboyaient à l'horizon occidental, s'interposa une immense colonne rose qui paraissait relier la Terre à Anthéa.

Renflée à chaque extrémité, cette longue tige diaphane était parfaitement distincte sur toute son étendue. On eût dit que de l'astéroïde à la Terre une stalagmite et une stalactite de pur cristal s'étaient formées et rejointes...

Mon intelligence restait comme paralysée et incrédule devant cette miraculeuse apparition.

Merryman, lui, ne perdit pas possession de ses falcultés. Au bout d'une demi-minute, il me donna triomphalement l'explication du phénomène :

— C'est une colonne d'air ! dit-il. Elle s'aperçoit parce qu'elle contient de la vapeur d'eau et qu'elle est frappée par une lumière très oblique. De Quito elle était toujours invisible parce que nous étions plongés dans sa base même. Sa présence nous prouve qu'entre la Terre et Anthéa les attractions réciproques ont joué suffisamment pour provoquer de part et d'autre une protubérance des enveloppes atmosphériques ; ces protubérances se sont rencontrées... et voilà la communication établie !

...Je compris alors qu'il s'était passé là quelque chose d'analogue à ce qui arrive à la surface d'un liquide où nagent des bulles d'air: on voit les plus petites bulles se grouper en chapelet entre deux grosses bulles... Anthéa restant constamment au-dessus d'un même point terrestre, il y avait eu succion entre les deux atmosphères qui, attirées toutes deux par l'astre voisin, s'étaient allongées jusqu'à se rencontrer.

Dès lors, tout en rentrant à Quito, j'examinai en moi-même le grand problème: aller sur Anthéa! L'air m'offrait une route... Mais, qui sait, les gaz entourant le satellite étaient peut-être délétères... N'importe, il fallait y aller voir, les chances étaient trop belles.

Un peu plus tard, je m'ouvris de mes projets aux savants de la ville: tous et mon intrépide Américain lui-même me traitèrent de fou. Ils y mirent des formes et furent très polis, mais je vis bien qu'ils avaient des doutes sur mon état mental.

Mais une fois qu'on a une idée bien enracinée en soi, quand on a juré d'accomplir coûte que coûte une action d'éclat, on n'écoute plus rien ni personne.

Je résolus donc d'arriver tout seul à mon but. Je ne fatiguerai pas le lecteur de la description de mes recherches ni de l'histoire de mes préparatifs. Voici seulement ce que je fis après avoir longuement et mûrement médité mon expédition:

J'achetai secrètement au gouvernement de la petite république de l'Équateur son unique mais immense dirigeable. Ce ballon était fait pour élever à trois mille mètres huit personnes et des machines, des réservoirs d'essence, des projectiles, etc., le tout pesant ensemble plusieurs dizaines de milliers de kilos. Je fis enlever toute cette ferraille et je la remplaçai par du lest. Je fis aménager dans la nacelle une légère case vitrée fermant hermétiquement. De cette case, je pouvais, sans donner accès à l'air extérieur, actionner la soupape et faire tomber, par détachements successifs, la quantité de lest que je voulais. J'emportai de l'eau et des vivres pour une semaine. Je joignis à mes approvisionnements quelques tubes d'oxygène comprimé, des armes et des couvertures. Tous ces préparatifs demeurèrent ignorés de mes confrères et amis, et, dix jours après mon retour de Chimborazo, mon ballon se trouvait tout gonflé dans un clos situé dans un quartier excentrique de la ville et j'étais moi-même prêt à tenter la grande aventure.

Ce fut par une tranquille nuit bleue que je m'acheminai à travers les rues désertes de Quito vers les hangars où quelques Indiens à mon service veillaient auprès de mon ballon... Je vérifiai la tension de l'hydrogène, la solidité des attaches de la nacelle... Malgré mon enthousiasme ardent, je me sentis alors un peu décontenancé, et mon beau projet m'apparut comme une folle équipée d'où évidemment je ne reviendrais pas vivant. De sinistres pressentiments m'assaillirent à ce moment et peu s'en fallut, je crois, qu'à la dernière minute, je n'abandonnasse tout. Mais mes ouvriers étaient là. Ils attendaient impassibles qu'il me plût de monter à bord de ma nacelle. Je ne leur avais fait aucune confidence, mais je suppose bien qu'ils avaient deviné mon projet, car ils me considéraient avec une sorte de terreur superstitieuse qui contractait affreusement leurs visages graves. Je donnai une pensée à mes amis, à mes maîtres… N'ayant point de famille, je pouvais bien risquer ma vie pour conquérir cette renommée si lente à venir aujourd'hui aux plus savants et aux plus laborieux…

Je m'enfermai dans la case vitrée de la nacelle. J'allumai une petite lampe électrique, m'assurai encore de la présence de mes provisions, de mes outils, de mes tubes d'oxygène… Je fis enfin le signal convenu. Les bras musculeux des Indiens se levèrent et s'abattirent ensemble, les haches qui coupaient les cordages miroitèrent dans la nuit, et, tout d'un coup, le ballon s'éleva d'un bond prodigieux à un millier de mètres au-dessus de la capitale de l'Équateur.

Le sort en était jeté, j'étais parti ! J'avais choisi à dessein une nuit sans vent. Le ballon continua donc à monter, quoique plus lentement, à se diriger tout droit vers la merveilleuse fleur du ciel, autour de laquelle brillaient les pures étoiles équatoriales. J'avais calculé qu'avec le poids réduit qu'il portait, mon ballon devait s'élever d'abord à une dizaine de kilomètres de hauteur sans qu'il fût nécessaire de jeter du lest. Je suspendis ma lampe électrique au plafond de ma case vitrée, et, les yeux fixés sur le baromètre, j'attendis. L'instrument baissait constamment, mais bien plus lentement que je n'avais pensé. Sachant que pour mener à bien ma téméraire entreprise il fallait agir vite, je me hâtai d'actionner le crochet qui retenait mon lest et d'en laisser tomber une bonne partie. Le ballon dut certainement faire un bond énorme, mais, chose étrange, c'est à peine si le niveau barométrique oscilla légèrement. Je demeurai un instant perplexe, puis je réfléchis que je me trouvais dans la colonne d'air s'élevant entre la Terre et le nouvel astre et je compris que tout le long de cette colonne la pression atmosphérique ne diminuait pas à mesure qu'on s'éloignait de la Terre puisqu'il y avait de l'air au-dessus de moi, jusqu'à une autre atmosphère.

J'obtenais par là un précieux encouragement : par suite de la constance de la pression atmosphérique, mon ballon devait continuer à monter indéfiniment. J'y aidai en me débarrassant de presque tout mon lest et j'attendis...

Quelle que fût la vitesse – sans doute prodigieuse – avec laquelle je m'éloignais de la Terre, un parcours de trois cent quatre-vingts kilomètres ne pouvait être accompli en deux ou trois heures ; et comme, en ballon, on n'a jamais la sensation de déplacement, je restai fort inquiet et impatient. Sous moi la Terre était plongée dans l'ombre et depuis longtemps les dernières lumières de Quito s'étaient éteintes dans l'éloignement. Au-dessus de ma tête, l'énorme masse du ballon m'empêchait de voir l'astre. J'avais surtout peur d'un subit coup de vent qui m'eût fait dévier de ma route et m'eût entraîné hors de la colonne d'air, mais alors le baromètre m'eût averti de ma hauteur réelle.

Lentement, lentement, la nuit passa. Le jour revint. Je revis la Terre. Elle n'était plus au-dessous de moi que comme une énorme surface ronde autour de laquelle le ciel faisait une auréole bleue... J'en conclus que je me trouvais fort loin... À ce moment, un phénomène inattendu se produisit. Je ressentis une grande secousse comme si mon ballon projeté en l'air s'arrêtait soudain, puis il me parut dévier de la perpendiculaire; il était comme poussé de côté par une force invisible, tandis que ma nacelle restait au-dessous du point qu'il occupait l'instant d'avant. Une seconde j'aperçus Anthéa énorme et toute proche. Je n'eus pas le temps de crier hourra!... Le corps du ballon s'inclina encore jusqu'à se trouver à la hauteur de la nacelle, puis il y eut une pirouette, tout changea de sens, et de nouveau suspendu immédiatement au-dessous du ballon, j'aperçus la Terre inconnue sous mes pieds. Je compris que l'attraction de l'astre venait de se faire sentir et que, si je n'y prenais garde, j'allais remonter vers notre terre ou tout au moins rester en suspens entre les deux forces attractives de notre immense globe et de son infime satellite. Je me hâtai d'ouvrir la soupape, je vis alors le baromètre remonter progressivement et je descendis lentement sur Anthéa.

Arrivé à quelques centaines de mètres du sol, je fis entrer un peu d'air dans une cage renfermant un canari: je voulais m'assurer, avant toutes choses, que l'atmosphère dans laquelle j'entrais était respirable. Le petit animal ne parut éprouver aucune gêne. Cette fois, je poussai un hourra retentissant et je tirai à nouveau la corde de la soupape.

Mon atterrissage fut aisé; aucun vent ne gêna l'opération. Je descendis lentement sur un rocher assez large et entouré de toutes parts d'une étendue brillante que je pris de loin pour de la glace. Avant de sauter hors de la nacelle, je pus accrocher mon ancre à une anfractuosité de la pierre. Une fois débarqué, j'enroulai ma corde à un gros bloc de granit et je pus enfin jeter un coup d'œil autour de moi.

Mon rocher avait quelques mètres carrés. Autour de cet îlot, une substance brillante étincelait au soleil. Je m'en approchai : c'était dur et uni comme du verre ; on eût dit une grande plaque de mica. Mais cette étendue n'était pas très considérable : à quelques centaines de mètres, j'apercevais une ligne de rochers, et plus loin des formes ramifiées et entremêlées qui avaient l'air d'être des arbres gris comme des oliviers. J'essayai un pas sur la substance brillante entourant l'îlot. Elle était si polie et lisse que je manquai m'étaler. Je retournai à ma nacelle, m'équipai d'un sac à provisions et d'armes et revins au bord du lac de verre. (Ce n'était pas de la glace, mais une sorte de roche analogue à du quartz hyalin.) Je me déchaussai, et je pus ainsi m'aventurer, mes souliers à la main, sur la surface glissante.

Étrange arrivée d'un terrien dans un monde nouveau ! Cela me faisait songer à l'entrée d'un mahométan dans une mosquée... Et certes, il se glissait bien dans mes sentiments un peu de crainte religieuse et d'appréhension de l'inconnu.

Ayant abordé l'autre rive, je remis mes chaussures et montai sur la falaise... L'air était diaphane, léger et un peu frais comme par un beau matin de gelée blanche en automne. À perte de vue devant moi, ce n'étaient que surfaces pierreuses semées de blocs aux arêtes vives et nettes, et, dans la merveilleuse clarté qui baignait ces roches aux couleurs riches et diverses, c'était un perpétuel ruissellement de rayons colorés qui se renvoyaient les facettes innombrables des cristaux, des gemmes et des cailloux étincelants. Je ne m'attardai pas d'abord à examiner ces minéraux si brillamment colorés et illuminés, mais je cherchai avidement des traces quelconques d'êtres organisés, car je n'avais encore aperçu ni un brin d'herbe, ni un vol d'oiseau, rien qui rappelât la vie. Il n'y avait à proximité que ces végétations déjà observées de la Terre : j'y courus, tant j'étais désireux de reprendre contact avec un être vivant, fût-il un simple arbre... Hélas ! ces arborescences étaient de pierre ! Elles offraient cependant de telles ressemblances avec de vrais végétaux, étant pourvues de feuilles, d'épines et même de fruits en gousses, que je voulus les examiner plus attentivement. Je cassai quelques rameaux et j'en étudiai le tissu intérieur à l'aide d'une loupe de poche. Les cassures me révélèrent une structure parfaitement normale : dans l'épaisseur des feuilles, les cellules se reconnaissaient parfaitement, et, au centre des branches, l'étui médullaire était aussi très distinct. J'avais donc devant moi des végétaux pétrifiés. Rien ne peut donner une idée du pittoresque aspect de ces forêts de pierre. Elles étalaient au loin leurs dentelles rigides sous le ciel brillant ; les substances minérales qui s'étaient incorporées aux cellules végétales étaient toutes revêtues des teintes délicates de l'opale et de la perle. Çà et là des rameaux entiers semblaient avoir été pénétrés de fluorine violette ; ailleurs des tiges étaient changées en baguettes ou en stèles de quartz améthyste.

Je constatai que les mousses et les lichens qui croissent dans les fentes des rochers, ainsi que les graminées et les petites plantes des champs n'avaient pas non plus échappé au désastre. La terre nourricière elle-même semblait s'être partout métamorphosée en pierre. Ce ne fut qu'un peu plus tard que je découvris de l'humus sous ces couches vitrifiées qui ressemblaient à du verre ou à du mica.

Plus triste, j'allais poursuivre l'exploration de ce globe sur lequel un cataclysme épouvantable s'était abattu au cours des âges, lorsque je m'aperçus que le soleil déclinait à l'horizon. Je fus surpris, parce que je me croyais encore au milieu du jour. Mon chronomètre s'était-il arrêté et remis en marche à mon insu ? Tout déconcerté, je considérais les éblouissantes régions occidentales où le ciel était d'un vert doré... Le soleil s'abaissa rapidement au-dessous de l'horizon... Mais alors, à mon grand étonnement, la clarté ne diminua pas et mon corps projeta une grande ombre devant moi... Je me retournai vivement. Du côté opposé à celui où le soleil venait de disparaître, un astre énorme et lumineux s'élevait rapidement. L'ascension du globe gigantesque, dans un ciel foncé, presque violet, dissipait les premières ombres du crépuscule en baignant de clartés blondes les espaces verts et roses, les rochers rouges, les pétrifications opalines et bleues. Cet astre était immense : il n'était encore qu'à demi sorti de l'horizon que le bord de sa circonférence était déjà très élevé dans le ciel. Une fois levé il parut occuper le quart de toute l'étendue céleste ; il projetait une lumière plus douce que celle du soleil, mais à cause de sa très grande surface et de son relatif rapprochement, il éclairait tout autant que le soleil. En considérant bien attentivement cet astre, j'aperçus à sa surface de grandes taches sombres et d'autres verdâtres, des bossellements, puis un peu plus loin des pics neigeux et enfin, tout à côté, une grande surface miroitante. Cela me rappela une carte de géographie, et aussitôt je compris. C'était la Terre, notre Terre qui se levait dans le ciel d'Anthéa !

Il ne me fallut pas de bien longues réflexions pour saisir les raisons de tous ces phénomènes. Je savais qu'Anthéa tournait sur elle-même en une heure. Donc, pendant une demi-heure, c'était le soleil qui m'éclairait et pendant la demi-heure suivante c'était la Terre qui, tout ensoleillée, me renvoyait une grande quantité de lumière. Lorsqu'il ferait nuit en Amérique du Sud, il ferait nuit aussi sur toute la surface d'Anthéa, puisque son mouvement rotatoire s'accomplirait alors dans le cône d'ombre de la Terre. Je me remis à explorer la petite planète. Il était évident qu'à la suite d'une catastrophe terrible (quelque contact avec un soleil), des roches en fusion ou des gaz inconnus avaient opéré une minéralisation totale d'Anthéa. Il y avait existé des arbustes, des herbes et des fleurs, mais y avait-il eu jamais à sa surface des animaux ou même des hommes ? Je n'en voyais aucune trace et je pensai que l'astéroïde n'avait jamais connu que le règne végétal. Ces végétaux eux-mêmes n'avaient appartenu à aucune famille définie et connue. Autant que l'on pouvait en juger après leur pétrification, ils avaient eu l'aspect rayonné des poulpes. Ils possédaient un corps globulaire un peu plus gros qu'une tête d'homme et d'où partaient des branches relativement minces, toutes chargées de feuilles, de cils et d'épines. La grande vésicule centrale portait encore des éperons ou dards rigides qui étaient plantés dans le sol. Je ne pus rien savoir au sujet de leurs racines.

Il y avait évidemment plusieurs espèces de ces végétaux, car je vis des pétrifications très différentes les unes des autres, soit comme dimensions, soit comme morphologie générale, mais toujours la forme globulaire centrale subsistait.

Lorsque vint le soir, le vrai soir de la Terre, et que notre immense globe, après le coucher du soleil, ne reparut à mon horizon que comme un grand astre de couleur azurée et pâle, j'éprouvai une indicible angoisse... Je cheminais lentement à travers les rocs qui semblaient prendre dans l'ombre des formes étranges et des attitudes hostiles. Au pied des blocs de porphyre rose, des prismes basaltiques et des obélisques de trachyte, des diamants scintillaient comme des yeux d'animaux à l'affût. Plus loin, de grandes falaises, peintes à la fresque comme si elles eussent été en opale d'Australie, étalaient leurs paysages de rêve sous le ciel inconnu. Partout, je foulais aux pieds des rubis, des topazes, des grenats qui roulaient sous mes pas et se brisaient sur les marbres avec des bruits secs comme des éclats de rire satanique. Du soir magnifique s'exhalait une tristesse immense. L'air vierge et venu des confins de l'espace, au lieu de m'enivrer, me pesait sur la poitrine. J'étais sur un monde mort, sur une terre ensevelie à jamais sous sa robe de pierre... Je ne saurais jamais quels êtres prodigieux avaient vécu là... Je n'avais plus qu'à m'en aller.

Je passai la nuit à bord de ma nacelle. Épuisé de fatigue, je dormis d'un sommeil lourd et sans rêve...

Lorsque je m'éveillai il faisait jour... Pendant les derniers moments de mon sommeil, il m'avait semblé entendre une douce musique, comme celle d'un chœur très lointain de voix enfantines. Je me frottai les yeux, me dressai dans ma nacelle... Je n'entendais plus rien, mais au moment où j'appuyais les mains sur le rebord pour sauter à terre, le concert éloigné reprit. Oui, c'était bien là ce que j'avais entendu, ce qui très probablement m'avait réveillé: c'était une lente mélopée comparable à celle que font entendre les grillons durant les beaux soirs d'été, mais dans ce que j'entendais il y avait plus de nuances, plus d'harmonie, plus de notes, plus d'art en un mot... Cela dura quelques secondes, puis tout cessa.

Je songeai tout de suite à quelque phénomène chimique, physique ou électrique, et, mon repos m'ayant rendu de l'audace et de l'énergie, je résolus d'élucider ce problème et en tout cas d'explorer aussi scientifiquement que possible la planète morte. Je me munis d'une boîte à minéraux, d'un revolver, d'un couteau-poignard, de vivres pour deux jours, et me mis en route à travers les rochers étrangement colorés d'Anthéa.

La bizarre musique ne se fit plus entendre. Mes pas seuls retentissaient dans ce monde morne et sans vie. Je marchai rapidement en vue d'atteindre au plus vite une ligne de gros rochers que j'avais aperçue la veille à l'horizon comme une enceinte crénelée. Je me rappelai que mon astre, si petit qu'il fût, avait pourtant cent kilomètres de tour et qu'il faudrait un certain temps pour le bien étudier. D'autre part, je n'avais que pour huit jours de vivres ; je devais donc me hâter, car il n'était guère présumable que d'autres hommes seraient jamais tentés de recommencer mon périlleux voyage.

Chemin faisant j'admirai une fois de plus la splendeur des rochers. Ce n'étaient que malachites, cinabres, agates, onyx, marbres et grès diversicolores. Par endroits, les pierres s'assemblaient en ronds et formaient de vastes cirques dont les arènes étaient couvertes d'un doux sable fin où devaient abonder des paillettes d'or. Ailleurs, les roches crénelées, excavées, taillées, sculptées présentaient l'aspect d'une vieille ville fortifiée qui serait tombée en ruines depuis des millénaires. Des flèches d'église, des tours, des remparts, des maisons, des palais y pullulaient. Des portiques magnifiques, en tourmaline rose, s'ouvraient sur des murailles lisses de marbre sarrancolin. Plus loin, des minarets pointaient dans le ciel des dentelles de béryl. Partout, des couloirs et des rues zigzaguaient entre ces ruines. Des avenues spacieuses étaient bordées de stèles de basalte, et, çà et là, des figures de sphinx et de monstres, des ailes de chimères, des faces de satyres s'apercevaient dans l'infini morcellement des rochers.

Hors de ces cités fantastiques, la surface d'Anthéa était unie comme du verre ou moutonnante comme une mer soudainement figée. Je n'avais plus entendu de musique lointaine ni rien vu qui pût l'expliquer…

Au milieu du jour, j'errais dans une de ces mystérieuses villes désertes de feldspath et de chrysoprase, plusieurs couloirs tournaient, s'entrecroisaient et me ramenaient toujours au centre de la cité. Las et énervé, je renonçai pour le moment à trouver mon chemin et je m'assis dans l'ombre d'un grand obélisque de cornaline… Je me mis en devoir de déjeuner.

Pendant que j'étais ainsi occupé, j'entendis comme un très faible battement d'ailes qui fut presque immédiatement suivi d'un petit bruit pareil à un crissement de cigale qui ne durerait qu'une fraction de seconde. Tout cela semblait partir du sommet du pilier à l'ombre duquel je me trouvais. Je relevai vivement la tête…

Là-haut, à une vingtaine de mètres, à la cime de la stèle rouge, une plante monstrueuse me regardait…

Je dis bien *une plante*. Cela avait un corps vert, rond, un peu plus gros qu'une tête d'homme, et, de ce globe partaient de flexibles rameaux feuillés ou fleuris, des dards, des suçoirs, des poils et des lianes mouvantes au bout desquelles brillaient des yeux, de vrais yeux humains qui me considéraient fixement.

Saisi d'horreur, je crus qu'à mon tour j'allais être changé en pierre comme tous les êtres vivants de l'astéroïde. Mais cette réflexion me ramena au sentiment de la réalité : il y avait donc des êtres organisés, vivants, qui avaient été respectés par le terrible cataclysme d'autrefois. J'allais entrer en contact avec eux et je compris que l'intérêt de mon voyage commençait.

L'être végétal était posé sur trois dards, il mouvait très lentement ses lianes porteuses d'yeux comme pour modifier l'aspect et l'angle sous lesquels il pouvait me voir. Je ne bougeai pas d'une ligne, me disant que s'il étirait soudainement ses souples rameaux pourvus de griffes analogues à celles du lierre, je serais assurément à sa merci. Mieux valait faire le mort.

Bien m'en prit, car au bout d'un instant et après que les lianes se furent bien tortillées, quelques-unes d'entre elles s'allongèrent horizontalement, leurs feuilles, qui étaient fortement digitées, se mirent à frapper l'air comme les pattes des oiseaux aquatiques sur l'eau ; l'être s'éleva, plana un moment autour de l'obélisque et disparut enfin derrière une coupole de grès viridin.

Je n'avais plus faim. Mon front s'était couvert de sueur… mais, après une courte hésitation, l'instinct scientifique l'emporta sur la peur et je me hâtai d'escalader une sorte de pyramide voisine dans l'espoir de suivre le vol de l'être étrange.

De là-haut, en effet, je l'aperçus de nouveau : il descendait lentement vers la terre, et, arrivé au bas d'une falaise à pic, il disparut soudain dans une fissure que je n'avais pas aperçue tout d'abord et qui semblait être l'entrée d'une caverne.

Alors, de ce trou béant et obscur sortit la même musique que celle qui m'avait surpris à mon réveil. On eût dit un chœur de cigales de cristal ; c'était une symphonie très délicate, très diversement modulée, très nuancée… Il y avait évidemment de nombreux exécutants et c'étaient leurs voix diverses et maigres qui produisaient les sons singuliers. Je fus bientôt fixé là-dessus ; une dizaine de plantes sortirent presque aussitôt de la caverne ; elles étaient toutes semblables à celles de l'obélisque, sauf pour les fleurs qui étaient de couleurs très variables : rouges, jaunes ou bleues… Ces êtres volèrent vers moi ; leurs yeux étaient grands ouverts au bout des tiges tendues et leurs dards étaient braqués dans ma direction. Je voulus fuir. Je n'en eus pas le temps. Ils m'entourèrent, leurs crampons me saisirent, je fus soulevé, emporté dans les airs…

Je ne pouvais guère me débattre. D'ailleurs, si j'avais réussi à me dégager, je serais tombé de plusieurs mètres de hauteur sur les rocs… J'attendis donc un moment propice. Bientôt le vol des végétaux s'abaissa. Ils se posèrent, sans me lâcher, sur une surface plane et recouverte de sable. Alors, je luttai. J'avais réussi à sortir mon couteau de ma poche et, d'une main libre, j'en tailladai les lianes souples qui me serraient… Des gémissements sortirent des globes verts, les dards, qui étaient longs de deux à trois mètres et fort acérés, s'avancèrent contre moi… Je vis qu'ils allaient me transpercer comme une mouche sous une épingle. D'un effort désespéré, je saisis mon revolver et fis feu sur les corps globulaires des monstres. Cela me sauva. L'étreinte des griffes se desserra, j'achevai de me dégager à l'aide de mon couteau, je bondis hors de l'enceinte de pierre et courus comme un fou dans une longue avenue.

Je jetai les yeux de-ci de-là pour chercher un abri. Cela fut long à trouver et je croyais à chaque instant entendre derrière moi le frémissement des feuilles propulsives... mais enfin j'aperçus une étroite anfractuosité de rochers derrière laquelle un espace sombre me parut présager l'existence d'une petite grotte. Je m'y faufilai : en effet, au delà de la fissure, la roche se creusait en une poche arrondie. L'abri me parut bon. Il n'y avait d'autre ouverture que celle où j'avais à peine pu me glisser : les corps des végétaux ne pourraient donc y pénétrer. Allongé sur le sable qui couvrait le sol de la petite caverne, je regardai au dehors : quelques-uns des monstres m'avaient suivi. Ils étaient là, posés sur leurs éperons. Leurs tiges pourvues d'yeux s'abaissèrent, rampèrent sur le sol et s'avancèrent jusqu'aux angles de la fissure. Là elles s'immobilisèrent en me regardant fixement.

J'étais donc prisonnier, mais probablement sauf, tant que je demeurerais dans mon trou. Je repris mon sang-froid et me consolai un peu en songeant que j'avais pour deux jours de vivres et que pendant ce temps je trouverais bien sans doute le moyen de me débarrasser de mes singuliers geôliers.

Je les considérai curieusement : c'étaient des créatures sans nom possible. Tout à la fois végétales par leurs feuilles, leurs fleurs, leur couleur, leur apparence générale, et animales par leurs yeux, leur mobilité, leur voix, elles devaient faire partie d'un règne intermédiaire qui s'était développé seul sur Anthéa.

Je songeai aux forêts pétrifiées qui avaient attiré mon attention dès mon arrivée. Les formes immobilisées par la minéralisation des tissus rappelaient celles des êtres vivants qui me guettaient présentement. Sans doute ceux-ci, plus développés, mieux organisés, non enracinés, avaient pu échapper à la pétrification cataclysmique en s'abritant en de profondes cavernes, mais il y avait certainement analogie entre les uns et les autres.

Je constatai bientôt avec joie que ces êtres ne tentaient pas de pénétrer dans mon refuge. Bien que leurs corps globulaires n'eussent pu franchir l'entrée, j'avais craint que leurs dards ou leurs longues lianes à crampons ne vinssent m'y chercher.

Il y avait sans doute une raison mystérieuse à cette répugnance de leur part. Peut-être craignaient-ils mon couteau ? À tout hasard je me tins sur la défensive, et, trouvant quelques bons blocs de pierre dans ma caverne, je m'en servis pour murer à peu près complètement l'entrée.

Je gardai mon revolver et mon couteau aux mains jusqu'au soir. J'espérais que l'approche de la nuit inciterait mes gardiens à relâcher leur surveillance, peut-être même à l'abandonner... Mais il n'en fut rien. Dès que le soleil eut accompli la dernière de ses douze courses quotidiennes dans le ciel d'Anthéa, des phosphorescences très vives s'allumèrent aux pédoncules oculaires de ces créatures. Toutes ensemble ces lumières éclairaient nettement les rochers voisins et je vis que mes geôliers se faisaient plus nombreux et s'agitaient beaucoup. Ils conféraient entre eux, ils se parlaient... Il n'y a pas d'autre façon d'exprimer les sons modulés qu'ils émettaient... Ainsi, j'en vis deux qui s'étaient détachés du groupe principal et qui conversaient évidemment entre eux : les réponses suivaient les questions et étaient dites sur un ton humble et nettement subalterne.

De temps en temps, les rameaux porteurs d'yeux se relevaient et venaient appliquer leurs prunelles à la fente que j'avais ménagée dans mon mur de défense, les points phosphorescents projetaient une vive lueur dans ma grotte. Et lorsque les yeux m'avaient aperçu, ils se retiraient pour se poser à nouveau sur le sable ou sur quelque encorbellement de rocher.

Dès ce moment, je me jugeai perdu. Ma caverne n'avait pas d'autre issue. Si donc j'étais cerné là pendant plus de quatre à cinq jours, j'étais certain d'y mourir de faim. Pouvais-je tenter une sortie ? Sans doute, avant de m'élancer au dehors, j'avais des chances de mettre hors de combat à coups de revolver une dizaine de ces habitants d'Anthéa... mais après ? Sans munition, comment échapperais-je aux autres ?

Je ne veux pas faire ici le récit des souffrances et des tortures que j'endurai durant mon long emprisonnement en cette étroite caverne. Lorsque la faim et la soif m'eurent affaibli, des hallucinations horribles vinrent s'ajouter encore à l'angoisse du réel... Et toujours, près de la fissure qui me donnait un peu de lumière et d'air, ces yeux entourés de feuilles m'épiaient ! Durant les premières heures, j'avais tâché d'endormir ma terreur et tout souci égoïste en me livrant aux investigations désintéressées : j'observai les formes, les organes, les mœurs des habitants d'Anthéa.

Ces Anthéens n'étaient pas laids, mais ils défiaient toute comparaison avec aucun être vivant connu sur la Terre. Poulpes, coraux, étoiles de mer, arbres, papillons, oiseaux, c'était tout cela ensemble, et même c'étaient aussi des hommes : impossible de se méprendre sur les signes d'intelligence, de réflexion et de décision qu'ils offraient. Ils avaient un langage. Les sons qu'ils émettaient étaient produits, je crois, par de petites membranes tendues en certains points de leurs corps sphériques. Le même organe devait servir à leur sens de l'ouïe qu'ils avaient très fine, car dès que je bougeais dans ma cachette, plusieurs yeux se tournaient de mon côté.

En tout cas, ils conversaient entre eux au moyen de sons qu'ils émettaient à volonté. Je les voyais partir, s'arrêter, agir, s'interrompre selon des modulations prononcées par d'autres – leurs chefs sans doute.

Je fis toutes ces observations pendant les premiers jours, mais lorsque j'eus épuisé mes dernières provisions, je n'eus plus le courage d'étudier ces curieux êtres ! Au bout du cinquième jour, je restai ensommeillé sur le sable de la petite grotte. Je pensai que la mort serait longue à venir et je ne songeais à rien moins qu'à me servir de mon revolver pour abréger mes souffrances.

J'en étais là lorsqu'un soir je fus surpris de me sentir légèrement secoué comme si le sol sur lequel je reposais s'était ébranlé. Je me crus le jouet d'un de ces affreux rêves qui me hantaient, mais, quelques secondes après, le même phénomène se reproduisit. En même temps, une longue rumeur sourde parut sortir des entrailles de la petite planète. Cela s'apaisa, puis, un instant plus tard, les secousses et les bruits souterrains revinrent plus forts. C'était un tremblement de terre nettement caractérisé. Enfin, une secousse plus forte que les précédentes me retourna comme une omelette et en même temps un bloc de rocher, se détachant de la voûte, vint bloquer hermétiquement l'ouverture.

Ainsi j'étais muré vivant. Néanmoins, je sentis mes forces me revenir à l'idée nouvelle qui se présentait à moi : j'avais vu ce bloc fermer l'entrée de la caverne ; il était donc possible que quelque fissure se fût ouverte quelque part dans les parois et qu'elle communiquât avec d'autres grottes... En outre, depuis un moment, je sentais sur ma face un souffle chaud comme celui d'une bête et j'eus l'intuition que quelque puits descendant très profondément vers le noyau central s'était brusquement débouché non loin de moi. Je rampai avec précaution et à grand'peine sur tout le pourtour de ma caverne : au bout de quelques instants, je trouvai en effet un couloir qui descendait presque à pic. Je le suivis...

Il descendait puis remontait... Sur son parcours béaient des orifices qui exhalaient un air brûlant... Il traversait des salles dont rien ne pouvait m'indiquer les dimensions, excepté l'écho lointain de mes pas... Mais je retrouvais toujours un passage, je sautai les obstacles et les puits béants avec la précision d'un somnambule. Il me semblait que j'agissais comme dans un rêve...

Je ne saurais dire combien de temps dura cette effroyable fuite dans les ténèbres. L'instinct seul, le vieil instinct animal de la conservation, me poussait toujours en avant, dans l'espoir à peine lucide de trouver une issue...

Enfin, j'arrivai au terme... Ce n'était pas une issue, c'était un cul-de-sac.

Eh bien, c'était fini ! Tout se terminait là. Mon aventure, ma vie, tout était clos. Il n'y avait plus rien à faire. Nulle possibilité ne me restait. Je n'aurais jamais pu retrouver ma route vers la première cave à travers le dédale des couloirs souterrains. Du reste, je n'avais plus de force, et, à supposer que j'eusse pu revenir à la première grotte, il m'eût été impossible d'ébranler le rocher qui en avait obstrué l'entrée. Enfin, qui me prouvait que les terribles Anthéens ne fussent pas toujours à leur poste là-bas ?

Je crus donc que c'était la fin. Au bout d'un certain temps, je me réveillai, je repris un peu conscience... Dans mon désespoir, je saisis un angle de rocher que je secouai frénétiquement comme si j'avais eu le puéril espoir de l'ébranler... Je ne réussis qu'à provoquer une petite pluie de sable fin qui se mit à couler lentement sur ma main. Déjà las, vaincu et résigné, je retombai dans l'inconscience, je laissai ma main où elle était, dans ce petit courant de sable qui la caressait en tombant lentement…

De nouveau le temps se perdit, devint une notion indéterminée… De la douleur pesa… Des visions hideuses passaient devant mes yeux. Le passage du sang dans mes artères cérébrales se métamorphosait en bruit de tambour, de trompette ou de cymbales, puis en chœurs d'anges très doux et très lointains… J'avais fermé les yeux… Soudain l'arrêt de la petite chute de sable sur ma main interrompit ma léthargie. Je rouvris les yeux…

Alors la vie à flots magnifiques se rua dans mes veines :

Le jour ! Je revoyais le jour !

Là-haut, au-dessus de moi, dans le trou qu'avait creusé la fuite du sable, une lueur venait comme filtrée à travers un coin de vitre sale. Du bout des doigts, j'y allai frapper. La vitre était mince, elle résonna. Je la frappai avec un caillou : elle se brisa et un flot d'air pur vint sur ma face. Quelques secondes après, l'ouverture était élargie et je sautai à la surface miroitante du mica qui entourait comme d'une eau figée et éblouissante l'îlot rocheux où se trouvait mon ballon.

Mon pauvre ballon ! Quelque chose de terrible lui était arrivé à lui aussi : je l'aperçus tout dégonflé et aplati sur le rocher comme une loque. Avant même de songer à puiser dans mes réserves de vivres, je regardai l'enveloppe ; elle portait de tous côtés de grandes balafres toutes de même nature et de même grandeur par où le gaz avait dû s'échapper en quelques secondes. Par la disposition, la netteté et la forme de ces déchirures, je devinai sans peine qu'elles étaient dues aux grands dards des Anthéens.

Cette nouvelle catastrophe, survenant dans le moment même où je me croyais sauvé, m'atterra. Je ne sais quelle force instinctive et primitive m'empêcha de rester allongé à côté de ma nacelle en proie à une torpeur mortelle.

Après m'être un peu restauré, j'examinai longuement l'enveloppe de toile et de gutta afin de bien me rendre compte de toute l'étendue du désastre : j'avais déjà l'arrière-pensée de raccommoder les déchirures, mais je vis qu'elles étaient décidément trop considérables... Je manquais d'ailleurs de tout le matériel nécessaire.

Non, il ne m'était plus permis de songer à revenir un jour parmi mes semblables, sur la douce Terre où pousse le blé, où les fleurs sont enracinées dans le sol tendre parmi les herbes soyeuses, où des yeux de femme font rêver le soir... J'étais condamné à vivre quelques jours encore sur ce globe minéral, puis à mourir de faim, si toutefois les affreux Anthéens me laissaient en paix.

Je pouvais peut-être leur échapper en me réfugiant dans les obscurs boyaux souterrains dont je venais de sortir, mais à quoi bon les fuir ?

Tout en me livrant à des réflexions de ce genre, je glissai peu à peu dans un sommeil lourd et réparateur.

Je dormais depuis plusieurs heures sans doute lorsque je fus à demi réveillé par un léger souffle qui me passa à plusieurs reprises sur le visage. Encore accablé de fatigue, je ne fis pas attention à ce phénomène qui m'aurait frappé si j'avais été éveillé, car il n'y avait jamais de vent à la surface d'Anthéa.

Je me rendormis... Au bout d'un certain temps, le souffle recommença, puis ce furent des attouchements légers... Tout en demeurant encore assoupi, je voulus faire un geste de la main pour chasser l'importun contact... mais ma main n'obéit pas: elle resta liée à quelque chose dont je ne discernais pas la nature... Pour le coup, je m'éveillai tout à fait.

J'étais repris! De nombreux Anthéens m'environnaient, leurs griffes végétales m'enserraient de toutes parts... Une seconde après que j'eus ouvert les yeux, ils s'envolèrent tous ensemble et je me trouvai suspendu à une vingtaine de mètres au-dessus du sol. Cette fois, il m'était impossible de me défendre, j'avais les pieds, les mains, la tête étroitement serrés par les lianes mobiles et vigoureuses: je ne pouvais pas remuer le petit doigt.

Il me parut bientôt, cependant, que les Anthéens qui m'avaient capturé étaient moins bien armés, moins turbulents, moins méchants, si j'ose dire, que ceux de la cité des rochers. Ils n'appuyèrent pas leurs dards sur ma chair, ils ne me serrèrent pas au point de m'étouffer et surtout, dans les yeux bleus et vifs que leurs tentacules feuillées promenaient tout autour de moi, je crus discerner une flamme moins sauvage, plus douce...

Ce voyage aérien dura fort longtemps. Nous passâmes au-dessus de grands amas de roches, de précipices insondables, de formidables blocs de quartz, d'obélisques de rubis, d'immenses forêts pétrifiées, violettes, jaunes ou roses. Enfin, le vol des Anthéens se ralentit, s'abaissa... Ils tournoyèrent au-dessus d'un cirque étrange et plus fantastique encore que tout ce que j'avais pu voir sur la petite planète. Il était constitué par un cercle étroit de falaises bleues comme de l'aigue-marine. Ces falaises resserrées et arrondies en forme d'entonnoir étaient translucides dans toutes leurs parties ; sur tout leur pourtour des concrétions minérales affectaient des formes de fleurs, d'animaux, de monstres ou de géants... Le béryl, le lapis-lazuli, l'agate et l'opale et de nombreuses pierres inconnues s'étaient épanouis là, sous l'empire d'une force mystérieuse, en une inimaginable floraison étincelante.

Entre les tiges de marbre, à travers les délicates sculptures de carbonate de chaux, parmi les feuillages de calcite, les Anthéens me descendirent doucement jusqu'à l'orifice étroit d'un couloir qui s'enfonçait sous les rochers. Ils m'entraînèrent le long de ce couloir souterrain où régnait une lumière très tamisée. Puis enfin, ils me déposèrent dans une grotte immense et assez bien éclairée. Ils me lâchèrent. Je m'étirai, je frottai mes membres ankylosés tout en cherchant déjà des yeux par où je pourrais m'évader.

Mais toutes les issues étaient gardées par un ou deux Anthéens bien plantés sur leurs crampons et le dard en avant. Du reste, ils ne paraissaient pas me vouloir du mal. Les très nombreux individus qui se trouvaient dans l'immense grotte ne firent guère attention à moi et poursuivirent leurs trémoussements, leurs vols ou leurs conciliabules. Ils me semblèrent appartenir à une race différente de celle des sauvages habitants de la cité des pierres. Leurs formes et leur organisme étaient pareils, mais leurs voix, toujours produites par des membranes disposées sur le pourtour de leur corps globulaire, étaient plus douces et musicales, leur feuillage plus fin et couvert d'un duvet soyeux au lieu de ces cils glanduleux dont les pirates de l'autre jour étaient tout barbelés, et enfin, leurs fleurs étaient de pures merveilles. Ah, n'eût été l'angoisse de l'heure, comme j'aurais su les admirer ! Nous croyons savoir sur la Terre ce que peut être une belle fleur, ce qu'évoquent les mots de corolles de lis, de pétales de coquelicots, de coupes de renoncules, de cloches de campanules, de faces de pensées, de splendeur étrange d'orchidées... Baste ! cela n'est rien. Il faudrait avoir vu comme moi ces corolles multicolores, de teintes de rêve, de forme indicible et toutes pétries de lueurs divines.

Je regrette maintenant de n'avoir pas mieux regardé ces merveilles, mais alors je ne voyais partout que présage de mort. Je pouvais cependant me promener librement dans ces grottes qui devaient avoir chacune des centaines de mètres de longueur et de largeur et qui se suivaient en enfilade, comme les salons d'un palais. La lumière y venait de l'extérieur, à travers ces couches vitrifiées que j'avais si souvent observées à la surface d'Anthéa. Les salles successives contenaient des merveilles : des stalagmites s'y groupaient en forêts inextricables ; des concrétions colorées y formaient des multitudes de figures effarantes et monstrueuses ; des tufs faisaient des franges et des dentelles. Partout étincelaient des cristaux. Des vasques superposées en gradins étaient de quartz opalin et translucides comme du verre. Des parois entières, des colonnes, de grandes orgues étaient ornées de prismes de carbonate de chaux blanc, jaune ou rose, qui s'amoncelaient en végétations de pierre comme de gigantesques polypiers. Et puis venaient des bas-reliefs, des fûts de colonnes, des sculptures étranges, des rondes bosses…

Partout, chez ce peuple anthéen composé de dix ou douze mille individus, régnait une activité bien ordonnée. Je ne discernai pas d'abord le but précis de leur affairement, mais je reconnus plus tard que leur organisation était parfaite : ils allaient chercher au dehors ou en de lointaines cavernes des substances minérales qu'ils apportaient, manipulaient, emmagasinaient. Ils préparaient ainsi des réserves d'aliments qu'ils enfermaient en des géodes ou pierres creuses qui abondaient partout dans les grottes. M'étant longuement promené dans les ateliers et les magasins des Anthéens et sentant la faim me tenailler, je dus goûter, par petites doses d'abord, à cet aliment : c'était une substance un peu sucrée, paraissant très riche en carbone et en azote. Plusieurs individus me voyant consommer cette nourriture s'assemblèrent autour de moi et me considérèrent avec curiosité, mais ils n'essayèrent nullement de m'empêcher de manger... Je suppose qu'à l'instar des abeilles, ces êtres faisaient subir à certaines substances inconnues une sorte de fermentation ou plutôt de transformation chimique dont résultait cet aliment un peu fade, mais en somme nourrissant.

Après plusieurs tentatives infructueuses, je ne tentai plus de m'échapper. Les Anthéens me gardaient à leur disposition dans quelque but mystérieux et que je ne pouvais pressentir. J'étais sans doute pour eux un être monstrueux et bizarre qu'ils étudiaient. Plusieurs d'entre eux venaient me voir chaque jour, ils me palpaient, me considéraient longuement et conversaient entre eux. À la longue, je reconnus que c'étaient toujours les mêmes individus. Ils se retiraient après chaque visite dans une petite grotte de gypse... Ce devaient être les savants de ce peuple.

Peu à peu je m'intéressai à ces êtres laborieux et sages. Matin et soir ils se réunissaient et chantaient ensemble des sortes d'hymnes qui surpassaient en harmonie, en tendresse, en douceur grave et magnifique les plus pures roulades du rossignol et les plus douloureuses cantilènes des grillons.

Je fus souvent témoin des noces de ces créatures étranges : les mâles et les femelles tournoyaient lentement sous les hautes voûtes des grottes et lorsque leurs fleurs détendues au bout de leurs pédoncules spiraloïdes se joignaient enfin pour l'échange sacré du pollen, une formidable clameur de joie s'élevait de toute la cité.

Je passai là plusieurs mois. J'en vins à aider les Anthéens dans leurs travaux. Je roulais au-devant d'eux les rognons de silex qu'ils remplissaient de leur préparation alimentaire. Je les replaçais ensuite. Étais-je leur esclave ? Peut-être, mais n'importe... l'activité est une loi de la vie et je ne pouvais m'habituer à ne rien faire.

Je rendis donc quelques services à certains ouvriers anthéens qui me marquèrent par des signes indubitables qu'ils m'en savaient gré. Ils se réunissaient autour de moi, le soir, pendant et après les chants qui clôturaient les journées de travail. À force de me répéter les mêmes sons en me désignant les objets du bout de leurs tentacules feuillées, je commençais à deviner quelques-uns de leurs mots et je faisais le rêve d'apprendre leur langue, de l'écrire... que sais-je encore, lorsqu'un événement gros de conséquences vint bouleverser la cité des Anthéens et remettre ma vie en danger.

On se rappelle que c'est à un tremblement de terre que j'avais dû de pouvoir m'échapper de la petite cave où me retenaient prisonnier les méchants Anthéens de l'extérieur.

Les grondements souterrains que j'avais entendus alors se reproduisaient fréquemment, emplissant les grottes de grandes rumeurs répercutées de muraille en muraille et suivies des cris d'effroi du peuple. Il arriva même que des crevasses s'ouvrirent dans les rocs, que des fentes vinrent lézarder les cloisons des grandes salles. Évidemment le feu central de la petite planète n'était pas éteint. Tout ce globe étant très probablement composé de cavernes surajoutées comme les alvéoles d'un gâteau de miel, tous les soubresauts du noyau central en fusion avaient des effets énormes. Au surplus, le voisinage tout récent de la masse terrestre suffisait à expliquer les perturbations qui se produisaient de plus en plus nombreuses dans les entrailles d'Anthéa. Quoi qu'il en fût, les secousses et les grondements souterrains augmentèrent progressivement de fréquence et d'intensité. Je vis les savants anthéens faire plusieurs examens des crevasses récentes, mais le peuple, dans son ensemble restait calme.

Depuis plusieurs jours, l'agitation volcanique s'était fort accrue, lorsque, tout à coup, un matin, une secousse intense ébranla les grottes et disloqua une partie des parois de celle où je me trouvais. Des blocs de basalte tombèrent et écrasèrent plusieurs Anthéens. Quelques secondes plus tard une autre convulsion souterraine brisa des milliers de stalagmites et ouvrit dans la voûte de la caverne une large échancrure par où l'air et la lumière du dehors entrèrent à flots.

Alors le peuple s'émut. Tout travail cessa. Des chefs firent tourbillonner leurs feuilles et allèrent se poser sur les rebords extérieurs de l'ouverture, des gardiens s'élancèrent au dehors et occupèrent en nombre les points élevés des environs.

Je me rendis bientôt compte de ce que les Anthéens redoutaient.

Quelques heures après le bouleversement sismique, et sans qu'aucune nouvelle secousse se fût produite, les Anthéens poussèrent de grands cris d'effroi. Les plus forts se ruèrent vers l'extérieur, les autres se cachèrent dans les anfractuosités des rocs, se dissimulèrent derrière des stalagmites ou s'enfermèrent dans les petites grottes.

Pour moi, j'étais monté sur une sorte de corniche qui faisait le tour des parois en s'élevant progressivement vers l'ouverture accidentelle de la voûte. J'attendais un moment propice pour me glisser au dehors lorsque j'aperçus un vol furieux des Anthéens de l'autre race.

C'était l'assaut des pillards, des brigands de la cité des rochers contre le bon peuple des cavernes. Ces laborieux se défendirent vaillamment, mais leurs ennemis étaient mieux armés, leurs dards étaient plus forts, plus longs et plus acérés, leurs rameaux étaient couverts de formidables épines ou de cils rigides, glanduleux, empoisonnés. Ils percèrent les corps des défenseurs et entrèrent en tourbillonnant dans les grottes. On eût dit un essaim de monstrueux frelons au pillage d'une ruche fortunée. Ce fut une terrible mêlée. Des centaines d'ouvriers tombèrent et bientôt les assaillants se mirent à se repaître sauvagement des aliments entassés dans les magasins. Leurs feuilles s'agitaient frénétiquement, leurs fleurs allongées sur leurs pédoncules se pavanaient avec une orgueilleuse satisfaction.

Quant à moi, je ne pouvais fuir. Il y avait encore une dizaine de mètres de muraille à pic entre la surface et l'étroit rebord où je me tenais accroupi. Je n'osais bouger, de peur de révéler ma présence aux pirates, et je craignais fort qu'après s'être bien gorgés de nourriture, les terribles Anthéens ne reprennent la chasse.

C'est ce qui arriva. Ils tuèrent encore beaucoup d'individus sans défense, puis enfin deux d'entre eux m'apercevant volèrent sur moi. Ils ne me frappèrent pas tout de suite et se bornèrent d'abord à me transporter à la surface du sol. Là ils rassemblèrent plusieurs de leurs congénères, et, tous ensemble se reculant un peu, comme ils en avaient l'habitude avant de foncer sur un adversaire, ils pointèrent leurs dards et s'élancèrent...

Devant la mort imminente, je fermai les yeux... Alors, comme si mon battement de paupière eût pu ébranler la petite planète, le roulement de tonnerre souterrain reprit avec une violence formidable. En même temps, des rochers gros comme des montagnes s'ébranlèrent, des kilomètres cubes de basalte s'élevèrent dans les airs, il y eut un bouleversement total des choses. Anthéa se convulsa tout entière... De seconde en seconde, le petit globe se brisait, se disloquait, s'émiettait... Des lézardes larges de plusieurs centaines de mètres se produisirent en zigzags dans toutes les directions avec la rapidité d'un éclair. On aurait dit qu'elles couraient comme les fentes sur une glace qui s'effrite. Enfin, il y eut une dernière explosion, l'astéroïde lui-même vola en éclats, ses morceaux rayonnèrent dans toutes les directions de l'espace...

La masse de pierre ponce sur laquelle je me trouvais fut projetée dans le ciel avec une violence inouïe. Au bout de quelques secondes, je vis qu'elle ne retomberait pas, tout centre d'attraction ayant disparu derrière elle, puisque Anthéa, pulvérisée, n'existait plus.

Je n'eus plus la sensation d'être entraîné, mon rocher paraissait immobile... Il avait la forme d'une pyramide; il pouvait avoir quelques dizaines de mètres cubes. Je réfléchis qu'il emportait, attachée à sa masse, une certaine quantité d'air, mais pour combien de temps en aurais-je et où allais-je? Vers quel système solaire? Vers quelle constellation?

Je me hissai au sommet de la pyramide qui formait maintenant tout mon monde et j'eus la surprise d'apercevoir sur la face opposée la vieille enveloppe tout aplatie de mon ballon. Je parvins à me blottir sur cet amas de cordages et de taffetas... Ce n'était qu'une chose inanimée, mais dans les circonstances où je me trouvais, il m'était doux de retrouver cet objet qui venait avec moi de la grande et vieille Terre.

Pensant bien que mon astéroïde minuscule continuait à se mouvoir rapidement dans l'espace, je regardai anxieusement de tous côtés; j'eus bientôt la joie d'apercevoir un vaste globe bleu qui paraissait grandir très vite sous moi... Ah! c'était la Terre, la Terre enfin! Mon rocher avait donc été projeté dans la direction de la Terre, sa vitesse initiale avait été assez forte pour qu'il fût amené dans le champ d'attraction terrestre et il se précipitait maintenant vers notre globe avec la vitesse d'un caillou qui tombe du ciel. Je réfléchis qu'à la façon des étoiles filantes, il s'enflammerait sans doute et deviendrait incandescent dès qu'il se frotterait à notre atmosphère. J'étreignis donc plus violemment l'enveloppe crevée de mon ballon, je m'y attachai par les bouts de cordage et j'attendis...

Ce ne fut plus bien long. Bientôt un vent d'une extrême violence balaya la surface de mon rocher, je sentis qu'il devenait brûlant... Nous entrions à toute vitesse dans l'atmosphère terrestre. Il était temps d'agir. Je me levai de toute ma hauteur et cherchai à développer contre le vent les lambeaux de toile auxquels je m'étais attaché. L'air qui passait avec une force d'ouragan enfla l'enveloppe, la souleva, la détacha du rocher... et la chute vertigineuse qui commençait à me couper le souffle s'arrêta. Je restai suspendu à mon parachute de fortune... qui oscilla plusieurs heures dans des courants atmosphériques plus ou moins opposés et enfin s'abaissa peu à peu, s'approcha de terre et me déposa sain et sauf... à un bon kilomètre des côtes d'Espagne...

Je pensai que le Destin voulait joindre l'ironie à la cruauté et ne me laisser périr qu'après mon retour miraculeux en notre monde ; mais non, ce n'était qu'une petite épreuve de plus, car au bout de quelques minutes, je fus aperçu par un bateau de pêche qui me recueillit et me ramena en France.

Comme je l'ai déjà dit, tous ces événements datent déjà de plusieurs années, mais je ne m'étais pas encore senti assez fort, assez remis de mes terribles émotions pour tenter de raconter mes aventures. Voilà maintenant qui est fait. Je doute qu'on veuille me croire, mais qu'y puis-je ? Tout le monde se souvient d'Anthéa, de son arrivée dans le ciel de l'Équateur, de sa disparition subite à la suite de convulsions internes… Je suis seul à pouvoir dire: j'y étais. Je n'ai pas de témoins à qui en appeler… Je n'offre d'autre preuve que ma sincérité.

Anthéa ou l'étrange planète, 1918

Roger Farney

Les Anekphantes

Combien y a-t-il de choses peu vraysemblables... desquelles si nous ne pouvons être persuadez, au moins les faut-il laisser en suspens : car de les condamner impossibles, c'est se faire fort, par une téméraire présumption, de sçavoir jusques où va la possibilité.

Montaigne
Les Essais, Livre I, Ch. XXVI

Préface

« Moi qui n'en lis jamais !
Ni vous non plus, je crois »
Alfred de Musset

Depuis qu'ils se succèdent sur la terre, sans avoir pu se transmettre et garder tous leurs souvenirs, les hommes douloureusement se meuvent dans la durée dont leurs gestes s'alourdissent ainsi que leur pensée ; ceux-là même qui semblent voir avec indifférence ruisseler autour d'eux les heures précieuses n'en éprouvent pas moins, obscurément, le regret.

Le rêve est né de cette mélancolie ; son rôle aujourd'hui est encore d'éveiller ou d'évoquer des souvenirs que seuls les yeux de l'âme pourront connaître et caresser toujours.

« La poésie disait Vigny, c'est l'enthousiasme », c'est aussi la douleur et sa consolation lyrique. Elle déracine l'âme et la transporte au-delà de la chair et son domaine lumineux s'étend alors sur les régions de l'Univers que l'on contemple, sans les voir. On ne peut chanter sa tristesse ou ses doutes sans les perdre en chemin et s'oublier un peu soi-même.

L'homme cesse un instant d'être soi, pour devenir autre chose où sa personnalité s'élargit et s'égare loin de l'étroite et vaine sensibilité, vers les vibrations spirituelles des songes libérés.

Nous vivons ici-bas dans la contemplation de la douleur ; chacun cherche à s'en distraire à sa mode, c'est la grande occupation de la pensée.

Il y a cent manières et plus d'orner ses heures... et de passer ; mais il n'est que quelques tendances maîtresses et directrices.

La connaissance est décevante et l'ignorance est vide ; mais il est permis d'aller de la recherche à l'oubli et de goûter à la fois l'ardent désir qui nous pousse vers l'une et la lassitude qui nous entraîne du côté de l'autre.

Pour mieux se reposer, pourquoi l'esprit ne s'incarnerait-il pas en des êtres que nous ne connaissons pas encore et qui n'évoluent pas dans le monde que nous apercevons ?

D'autres consciences peut-être s'écoulent moins rapides ; peut-être même ignorent-elles ce que c'est que durer. Peut-être aussi le fleuve où nous ne nous baignons pas deux fois sera-t-il quelque jour redevenu le même et le baigneur à son tour reproduit à peu près identique.

Ce sont ces deux problèmes, ou plutôt ces deux imaginations qu'on pourra s'amuser à suivre ici.

Puissent-elles empêcher d'entendre l'heure à qui nous avons appris à sonner ![1]

[1] L'édition originale comprenait deux textes. Nous n'en avons retenu qu'un.

I

OÙ L'ON SE CROIT DANS UNE RÉGION INCONNUE

MOLLEMENT suspendue entre six pôles magnétiques d'une égale puissance attractive, la doyenne des conservatrices des harmonies jouissait de son équilibre parfait et s'attardait à ressentir les vibrations qu'elle renfermait en elle.

Chaque fois que des ondes d'une cadence nouvelle étaient parvenues jusqu'à son âme, elle les avait inscrites profondément à l'intérieur de sa fine paroi de néo-cellulose, et depuis dix mille ans, d'une simple émanation de sa matière magnétique ou de celle de ses compagnes, renaissaient certaines émotions dont l'esthétique humaine ne soupçonne ni la profondeur tranquille ni la douceur silencieuse.

C'étaient de tout petits chocs à peine perceptibles, plus ou moins délicats, plus ou moins prolongés, isolés ou groupés, comme ces trous que l'on voit aux appareils mécaniques des sons que la conservatrice des harmonies ne pourrait jamais entendre, ou comme ces rayons lumineux de certains phares qu'elle ne pourrait jamais voir, puisqu'elle n'avait aucun organe auditif ou visuel.

Mais tous les fluides inapparents épars dans l'univers que les astres échangent d'espace infini en espace infini, toutes les ondes imperceptibles pour d'autres êtres pénétraient en elle, et leurs caprices répétés en ses compagnes et en elle-même la charmaient par la nouveauté de leur frisson ou la beauté acquise en leur habitude.

Elle était en train d'influencer un des réseaux gravés en elle et qui lui renvoyait des vibrations successives et prolongées ou dont la monotonie la berçait sous le charme sévère et lent de sa régularité spondaïque, quand une petite commotion la rappela au monde extérieur : une autre anekphante la sollicitait et l'appelait à elle.

L'harmonie vivante transmit ce désir à ses aides magnétiques, se tourna de champ vers celle qui passait et se laissa porter de son côté, soutenue par trois de ses cellules-pôles qui la dirigeaient doucement. La voyageuse l'attendait, entourée de toutes ses cellules constitutives.

C'était une belle anekphante mesurant au moins trois millimètres de diamètre. Pour un organe sensible aux rayons lumineux, elle était à peine plus perceptible que les diverses poussières qui flottent dans l'atmosphère ; mais si quelque savant curieux avait pu la fixer sous le microscope telle qu'elle était à ce moment, il aurait pu distinguer treize corpuscules unis par un fluide émanant de trois d'entre eux et sensible aux dix autres, qui affectaient pourtant des formes différentes.

La cellule la plus importante occupait le centre ; elle avait l'aspect d'un coussin minuscule d'une forme à peu près circulaire et dont les bords seraient en arête comme une lentille à parois souples et creuses. Dans cette poche vivante, c'est-à-dire capable de certains mouvements contractifs et perméable aux rayons magnétiques, se malaxaient des fluides indéfinissables, puisqu'ils nous sont inconnus. Et ce mélange produisait à son tour un effluve original qui permettait à son enveloppe consciente de reproduire des sensations éprouvées et d'en créer d'autres qui, d'épurement en épurement, devenaient de moins en moins sensibles en se rapprochant de l'idéal.

Ce composé d'idées pouvait se propager de cellule en cellule, comme par ce que les hommes appellent volonté, et devenait pour les unes un rêve, pour les autres une action.

Ces tendances et ces rêves magnétiques, en voyageant d'anekphante en anekphante, étaient finalement absorbés et enregistrés dans une cellule cérébrale qui avait la faculté, par conséquent la mission de les conserver et de se prêter ensuite aux lectures de ses semblables.

Mais retournons au microscope imaginaire. Autour de l'atome dirigeant ou plutôt cérébral, se groupaient trois autres espèces de cellules : les plus rapprochées semblaient des petits satellites étoilés avec leurs branches irrégulières, mais épaisses et divergentes qui leur donnaient la plus grande surface : puis une au chef de l'ensemble, deux en pointe, se tenaient de tout petits cônes plus obscurs ; enfin guère plus importants, sur les flancs et en arrière-garde, trois croissants aux extrémités racornies comme des organes endurcis par un pénible travail. C'était les Digestives, les Magnétiques et les Motrices.

Les points étoilés retenaient puis absorbaient par osmose les poussières utiles environnantes ; ils en tiraient une énergie qu'ils communiquaient aux autres cellules selon leurs besoins et chacune à son tour en usait d'après sa fonction particulière.

Les petits cônes opaques, étant chargés de matières aimantées, attiraient leurs voisines ou s'attiraient eux-mêmes vers un endroit choisi d'après l'ordre de la cellule directrice.

Quant aux motrices, elles étaient les ouvrières du corps social qui pouvaient brasser des matériaux, en construire au besoin des abris ou des ustensiles et ramer dans l'air par des contractions des branches de leur croissant.

Aucune ne possédait d'organe défensif ou guerrier, car elles ne connaissaient pas d'étrangers, et la lutte intestine est une forme inférieure d'évolution chez les espèces qui tendent de loin encore à leur épanouissement idéal et définitif.

La conservatrice des harmonies arriva doucement au contact du noyau cérébral de l'anekphante et se confondit presque avec lui, pendant que ses petits cônes accompagnateurs prenaient leur place à l'arrière de la colonne pour se maintenir en liaison avec ceux qui étaient demeurés à l'endroit qu'elles venaient de quitter.

L'anekphante se remit en marche lentement ; laissant leurs membres divers accomplir chacun son devoir, les deux cellules maîtresses échangeaient leurs vibrations pour charmer le voyage. L'une déchiffrait en l'autre des cadences successives et la seconde, passivement entraînée, regardait pour ainsi dire dans l'âme de sa compagne. Sensible aux fluides qui l'habitaient, frémissant sous l'influence des rêves nouveaux qu'elle y rencontrait, elle pressentait les idées en formation dans le creuset minuscule et pourtant infini du cerveau électrique.

C'est ainsi qu'elle apprit où se dirigeait le cortège ; autour de lui d'ailleurs d'autres caravanes aériennes suivaient le même chemin, et chaque centre saluait l'autre au passage d'un éclair de reconnaissance.

Plusieurs dizaines de mètres avaient été parcourus ; déjà les cônes magnétiques d'arrière-garde s'inquiétaient de leurs compagnons restés au sol, lançaient des signaux d'appel et les autres obéissants rejoignaient sagement leur société.

Quand les deux cellules cérébrales furent satisfaites l'une de l'autre, elles se séparèrent naturellement. La porteuse de secousses mélodiques se détacha, bientôt recherchée par d'autres sœurs. Elle voyagea de centre en centre, entraînant son petit cortège personnel, emportant même çà et là une cellule alimentaire en supplément pour se réconforter.

D'autres accouplements se produisaient encore : des cérébrales simples ou créatrices appelaient vers elles d'autres conservatrices d'après leur penchant naturel, car elles trouvaient autour d'elles dans une bibliothèque vivante toute la science et tous les arts inscrits dans le corps de leurs semblables. Chacune des conservatrices avait sa spécialité : harmonies douces ou vibrantes, terribles ou rêveuses, poésie mélangée au goût plus neuf, pensées métaphysiques ou calculs précis, souvenirs géographiques des chemins parcourus, où chaque direction successive avait été notée. Au demeurant, il y avait des vibrations à la mode que toutes en même temps aspiraient à ressentir au grand dam de la spécialiste ; mais c'étaient là des caprices de courte durée ; chacune avait son tour.

Maintenant les groupes étaient nombreux : tout ce monde voguait vers une destination déterminée sans doute par les fonctionnaires de l'orientation et poursuivie servilement par les pôles attractifs braqués sur l'objectif choisi. Les sachets minuscules contenant le fluide subtil se reposaient de leurs premières conceptions en suivant l'instinct directeur déclenché dès l'impulsion initiale.

Chaque partie de ces êtres minimes baignait comme dans une vapeur électrique qui se dégageait de toutes parts ; des impressions silencieuses s'échangeaient, des ondes traversaient rapidement les interstices, atteignaient l'une ou l'autre des molécules, ou bien rebondissaient transformées.

L'activité croissait ; quelques-unes étaient tendues vers leur but, d'autres les aidaient de leurs efforts musculaires ; les alimentaires absorbaient, transformaient et nourrissaient, les cérébrales pensaient ou simplement se communiquaient leurs idées écloses.

Elles aussi sans doute, il y a très longtemps, avaient eu leur utilité pratique ; mais par une évolution séculaire, chez elles un instinct dévoyé s'était anormalement hypertrophié, avait grandi sous l'effort imprévu par la nature aveugle qui lui avait permis de vivre, avait formé quelque chose d'inexplicable que les hommes pensent être seuls à posséder : l'intelligence.

II

« La matière demeure et la forme se perd »

Tout un peuple à peu près invisible se pressait sur les routes aériennes. Les cellules glissaient dans l'atmosphère, les unes toutes proches du sol, les autres un peu plus élevées ; et l'oreille la plus attentive n'aurait pas entendu le moindre frôlement, l'homme le plus sensible n'aurait pas perçu la plus forte des vibrations innombrables que ces êtres inconnus échangeaient de l'un à l'autre. Il aurait écouté les crissements des insectes, le faible mouvement des feuilles sous la brise, il aurait imaginé des esprits impalpables ; mais un monde conscient passerait tout près du sien sans se révéler.

Dans l'ombre opaque et reposante où nulle émanation étrangère ne venait les troubler, les anekphantes allaient se donner à elles-mêmes. Elles étaient arrêtées en un endroit de la Terre où l'air est calme, où des anfractuosités permettent de se dérober aux rayons insolites, où l'obscurité bienfaisante reste vierge et pure et douce.

Le Soleil avait emporté avec lui ses rayons magnétiques, et d'autres encore qui auraient frappé de leur poids le corps délicat des cellules.

Quelques-unes avaient dépassé sans le vouloir le lieu choisi, poussées par une brise entraînante, et revenaient doucement vers les autres, ou bien cherchaient encore leurs sœurs par des appels qu'un groupe de pôles était chargé de recueillir et de guider.

Cependant les groupements hétérogènes commençaient à se dissocier : leurs membres composants s'égaillaient pour se rassembler à nouveau d'après leur forme.

Les cellules-pôles allèrent au sol par petits paquets se poster en sentinelles, et formèrent une vaste ceinture au-dessous du champ que les autres peuplaient. Quelques travailleuses les suivirent ; et tandis qu'elles dessinaient la tête d'une colonne, les digestives se déplacèrent elles aussi, assimilant au hasard de leur promenade les poussières nourricières qu'elles allaient rencontrer.

Seules les cérébrales s'élevèrent et pour elles commença la grande mêlée spirituelle. Étroitement accolées les unes aux autres, elles se plurent à ressentir d'abord les vibrations anciennes ; une seule, sortie de l'une d'entre elles, les impressionnait toutes au même instant, et toutes les parcelles du corps nouveau construit de leur rassemblement goûtaient les mêmes émotions avec une nuance délicate d'individualisme qui à son tour se répercutait sur l'ensemble.

Les conservatrices lancèrent les harmonies de leur répertoire ou les pensées gravées sur leur vivant registre. Puis après ce concert social, des vibrations plus profondes agitèrent l'aréopage : c'étaient les idées nouvelles.

Chacune avait sa forme; c'était mieux que des cris, mieux que des mots: un alphabet Morse dont chaque signe était intelligible en soi, éveillant en chacune la seule pensée qu'il pouvait représenter. Des suggestions différentes émanaient des divers centres: la vibration profonde et non interrompue de l'idée du Néant, les mélodies à forme sinueuse des poèmes supérieurs, la longue secousse majestueuse de l'Immensité qui par des modulations imperceptibles exprimait le monde et l'infini.

« Dieu! Dieu! » disaient les molécules d'une légère décharge uniforme.

Les opinions s'entrecroisèrent d'un bout à l'autre de la masse atomique et revinrent reflétées ou modifiées par des corollaires imprévus. Chaque cellule, en réponse à l'ondulation initiale, en rejetait une autre qui venait la compléter.

Les conservatrices répétaient inlassablement les anciennes conceptions: l'idée d'un Dieu molécule comme elles-mêmes, mais infinie et parfaite, ou celle d'un étranger tout-puissant. Puis naissaient les idées plus jeunes: l'idée vibration pure, l'hypothèse de l'univers extra-sensible, celle plus répandue de l'éther sans forme et de l'inconcevable.

Enfin ce fut pour quelques instants le repos complet pendant lequel chacune put digérer les secousses reçues et préparer pour la communauté des émissions nouvelles. Chaque cellule, perméable aux rayons de ses compagnes, essaya ensuite de manier sa pensée; les vibrations timides d'abord recommencèrent, puis traversèrent l'ensemble avec plus de vigueur en suggérant de nouveaux problèmes.

« Créer ! » pensa l'une d'elles. « Oui, créer ! » répéta la seconde. « Qu'est-ce ? » demandèrent les autres ; et la discussion recommença. De nouveau les propositions s'échangèrent d'âme en âme. Créer ? Non. Transformer. Dieu lui-même, quel qu'il soit, ne peut créer. – Mais une combinaison neuve est une création. – « La vibration que je lance est nouvelle de forme et de sens, et son effet n'étant pas encore connu, c'est une création. »

Comme dans tous les échanges de pensées, chaque émettrice restait imprégnée surtout de ses vibrations propres, et le passage des autres ne laissait subsister en elles qu'une trace légère.

Les cellules se reposèrent dans les ondes de leurs idées originales, et de nouveau régna le silence magnétique bientôt rompu légèrement par les harmonies pures de quelques poètes conservateurs, qui au sein des discussions n'avaient cessé de chanter à petites secousses. Les mélodies et les poèmes continuaient leur rythme pendant que certaines molécules se lançaient, par entraînement et par espièglerie, des questions ambiguës et des devinettes.

C'est à ce moment que l'ensemble coagulé de tous ces petits êtres fut secoué par une décharge inconnue et troublante.

Tous les corpuscules furent précipités les uns contre les autres avec une violence douloureuse. C'était comme si une anekphante gigantesque avait lancé sur eux un rayon formidable, et leur vie s'arrêtait sous l'emprise monstrueuse.

Cela dura bien dix secondes ; puis ce fut un calme surprenant où chacune hésitait à reprendre ses esprits. Enfin toutes les cellules se ramassèrent brusquement dans un entremêlement de toutes les espèces : travailleuses, digestives alimentaires et cérébrales se côtoyaient sans ordre et fuyaient elles ne savaient où.

Alors d'une émettrice plus sage partit la vibration du repos ; un centre cérébral, puis un second la firent entendre aux autres. Toutes les intellectuelles se réunirent aussitôt dans un empressement centripète et, se collant les unes aux autres, ouvrirent leur âme et attendirent.

III

Où le danger inquiète l'intelligence

La question se précisa dans le silence. Chaque élément commença de penser pour soi, c'est-à-dire pour tous les autres, puisque leurs centres communiquaient naturellement entre eux. Pendant quelques instants un grand nombre fut encore en proie au scintillement de la peur, puis pour se rassurer, ils essayèrent d'imiter de toutes leurs forces l'énorme vibration qu'ils venaient de subir; mais tous ensemble ne parvenaient pas à provoquer l'ébranlement récent. Alors? Alors c'est qu'il provenait de quelque chose en dehors d'eux.

Après un nouveau repos de concentration, les opinions ondulèrent, bientôt si nombreuses qu'elles se chevauchaient et s'entremêlaient d'une manière incompréhensible. C'est alors qu'automatiquement une conservatrice, vierge encore, se poussa vers le centre du groupe et recueillit consciencieusement toutes les vibrations pour les classer en ordre; et quand le silence se fut encore rétabli, elle les débita lentement et méthodiquement afin que chaque cellule put les mesurer et les comprendre.

L'idée de la fin du monde un moment considérée fut rapidement oubliée, parce qu'elle ne semblait pas naturelle; celle de l'hallucination collective ne parut pas raisonnable. Enfin l'on examina l'opinion diversement interprétée de l'événement extérieur.

C'était la première fois que les anekphantes rencontraient quelque chose qui n'était pas elles-mêmes ou qui ne leur semblât pas directement et favorablement destiné. L'étranger venait de leur apparaître; ce n'était pas encore l'ennemi, mais il constituait un élément nouveau qui, s'il n'était pas hostile peut-être, paraissait en tout cas les ignorer et vivre comme si, lui aussi, était seul. Qui était-ce?

« Un être vaguement semblable à nous, pensaient-elles, mais plus grand, beaucoup plus fort et par conséquent dangereux; un être nouvellement créé pour une destinée inconnue, ou bien une espèce déjà vieillie qui venait seulement de découvrir le sens supérieur, le magnétique, et qui se dévoilait par maladresse ou par indifférence. »

Les hypothèses abondaient; il n'y avait qu'un parti à prendre: croire au hasard en l'une d'elles, mais surtout juger et décider.

Les cellules se serraient les unes contre les autres pour communiquer plus intimement entre elles et pour s'imprégner mutuellement de leurs vibrations les plus délicates et les plus minutieuses. Leurs mouvements magnétiques intérieurs se mêlaient, se pénétraient, s'équilibraient au sein de l'esprit général qui laissait filtrer les moins intéressants et ne conservait que ceux qui méritaient d'être gardés. Cela dura longtemps ainsi; c'était comme la méditation profonde et muette en apparence d'un cerveau collectif où le moindre déplacement ondulatoire déclenchait automatiquement une issue à la vérité idéale. Enfin la vibration suprême, résultante de tous les mouvements imperceptibles pour les créatrices elles-mêmes, se dégagea, grandit, s'amplifia et résonna victorieuse dans toutes les parties du corps mental. Ce n'était plus la crainte ni le rêve, c'était le désir et le besoin de savoir et d'agir ; la sentence se répercuta de cellule en cellule et remplit en un moment la machine collective à penser :

« Le monde qui nous a créées nous est encore inconnu. Depuis le temps que nous y sommes, nous ne remarquons que nous-mêmes, et pourtant si nous pouvons croire notre sensibilité aux émanations extérieures, il y a en dehors de nous quelque chose qui nous est comparable par certaine propriété. Cette chose est-elle consciente ? Est-elle dominante ou facile à subjuguer ? Nous l'ignorons encore. Peut-être notre disparition est-elle possible et par conséquent prochaine ; peut-être sommes-nous destinées à nous confondre avec d'autres êtres ou sommes-nous appelées vers une vie supérieure et sans forme. Quoi qu'il en soit, nos qualités actuelles nous ordonnent et nous dictent le devoir de savoir tout le Connaissable. Voilà la conclusion. »

« Savoir. » La grande vibration avait frémi. Savoir quoi ? Une anekphante ne connaissait-elle pas déjà tout ce qu'il y avait de beau, donc tout ce qui était utile ? Des résistances s'interposèrent : « il était préférable de partir, de fuir l'étranger inconnu, de ne jamais le connaître et de le laisser mourir ; car certainement il devait disparaître puisque le monde, elles le sentaient bien, était fait pour les anekphantes et qu'il existait en elles tout entier. »

Mais le désir de la connaissance vibra plus fort jusque chez les cellules dissidentes qui se confondirent dans la majorité.

Il ne restait plus qu'à fixer la méthode d'investigation ; ce fut très simple. Les cellules digestives furent aussitôt chargées d'assimiler intensivement les richesses nutritives de l'air, de s'en saturer et de suralimenter toutes les autres.

L'exécution commença au même instant : tous les corpuscules étoilés envoyaient aux autres des décharges magnétiquement alimentaires, et ceux-ci à leur tour les transformaient à nouveau en matière.

Bientôt, par une scissiparité naturelle, presque toutes les cellules se trouvèrent dédoublées : tout un nouveau peuple d'anekphantes venait de naître, vierge encore d'impressions, mais dont chaque élément était capable, comme celui qui l'avait engendré, de recevoir et d'émettre les vibrations ancestrales et d'autres frissons qu'aucun ne connaissait encore.

De nouvelles combinaisons s'opérèrent : deux groupes se formèrent, où les nouveau-nés furent inégalement distribués. Le premier en était presque entièrement composé, l'autre n'en reçut que quelques-uns.

Assurant sa cohésion, l'un garda des anciennes cellules de chaque espèce pour l'éclairer et le guider, le second emportait avec soi quelques jeunes pour enregistrer à l'avenir les ondes nouvelles qu'elles auraient peut-être à recevoir. Un poste de liaison fut établi à l'endroit marqué, et tandis que les cellules nouvelles attendaient héroïquement la répétition des ondulations terribles, la troupe libérée s'en alla doucement voguer vers sa destinée.

IV

La vie inconnue poursuit son cours

Abandonnant derrière elles toute une vie sortie de leur substance, les anekphantes s'avançaient majestueusement dans la nuit vers un but incertain, emportant avec elles quelques cellules enregistreuses qui se souviendraient du chemin parcouru ; elles lançaient de-çi de-là des appels magnétiques, détachant au besoin des courriers pour permettre à celles qui étaient restées d'enregistrer à leur tour et de pouvoir, une autre nuit, les retrouver.

Des petits groupements de cellules disparates s'étaient reformés au hasard des individus, mais avec un équilibre à peu près identique. Un souffle d'air pouvait les dissocier un instant, mais l'attraction naturelle les ramenait toujours dans une apparence semblable.

Où allait-elle, cette troupe consciente et invisible ? Vers quels séjours délicieux se dirigeait-elle, contournant savamment et de loin l'approche du moindre trouble orageux ou de la plus faible menace qu'elle devinait avec un sens qui ressemblait à l'instinct ? Vers quels semblables s'acheminait-elle si sûrement ou vers quelle aventure ? Les cellules coniques s'accrochaient à la plus petite radiation attractive, les croissants laborieux se contractaient avec énergie, emprisonnant et chassant l'air pour mieux avancer, les cerveaux minuscules suivaient en méditant, et pourtant tout ce monde n'allait nulle part ; il vivait simplement, profitant du calme et de la douceur de l'obscurité, ayant compris depuis longtemps qu'il n'y a pas de but et que la vie n'est qu'un mouvement d'écoulement qu'il faut suivre et favoriser dans la direction la plus agréable.

Il ne recherchait pas même le bonheur, puisqu'il ne le soupçonnait pas et que ce sentiment n'avait pour lui aucune traduction vibrante. Pour les sages anekphantes une chose, une idée était sensible ou indifférente et ne revêtait jamais aucun caractère affectif.

Si un obstacle encombrait leur chemin, elles le contournaient, mais sans en subir de dépression dans leur esprit ; et quand une cellule se perdait ou disparaissait, on la remplaçait rapidement par une autre aussi semblable à la première que possible : le souvenir avait assez de force pour se recréer lui-même et revivre réellement auprès de celles qui l'avaient su conserver.

D'ailleurs dès qu'une cellule ne fournissait plus l'énergie qu'on attendait d'elle, les autres se l'assimilaient aussitôt pour en fabriquer une neuve.

L'idée de l'écoulement du temps passait presque tangentiellement à son ombre même ; car il n'avait de mesure que la profondeur de plus en plus opaque des sinuosités empreintes sur les cerveaux translucides. Avant qu'une cellule eût cessé de vibrer, ses semblables en avaient absorbé la matière précieuse et le concept de la Mort n'avait pas le temps d'apparaître qu'il était déjà redevenu la Vie. Le contenu sensible de chacune des composantes provisoires se transfusait dans l'immortel composé.

Aussi la société restait-elle immuable autant qu'impassible ; les cellules qui la formaient ne s'enrichissaient, ne grandissaient et ne vibraient que pour la seule collectivité, d'une façon volontaire et consciente, et toujours elles tendaient toutes à communiquer l'une avec l'autre, ignorant cette rivalité coutumière aux groupements inférieurs et le souci de l'individualisme exagéré qui aurait affaibli l'ensemble sans profit pour aucune. Au reste, les individus ne se distinguaient que par leur forme et parmi eux aucun n'y pouvait être sensible.

Lorsqu'une opinion nouvelle frémissait quelque part, toutes les cérébrales la recevaient aussitôt et la digéraient pour ainsi dire ensemble, l'assimilant ou la transformant solidairement avec une réciprocité si parfaite qu'elle confondait la partie dans l'ensemble et le tout en une seule.

Une fois seulement une cellule puis un groupe dissidents avaient tenté de détourner les anekphantes de leur chemin traditionnel. Cette faction désirait de voyager au loin, de connaître les régions inexplorées et de s'écarter enfin de la Terre que ses membres pensaient côtoyer avec monotonie. Ils auraient voulu entraîner en plein midi tout le corps social vers les rayons du Soleil et se laisser attirer avec lui vers la nouveauté lumineuse.

Mais les autres cellules avaient repoussé ces novatrices, les avaient isolées de toute alimentaire et de toute motrice, puis les avaient simplement abandonnées à l'épuisement et à l'oubli.

La majorité conservatrice avait jugé que sans doute se répandaient quelque part d'autres vibrations qu'elles ne connaissaient pas, qu'il en existait d'innombrables peut-être ; mais que jamais elles ne pourraient en goûter de comparables aux ondulations intérieures qu'elles se plaisaient à créer.

Aujourd'hui que la nouveauté venait à leur encontre, elles sacrifiaient une partie d'elles-mêmes à sa connaissance ; mais en l'attendant la vie continuait semblable toujours et toujours délicieusement monotone.

V

Chez l'ennemi

Depuis un temps très long qu'elles vivaient sans compter blotties dans le coin où elles étaient nées, les nouvelles cellules créées pour la recherche et la connaissance attendaient la vibration promise.

Elles savaient dès leur naissance qu'ici avait frémi quelque chose d'inconnu, et naturellement elles pensaient qu'ici encore cet éclair devait revivre et pénétrer en elles comme dans une prison consciente et clairvoyante. Mais sans doute était-il prévenu ou timoré, car leur repos se prolongeait indéfiniment, le temps s'allongeait comme une ondulation incommensurable ou comme une succession innombrable de décharges confondues ; et puisque aucune d'elles ne s'impressionnait au hasard afin de garder une virginité minutieuse au grand mouvement qui devait arriver, la mémoire s'envolait avec la durée.

De loin en loin une interrogation leur parvenait de leurs semblables et toujours la réponse était la même : « Rien encore. Attente. »

Quelques cellules cérébrales s'amusaient parfois à entretenir leur capacité émettrice ou enregistreuse par des exercices de discussion badine qui ne laissait aucune trace, cependant que d'autres réunies en comités d'études pensaient plus sérieusement et tâchaient à communiquer avec l'extérieur indéterminé.

Si une grande secousse étrangère avait pu les émouvoir, il y avait peut-être encore d'autres ondulations qui couraient autour d'elles, mais trop faibles celles-ci pour leur parvenir. Parfois en tétanisant leur attention magnétique, elles avaient déjà vaguement ressenti l'effleurement de quelque chose indéfinissable. Alors elles se mettaient à l'ouvrage.

Quelques cellules furent disposées çà et là, transformées en machines nouvelles : un brin de cellulose agglutiné à leur surface par ses deux extrémités devait leur transmettre toutes ses oscillations. Celles-ci furent scrupuleusement enregistrées et répétées, confrontées, expérimentées à nouveau ; mais aucune similitude, aucune parenté ne purent permettre d'en établir un alphabet, ni même d'y remarquer une continuité quelconque.

Les recherches se continuèrent pourtant dans ce sens ; il fallait construire des machines plus délicates. Un groupe de cellules pensantes y réfléchit longtemps ; sur leurs indications des matériaux furent assemblés par les motrices, poussières de toute sorte et plus ou moins perméables : un mortier fut composé des matières friables et de la gélatine extraite de certaines plantes rencontrées.

Enfin le premier ouvrage fut achevé : un petit tube de composition dure et résonnante dans lequel une cellule-pôle fut enfermée. Après qu'on eut bouché les deux extrémités avec une membrane plus souple, quelques cellules enregistreuses placées auprès de la nouvelle machine perçurent des rayons inconnus.

Alors le mécanisme se développa, d'autres tubes furent construits plus spacieux : ils possédaient des tubulures de plus en plus nombreuses, orientées dans toutes les directions : à l'intérieur, plusieurs cellules-pôles placées dans le sens du repos magnétique alternaient avec des enregistreuses. Ce petit monde resta longtemps emboîté, puis on examina le résultat à la lecture des inscriptions vivantes.

C'est ainsi que les anekphantes prirent connaissance des ondes sonores.

Les cérébrales, avec une minutie exquise, avaient su transformer au fur et à mesure de leur réception tactile tous les coups légers que les ondes frappaient sur leur enveloppe en une vibration écrite qu'elles restituaient d'une manière compréhensible à leurs semblables.

À vrai dire, la traduction en était encore confuse ; les spécialistes de l'alphabet et des vibrations acquises cherchaient encore vainement une syntaxe et même un enchaînement quelconque entre ces nouveaux venus, mais un peu de patience les y amènerait.

Déjà la possibilité devenait concevable de la forme multiple de l'univers que le mouvement pouvait habiter : le son, la lumière, le frisson magnétique opéraient leur transmutation idéale dans l'esprit des cellules comme dans la cornue d'un alchimiste, et sans nul doute quelques siècles à peine auraient permis aux unes de découvrir dans leur essence tous les sursauts de la vie, aux autres de les classer en bon ordre pour l'instruction de la communauté et de dévoiler méthodiquement devant elle l'armée confuse encore des ondulations étrangères.

Mais aussi déjà le nombre des cellules ne suffisait plus, la plupart des enregistreuses étaient saturées ; il fallut en créer d'autres par une gemmiparité qui les épuisa quelque temps et les força de suspendre leurs travaux.

D'ailleurs, comme souvent au cours des recherches savantes, tous ces efforts furent bientôt reconnus inutiles : un signal victorieux parvint du groupe des ancêtres qui venait de trouver la trace du grand secret.

Les anekphantes, même adolescentes, n'étaient pas sujettes à l'émotion ; ce fut donc naturellement et raisonnablement que le groupement destiné aux recherches se mit en marche dans l'ordre traditionnel vers celles qui venaient de l'appeler. Quelques cellules dernièrement créées demeurèrent seules à l'emplacement repéré ; puis comme autrefois, disposant des relais de transmission, les anekphantes s'en furent tranquillement par troupes hétérogènes et d'étape en étape rejoindre le gros de leurs semblables.

Là, les cérébrales furent aussitôt admises à se confondre parmi le cénacle général où, de même que des mots qui font revivre l'histoire, les découvertes enregistrées vibrèrent pour la communauté.

Au cours d'une promenade nocturne, quelques cérébrales étaient parvenues dans un endroit qui n'était plus à l'air libre et dont les parois semblaient trop régulières pour être naturelles. Les émissions magnétiques des cellules s'y reflétaient partiellement mais uniformément. Un détachement de motrices alla se rendre compte aussitôt de la configuration physique des lieux, et corrobora la première opinion.

Cet enclos devint alors le but de pèlerinages fréquents. Les anekphantes allaient y faire des stations et, variant leur orientation propre, elles restaient les unes au milieu de la pièce près du sol, les autres contre un mur à des altitudes différentes.

Des chocs très légers leur parvinrent d'abord, puis des émanations magnétiques pures et constituées.

Les cellules qui possédaient la capacité la plus vaste et la plus précieuse de l'intelligence collective s'approchèrent autant que possible de la nouvelle source magnétique. Elle leur sembla se déplacer, et même une fois qu'elle n'était pas à l'endroit accoutumé, elles la sentirent arriver pour s'éloigner encore et se fixer enfin plus pure, sans doute dans une attitude de repos.

Les anekphantes se retirèrent d'abord pour en deviser entre elles : ce n'était certes pas là une puissance comparable à celle qu'elles avaient autrefois rencontrée ; mais il fallait la connaître et peut-être amènerait-elle vers l'autre par une mystérieuse parenté. En tout cas, c'était une inconnue nouvelle aussi troublante que la première.

Les moindres vibrations qui en sortaient furent enregistrées, cataloguées, et bientôt un alphabet presque compréhensible put en être dressé puis communiqué à des spécialistes qui les répétèrent et leur confrontèrent les émanations suivantes.

C'est à ce moment que furent rappelées celles qui avaient autrefois été créées et qui végétaient inutilement en un lieu déserté maintenant, semblait-il.

Alors libérées de nouveau, les anciennes repartirent, laissant aux dernières venues le soin de dégager le mot final de l'énigme.

VI

La liaison est établie

Les jeunes anekphantes se remirent au travail ; des cellules vierges furent placées en observation.

Elles revinrent pleines d'impressions nouvelles, car précisément la première fois qu'elles abordèrent dans la chambre mystérieuse, au lieu d'y rencontrer une seule source, elles en trouvèrent deux qui élaboraient ensemble quelque chose de vaguement comparable aux idées des cellules spirituelles.

Enrichies de connaissances neuves, les anekphantes se retirèrent dans la solitude. Cent fois les vibrations inexpliquées furent répétées, déformées et reformées. D'après leur amplitude ou leur intensité, ces ondulations magnétiques parurent à leur sens se correspondre et se compléter.

Il fallait maintenant recommencer l'expérience, se gorger d'émanations extérieures et les comparer aux autres : un détachement de cellules revint à l'endroit singulier ; mais il était vide.

Après une longue attente étonnée, les anekphantes conclurent économiquement que leurs nouveaux voisins étaient disparus ; un rapport copieux fut enregistré dans l'une d'elles, prouvant que l'étranger, comme elles le nommaient d'une vibration hétéroclite, naissait subitement pour cesser brusquement. Un autre paragraphe encore fut entamé le jour où l'enclos fut habité de nouveau; décidément l'être inconnu renaissait presque aussi vite qu'il disparaissait, ce qui n'était pas loin de ressembler à la continuité.

Ces commencements et ces fins successives troublèrent beaucoup les observatrices; elles imaginèrent des décompositions et des recompositions alternées, car il leur paraissait inconcevable qu'une chose quelconque pût réellement finir.

D'ailleurs les émanations des êtres recréés ressemblaient fort aux précédentes, et l'assemblée des penseuses ne se prononça pas encore sur ce nouveau problème.

Une autre question devait les attacher: c'est que les manifestations magnétiques des deux êtres en présence répondaient chacune à sa propre source. Ils devaient donc communiquer entre eux d'une façon, pour ainsi dire, artificielle.

L'invention des machines à enregistrer les ondulations sonores fut mise à profit, et prouva finalement que c'était par un insaisissable moyen que les étrangers se connaissaient entre eux. Mais comme l'interception en était trop difficile, les anekphantes se contentèrent d'étudier ce qu'elles pouvaient comprendre.

Car elles comprenaient; par une divination presque naturelle elles étaient parvenues à l'interprétation des ondes étrangères qui atteignaient chez elles le centre général de l'expression de la vie.

Elles tentèrent même d'entrer en relations directes avec ce nouveau monde ; mais leurs émanations interrogatives restèrent sans réponse : « les autres » étaient donc opaques ou inconscientes. Les vibrations sœurs n'étaient qu'un accident involontaire.

Les anekphantes se trouvaient bien en face d'éléments complexes, mais inférieurs qui ne connaissaient pas toutes leurs qualités propres et ne pouvaient échanger leurs pensées que par une reproduction extra-naturelle et par conséquent imparfaite : le toucher qu'elles-mêmes ressentaient légèrement, le bruit qu'elles soupçonnaient aujourd'hui, la lumière qu'elles pouvaient imaginer, autant de modes d'expression qu'elles considéraient comme secondaires et presque sans intérêt.

Mais les radiations magnétiques, si rares et si courtes fussent-elles, leur permirent de pénétrer plus profondément dans la vie de leurs voisines inférieures.

Le cerveau humain qui était à leur portée ne pouvait penser sans provoquer, par ses déplacements de matière, une émanation qui leur parvenait presque pure et qui le trahissait.

VII

Où l'homme apparaît

De leur poste qui ne devenait une cachette que par la petitesse de ses occupants translucides, les anekphantes subissaient les surprenantes vibrations éparses : chacune éveillait dans leur âme un sentiment déjà connu, comme si les molécules composantes de l'homme qui pensait là étaient semblables à ces poussières microscopiques.

Seules quelques phrases ondulatoires ne répondirent pas dès l'abord à leur compréhension ; mais de proche en proche, elles y reconnurent non des créations, mais les déformations d'airs magnétiques déjà catalogués qui se décomposaient nouvellement pour elles.

Les cellules cérébrales purent ainsi, en captant toutes les formules de la pensée humaine, approcher d'autres individus qu'elles se représentaient maintenant comme des groupes compacts de cellules moins étrangères à leur nature propre, mais plus grossières et dont l'assemblage leur paraissait dénoter un état inférieur, placé encore dans le chaos initial de la Création universelle.

Cependant la nouveauté commençait à perdre de sa splendeur ; de nombreuses vibrations n'étaient plus retenues, par crainte de leur monotonie, et beaucoup de cellules, établies au milieu du réseau magnétique de moins en moins inconnu, s'oubliaient à chanter leurs harmonies particulières dont elles ne se lassaient point. Et bientôt le jeune peuple des anekphantes pareil à ses ancêtres recommença de voguer, laissant de place en place quelques pôles de liaison avec celles qui demeuraient.

Seules quelques spécialistes s'enrichissaient encore ; bourrées déjà de toutes les vibrations anciennes qu'elles avaient recueillies au cours de leur existence plusieurs fois séculaire, elles se grisaient encore des connaissances nouvelles et se refusaient d'abandonner la mine qu'elles venaient de rencontrer. En se dédoublant plusieurs fois, elles firent d'elles-mêmes de nouveaux réceptacles où s'inscrivaient toujours les ondulations extérieures qu'elles répétaient parmi le cercle élargi des semblables qu'elles avaient fait naître.

Bientôt pour elles les émanations où elles baignaient s'épousèrent raisonnablement, et suivant la chaîne qui se déroulait alentour, elles purent se diriger d'un esprit vers un second, d'un corps vers un autre. Quand le cerveau voisin pensait une image, le déplacement atomique de matière grise éveillait une résonance magnétique qu'elles interprétaient naturellement.

C'est ainsi qu'elles furent admises auprès des couples, au milieu des réunions et des assemblées où, sans le savoir, les hommes laissaient échapper leurs pensées les plus intimes qui ne se perdaient plus tout à fait.

À subir tous ces influx magnétiques qui jaillissaient de sources multiples et rapprochées, les anekphantes remarquaient leur inégalité d'intensité. Ainsi donc elles n'étaient pas semblables toutes, et ce fut la première fois que se présenta dans les cerveaux minuscules la notion de l'individualité. Peut-être même en existait-il qui ne pourraient jamais se manifester sensiblement en eux et que la pâleur confondrait dans l'amas incolore d'une collectivité illusoire ou mystérieuse.

Les groupes de cellules qui composaient un homme étaient disposés de manière à former un tout organisé, hétérogène et conscient, mais conscient seulement de la pensée totale qu'il jugeait à son tour d'une façon particulière.

Les observatrices s'attardaient naturellement aux sujets les plus rayonnants et les plus riches, et le hasard les conduisit auprès d'un spécimen superbement normal de l'homme, dont les réflexes puissants permirent d'élargir leur connaissance et d'approfondir leurs recherches. Elles s'exposèrent même aux rayons pesants du Soleil pour le retrouver au sein de la vie lumineuse qu'elles ne saisissaient pas.

Elles le suivirent depuis les premiers balbutiements cérébraux, à travers sa rapide existence et connurent toutes les finesses de ses sentiments, tous les conflits de son âme et les appétits de sa chair.

Pour le nommer, elles le désignaient entre elles d'une cascade vivante et continue de frissons magnétiques harmonieux et ténus qui pourrait se traduire en langage humain par ces deux mots: Source Claire.

Il était né, comme naissent les hommes, d'une chair épaisse et douloureuse. Tout d'abord il ne sembla que le prolongement plus vivant d'un autre être, mais vieux déjà de toutes les conceptions de l'espèce, et prêt à recevoir des choses la même expérience que ses ancêtres avaient subie, puis transmise comme une nécessité.

Le nouveau venu ne fut, dans ses premières manifestations, qu'un réceptacle de vibrations connues. Toutes les connaissances primordiales de l'homme y pénétrèrent, emmagasinées ou rejetées, digérées ou répercutées selon les formes particulières de son individu.

Tout ce qui l'entourait venait lui suggérer, lui proposer ou lui imposer des conceptions ordinaires. Ceux dont il tenait l'existence lui transmettaient après elle leurs opinions pratiques et leurs croyances, et les autres individus, qui avaient goûté la vie avant lui, envoyaient de leur esprit au sien les formes qu'ils en avaient reçues.

Puis les jeunes cerveaux contemporains apportèrent à leur tour l'expression d'autres influx qu'ils avaient acquis de leur part.

Chacun des échos extérieurs se détachait pour s'inscrire fidèlement dans l'enfant qui se développait et grossissait de tout ce fatras de vibrations entrecroisées, jusqu'au jour où il commença de les répéter consciemment.

C'est alors qu'il fut livré avec les compagnons de son âge aux spécialistes humains de la conservation de la connaissance, qui lui infusèrent à petits coups la somme du patrimoine de l'espèce.

Mais à peine reproduite, chaque vibration se déformait par la résonance particulière à la petite boîte précieuse dans laquelle, comme ses semblables, l'enfant renfermait son âme. Là, grâce à la résistance et la composition organique d'une matière fluide, le moindre mouvement changeait la direction de la pensée qui se reformait elle-même de tous ses éléments et qui, fière de cette cristallisation, irradiait le sentiment de sa liberté.

Aucune de ces ondulations intérieures n'échappait plus maintenant aux anekphantes qui, effaçant les souvenirs séculaires, s'humanisaient. Le cerveau voisin se reflétait exactement en elles sans le savoir et leur transmettait, avec sa science grandissante, ses sentiments les plus secrets.

Les petites cellules enregistreuses trituraient à leur tour cet étrange magma d'ondulations diverses, le désagrégeaient pour mieux l'ordonner et vivaient les tendances nouvelles que le hasard venait leur confier.

Alors l'enchaînement devint évident : un homme en attirait un autre, même pour le repousser ; les pensées les plus subtiles et les plus profondes gardaient une figure humaine que les anekphantes disséquaient avec bonheur. L'attraction, reine du monde, après avoir formé les individus cellule par cellule, groupait encore les bouquets séparés qu'elle avait composés et les guidait l'un vers l'autre, pour l'accomplissement d'un destin que ni les hommes, ni les anekphantes elles-mêmes n'auraient pu éclairer.

À mesure que l'être évoluait, le champ magnétique se compliqua : les vibrations innombrables allaient de l'intérieur du corps à l'intérieur de l'âme, ou bien jaillissaient au dehors avec une précipitation qui les rendait inextricables. Quelques-unes restaient inachevées comme des tronçons ou des ébauches que la vie négligeait de poursuivre, et les cellules érudites qui tentaient de les réunir n'en purent extraire rien de compréhensible.

Qu'elles fussent achevées ou incomplètes, les émissions se chevauchaient, s'empénétraient l'une l'autre et se combinaient pour donner des résultats presque méconnaissables qu'on ne retrouvait pas chez un autre individu. Les élans les plus surprenants vers l'impossible alternaient avec les vibrations distendues de la mélancolie et de l'affaissement ; puis par à-coups l'influx magnétique devenait soudain plus violent et plus dense, comme pour une lutte contre un obstacle insoupçonné.

Parfois une symétrie harmonieuse agitait l'être entier, pour se perdre ensuite dans le vague d'un rêve sans but et sans fin déterminée. Et les observatrices invisibles demeuraient troublées elles-mêmes après ces crises dont la direction leur échappait.

Tout cela se produisait sans interruption, car même et parfois surtout quand le corps de l'homme se reposait, les émanations continuaient débridées et sans lien, comme si une volonté insolite et confuse s'était emparée de l'esprit en sommeil.

Enfin le grand principe de l'homme s'éleva devant elles, ou plutôt auprès et au travers d'elles.

« Source Claire » se modifiait sensiblement ; les images de son cerveau se compliquaient en s'amoncelant, et puisaient une coloration nouvelle dans quelque chose qui n'était pas la raison. Sans doute s'était-il étendu dans l'espace, car les génératrices magnétiques devenaient plus nombreuses et, dans les échanges avec ses semblables, plusieurs vibrations arrivaient et repartaient à la fois.

Ces semblables n'étaient d'ailleurs pas identiques, à en juger par les réactions provoquées chez leurs compagnons. Les anekphantes pensèrent qu'il y avait chez l'homme, comme parmi elles-mêmes, des atomes ou des groupes appelés par leur forme et leur fonction sociale à collaborer plus étroitement, donc à s'accrocher plus intimement les uns aux autres, ou bien suivant la loi des contrastes, à se repousser plus vivement.

Parmi les relations de l'homme en formation, toutes les combinaisons ondulatoires étaient représentées, depuis les plus grossières, simples ébauches à peine perceptibles jusqu'aux plus délicates de finesse et de subtilité.

Au milieu de ces échanges variés, « Source Claire » paraissait attendre, quand un être nouveau vint subitement pénétrer sa vie : une autre source de vibrations souvent très vives, mais comme pointillées ou suspendues et généralement chaotiques.

En face de ce nouveau venu qui semblait humain par sa compréhension confuse des ondulations émises près de lui, l'homme parut décontenancé, retournant en son cœur des mouvements qu'il hésitait à conclure, ne sachant plus lequel réaliser en action, ni même quelle pensée concevoir complètement.

Les observatrices attentives se demandaient entre elles si le compagnon troublant n'était pas un ennemi de leur sujet, tellement les tendances contraires de l'attraction et de la répulsion agitaient ce dernier d'une manière alternative ou simultanée. Tantôt des élans allaient le porter amoureusement vers la source étrangère, tantôt les vibrations se hérissaient défensivement, comme si ce premier contact entre les deux individus constituait la préparation d'un combat où l'un devait vaincre et l'autre succomber ; elles ne commencèrent à s'adoucir que lorsque, asservies, celles de l'autre tremblèrent avec synchronisme.

Alors, instinct universel et tout-puissant, l'attraction dominatrice l'emporta.

Chacun se répondait au sujet de l'autre, parallèlement à soi-même, tranquillement d'abord puis avec précipitation. Même après l'éloignement, les vibrations continuaient sous l'impulsion d'une force acquise, puisée au dehors et renfermée jalousement au sein de l'être.

Enfin les deux sources s'approchèrent tout près l'une de l'autre et se confondirent dans un silence magnétique semblable à la mort.

Depuis qu'elles avaient pénétré ce monde nouveau pour elles, ce n'était pas la première fois que les anekphantes rencontraient la cessation brusque et totale de l'activité. Jusqu'à ce moment, pour elles, le Néant n'était pas une fin; c'était le Commencement.

Elles apprenaient ici que, même à supposer la réalité d'un début absolu, le mouvement des formes électriques pouvait s'arrêter pour se perpétuer plus loin, et que d'autres êtres intelligents avaient ressenti plus profondément la chute de sa sinuosité que l'ascension nouvelle où leur conscience ne pourrait plus le suivre.

Et pourtant sous cette appréhension de la fin subjective, les hommes, elles l'avaient reconnu, nourrissaient une tendance vers le recommencement, comme si, imparfaits dans la continuité, ils soupçonnaient la possibilité d'une vie différente ou semblable à la leur, qui rebondirait avec eux dans la course ininterrompue des ondes vibratoires.

Les esprits minuscules se turent eux aussi devant le couple confondu; bientôt à leur côté les ondulations frémirent de nouveau en tourbillons pressés, comme lâchés d'une prison. Chaque source recouvrant son individualité avec son indépendance élabora des émissions hétérogènes et s'en alla reprendre pour soi dans la vie sociale la place un moment désertée, ne conservant de la récente mêlée que la force suffisante à la répéter au moment opportun.

C'est ce qu'exprima chez « Source Claire » une vibration courte et rapide qui dut aller s'enregistrer dans un coin de sa mémoire, pour se réveiller peut-être ensuite, quand la conscience aurait déblayé les soucis contemporains ou qu'une inclination rajeunie la ferait revivre.

Ainsi disparaissaient toutes les émotions, toutes les tendances; après avoir pénétré la matière perméable du cerveau, l'inscription magnétique sursautait parfois au moindre désir renouvelé, prouvant sa possibilité toujours vivante à l'homme qui semblait prévenu de sa résurrection. Elle se découvrait petit à petit, se levait sûrement dans la conscience qui l'admettait aussitôt.

Par un semblant de prescience de l'avenir immédiat, l'individu voyageait de virtualité en virtualité et faisait vivre en lui ses rêves chargés de toute la volupté et de toute la douleur réelles, goûtant de ce qui avait été ou de ce qui devait venir la saveur ou l'amertume entière dont il n'avait pas le temps de se gorger pendant son court passage, et prolongeant par les deux bouts la vie mesquine qu'on lui avait octroyée.

Mais jamais la reproduction de l'arrière-vie ne l'agitait autant que l'annonce de ce qui allait se produire.

Pourtant des émanations mystérieuses dénotaient souvent l'apparition de choses imprévues; alors l'âme qui ne pouvait plus les ingurgiter doucement se modelait plus ou moins péniblement sur elles et se les attachait vivement par tous ses téguments vibratoires.

C'était comme une reconnaissance incrédule et timide qui s'assurait de l'existence réelle, inconcevable jusque-là, et qui l'acceptait brusquement.

Baignées dans les ondulations diverses qu'elles s'efforçaient de traduire, les anekphantes devinaient bien qu'il y avait autour d'elles d'autres manifestations mystérieuses que l'homme interprétait et qu'elles ne connaissaient pas. S'il n'était pas maître de son flux magnétique, peut-être pouvait-il mieux diriger d'autres mouvements à sa portée, car il en disposait : les cellules curieuses le sentirent plus d'une fois lorsque, venues trop près de lui, un souffle les rejetait violemment contre les parois voisines ou qu'une matière mobile les déplaçait dans l'atmosphère.

Qu'importaient ces formes inconnaissables de la vie, si les autres les instruisaient.

D'ailleurs l'objet de leurs observations évoluait suivant un autre rythme. La production de vibrations neuves s'appauvrissait en lui : un certain nombre d'anciennes, presque toujours les mêmes, se répétaient en se renforçant par leur habitude. Les émanations se classaient d'une manière monotone et se banalisaient dans le flot des échanges.

« Source Claire » pénétrait plus profondément dans l'agitation sociale et devait, pour continuer à vivre, subir les productions de ses pareils et leur en communiquer d'analogues. Souvent c'était le silence ; dans la foule des individus humains, pas une vibration, pas une pensée : le travail collectif se fournissait sans doute mécaniquement par un mouvement sans répercussion animique, par des gestes trop petits ou trop bas pour être reflétés sous une forme qui ressemblât à de l'idéal.

Les rapports sociaux demeuraient insondables ; de deux influx individuels en présence, aucun ne répondait plus à l'autre. C'était comme si chacun avait été créé pour soi et par soi avec l'aide première de ce qui l'entourait et qu'il avait peu à peu ramassé en lui-même, un monde singulier. D'abord fluide et débordant, le microcosme s'était solidifié en se résorbant pour s'enfermer en soi-même. Maintenant il ne s'élargissait plus qu'avec peine et ne laissait entrer que des émanations extérieures définitivement déformées sous un aspect monotone et guindé.

Quelques hommes seulement pouvaient encore par leur souplesse exceptionnelle communiquer utilement et idéalement avec leurs voisins ; mais parmi les autres, pour celles qui suivaient chacun d'eux dans la solitude du repos, rares étaient les éclairs qui dénotaient la survivance d'une pensée pure.

« Source Claire » heureusement retrouvait encore en lui des vibrations endormies ; par ses souvenirs il faisait respirer un peu de la vie qu'il venait de traverser. Alors les cellules subtiles se laissaient bien vite emmener dans le temple toujours pensant de son être, où l'apparence intime et spirituelle de ses rêves était sagement conservée.

Les autres hommes, moins individus que parcelles de collectivité, ne recherchaient dans le repos que les forces motrices nécessaires à leur travail obscur et quotidien. L'élan de l'espèce vers l'idéal s'affaissait et rampait, mourait plus vite encore que son tabernacle multiple mais éphémère.

Heureusement d'autres hommes naissaient, et dans leur jeunesse renouvelée fermentaient des semences mystérieuses qui ne pourriraient en eux à leur tour que lorsque d'autres terrains vivants les auraient fait renaître encore.

Heureusement quelques-uns comme « Source Claire » avaient reçu le don de retrouver leur jeunesse par intermittence.

Mais il était précipité comme les autres dans le courant grégaire. Depuis que ses premiers rêves étaient arrivés à éclosion, il était devenu sans doute d'une force matérielle égale à celle des autres hommes, et ceux-ci ne l'aidaient plus de leur influx conseiller et protecteur. Ils ne s'occupaient plus de lui et tendaient tous, dans un obscur intérêt social, vers le but personnel qui sans les souvenirs de « Source Claire » serait demeuré secret pour les anekphantes, puisque aucune émanation ne les accompagnait plus.

Cet oubli des hommes ressemblait à de l'hostilité, souvent même à une lutte sévère où les désirs vitaux s'affrontaient férocement.

C'est au milieu de cette obscurité magnétique, traversée d'éclairs espacés, que l'âme singulière évolua le plus longtemps, car cette petite source, d'où les jaillissements les plus variés et souvent les plus élevés pouvaient surgir, était entourée d'une masse matérielle considérable que les hommes estimaient beaucoup et qui, réservée originairement à la défense et à la protection de l'idéal, était devenue leur but et leur raison d'être. C'est pour elle que maintenant ils se combattaient les uns les autres, c'est pour elle qu'ils se reproduisaient et c'est pour elle encore qu'ils se noyaient finalement dans le magma immense comme l'Unité, où les parcelles d'eux-mêmes devenaient introuvables.

Et pourtant les vibrations rayonnaient encore de quelques cerveaux; des esprits échappés à la foule continuaient de nourrir les anekphantes de rêves antiques et rajeunis ou d'harmonieux enthousiasmes.

«Source Claire», son rôle mécanique rempli, redevenait une pensée qui se purifiait à nouveau en se détachant peu à peu des soucis écoulés. Tout son être s'élançait encore vers un avenir qui semblait infini. Il se retrouva presque ce qu'il avait commencé d'être: un faisceau vivant d'ondes magnétiques douces à ressentir qui s'épousaient selon les formes universelles de l'esthétique.

Dégagé du contact de ses semblables aveugles, il s'écoutait de nouveau penser dans la solitude, ou bien il suivait avec ravissement les jeunes sources naissantes qui l'entouraient parfois et tendaient auprès de lui vers l'idéal deviné. L'homme apaisé retrouvait ici les frémissements de ses débuts à lui dans le monde commun; et les anekphantes immortelles vibraient sympathiquement, comme si les deux espèces allaient enfin se réunir et se comprendre.

Mais l'homme, trop divisé lui-même et trop fier de sa pensée, n'était pas près de connaître ses subtiles voisines. Il croyait se relier parfois à des esprits extérieurs, supérieurs et imaginaires; mais il les plaçait trop loin.

Maintenant d'ailleurs la pureté de l'âme élue se ternissait; son âme se déformait. Les ondes qui la traversaient devenaient plus douces et plus candides, elles s'affaiblissaient. De plus en plus hésitantes, elles reproduisaient trop souvent les mêmes formules connues et se répétaient maladroitement elles-mêmes, comme s'il n'y avait plus rien à découvrir ou si, de chercher toujours, la force lui manquait. Les émissions devenaient lentes et pointillées.

Quelle force nouvelle allait en naître? Après bien des essais inachevés, une irradiation superbe en jaillit et se développa plus rapide que jamais: toutes les ondulations les plus secrètes tressaillirent en foule, même celles que les minutieuses conservatrices n'avaient pas enregistrées dans le corps de leur délicate cellulose. Elles se dressaient ensemble comme pour revivre toutes et se défendre en masse contre un ennemi imperceptible.

Puis rien. Ce fut le silence magnétique absolu.

Les anekphantes attendirent anxieuses le réveil de leur amie retrouvée. Mais aucun influx ne leur parvint; à la place où elles avaient laissé leur compagnon humain, quelques vibrations étrangères vinrent scintiller douloureuses et rapides, et d'autres rêves esquissés balbutièrent leurs ondulations timides. Mais la forme magnétique de « Source Claire » ne les impressionna plus ; il leur fallut pour le retrouver interroger les conservatrices qui seules répétaient encore sa pensée.

VIII

La Foule

Il existait toujours des hommes et d'innombrables vibrations s'envolaient autour d'eux, tantôt denses et vigoureuses, tantôt pâles et sans consistance.

Les anekphantes se hâtaient d'éprouver toutes celles qui pouvaient les impressionner : il y en avait de courtes et de légères, d'autres se prolongeaient lentement. Il en était de profondes ou d'aiguës ; mais aucune n'était identique à celles qui jaillissaient hier de la source préférée.

Parfois l'illusion faisait presque reconnaître une ondulation dans son premier parcours, puis subitement la forme en changeait, s'épanouissant en une gerbe rapide, ou fuyant brusquement suivant un mouvement précipité d'une cadence à peine mesurable.

Les cellules pensantes se coagulèrent pour examiner la question troublante : qu'était devenue « Source Claire » ? S'était-elle modifiée ? — Pourquoi ? — Avait-elle livré à d'autres le secret de ses émanations qui se déformaient à présent ? — S'était-elle volontairement dispersée, ou bien avait-elle disparu simplement, sans laisser aucune trace d'elle-même ?

Mais comment était-ce possible ?

Elles restèrent longtemps fidèles à l'endroit où l'homme pur avait vibré pour la dernière fois ; puis d'autres influx les attirèrent, d'autres sources les émurent. Emportées par le désir de connaître toute l'humanité, elles suivirent d'autres pensées, elles approchèrent d'autres esprits.

Mais tous, comme le premier, disparaissaient en s'enfonçant lentement ou brusquement dans un monde qu'elles ne parvenaient pas à pénétrer.

Et pourtant toujours des ondulations d'origine humaine les frôlaient encore, les secouaient parfois intimement, comme pour leur prouver sensiblement la pérennité de l'espèce.

C'est ainsi que les anekphantes prirent conscience comme les hommes de la division restreinte du temps : elles apprirent à sérier l'écoulement rapide de la vie d'après les extinctions individuelles, et pénétrèrent alors dans le domaine affectif de l'âme humaine. Entre les deux bornes temporelles qui limitaient étroitement la durée d'un de ces êtres surprenants, elles sentirent bouillonner tous les sentiments, les désirs et les passions, la pensée chercheuse et désespérée, et surtout l'amour qui les perpétuait comme une obligation vitale, comme une servitude envers l'avenir de l'espèce.

Mais le mystère de la création, puis de la dissolution et de la renaissance des âmes subsistait. Par leurs méditations reflétées magnétiquement chez les cellules microscopiques, les intelligences humaines n'avaient trouvé encore aucune explication.

Durant plusieurs générations étrangères, les anekphantes la cherchèrent auprès d'elles et découvrirent enfin qu'il y avait quelque chose qui subsistait toujours pour se modifier en se décomposant : la chair, la substance qui contenait pendant la durée de la production spirituelle les ondulations conscientes de la vie. Là sans doute était le secret.

La minuscule enveloppe de cellulose qui abritait et secrétait leur électricité propre, ne pouvait leur en fournir qu'une notion lointaine ; et lorsqu'elles voulurent donner à la matière une forme compréhensible, elles ne trouvèrent qu'une vibration brutale, comme pesante et brève qui leur montra la relation possible avec l'idée. Elles décomposèrent alors cette expression nouvelle, comme le symbole de ce qu'elles auraient voulu reproduire. Elles s'étudièrent plus profondément elles-mêmes et comprirent la transformation subtile d'une matière en une seconde, puis par raffinements successifs, l'aboutissement à l'influx suprême, à l'idée pure.

Donc les hommes, formés de compositions diverses, constituaient eux-mêmes des usines chimiques où les éléments, se combinant sans cesse, produisaient une émanation subtile qui, par son intensité même et l'innombrable multiplicité de ses reflets, devenait consciente et donnait, par la conservation de ses mouvements, l'illusion de l'individualité.

La matière n'était que de l'esprit en puissance, ou plutôt plusieurs corps matériels faisaient naître par leur amalgame un effluve qui devenait la pensée.

La Mort n'était plus qu'une apparence. Quand les éléments du corps humain, fatigués par un usage monotone et constant, se déformaient, ils perdaient la force nécessaire à leur cohésion et ne pouvaient plus collaborer ni par conséquent produire l'influx vital. Alors chacun retrouvait son indépendance inerte et attendait après l'éparpillement une alliance nouvelle qui le ferait encore participer au mouvement universel.

Ainsi l'âme surgissait du contact et du frottement de substances étrangères qui, ne se retrouvant jamais dans des rapports semblables, se magnétisaient en des gammes infiniment diverses et n'auraient pu répéter qu'à l'aide d'un dosage divinement parfait un individu absolument identique à l'autre.

Les anekphantes adoptèrent l'hypothèse de ce développement de la vie humaine et tressaillirent de leur découverte, en imaginant qu'alors les poussières infimes que leurs adjointes digestives pouvaient assimiler pour leur nourriture magnétique les rendraient peut-être peu à peu comparables à ceux qu'elles jugeaient inférieurs aujourd'hui.

Ce frémissement les rapprocha de l'homme et les pressa de le connaître davantage, de pénétrer, à travers les individus, dans leurs assemblées et leurs groupements pour étudier enfin leur véritable composition sociale.

Elles avaient cru la reconnaître déjà chez l'homme seul ; mais il n'était lui-même qu'une agglomération incomplète, et, pour ainsi penser, désorganisée. Le noyau de l'être au contraire, la source magnétique qui le faisait penser et diriger ses mouvements, cet ensemble spirituel provisoire devait s'inscrire et se conserver quelque part ; le propriétaire mortel devait en transmettre les fruits à la collectivité à laquelle il appartenait et qui les immortaliserait comme elle-même.

Les cellules pensantes croyaient naturellement retrouver bientôt une organisation semblable à la leur et rencontrer alors sinon une concurrente, du moins une assemblée intelligente et peut-être amie, qui leur ferait découvrir du monde un visage inconnu.

Y avait-il une Société humaine, c'est-à-dire un être plus vaste et plus complet, global pour ainsi dire, apte à résoudre les problèmes vitaux innombrables et à utiliser chaque vibration dans le sens de son plus grand développement ? La question ne se posa plus ; l'homme ne pouvait être que la cellule complexe d'un organisme plus parfait.

Les anekphantes recherchèrent d'abord les couples pour essayer de saisir une résultante de deux ondulations personnelles. Elles passèrent auprès de beaucoup d'entre eux sans les soupçonner, et parmi ceux qui parvenaient à vibrer sensiblement pour elles, rien ne les instruisit encore.

À de rares exceptions près, le duo magnétique n'était qu'un double solo : chaque esprit suivait ses propres pensées. Parfois l'un d'eux déviait sur l'autre ou s'emparait d'une émission étrangère pour la transfigurer à sa façon. Mais aucune création ne surgissait du confluent de deux pensées. Les colloques étaient obscurcis par des silences prolongés ou n'étaient que des échanges de vibrations banales, ou bien encore tendaient communément vers la confusion charnelle pour la reproduction de l'espèce.

Désormais, puisque dans la réunion de deux hommes c'était encore l'individualisme qui triomphait, il fallait pousser plus loin, jusqu'aux agglomérations où l'esprit collectif prenait naissance.

De nouveau les cellules intelligentes vagabondèrent à la recherche des vibrations complexes et de l'unique émanation. Elles surprirent des groupes de trois ou quatre sources réunies ; mais chacune conservait toujours sa pensée propre ou déformait celle de l'autre à son usage.

L'étude se compliquait dangereusement : allait-elle devenir stérile ? Les centres directeurs se confondirent pour approfondir le problème et pour établir à leur manière un plan d'investigation.

Si les esprits puissamment magnétiques évoluaient seuls de préférence, mieux valait en suivre un de faible intensité, lequel aurait dès lors un impérieux besoin des productions étrangères et de l'appui de ses semblables. Sans doute la tâche serait-elle plus pénible ; mais là seulement pourrait se trouver le secret social.

La pratique de l'observation avait heureusement affiné la sensibilité réceptive de ses prêtresses qui s'enfoncèrent tranquillement dans la pénombre magnétique. Sans prendre garde aux éclairs des vibrations supérieures, elles ne s'attachèrent qu'à comprendre les secondaires qui, modestes soutiens d'un réseau créateur, devaient obscurément se relier entre elles. De vagues étincelles entre-senties décelaient une présence et laissaient en supposer d'autres alentour, qui resteraient ignorées.

Les anekphantes choisirent une source médiocre, mais reconnaissable au moins par intervalles. Il fallait toute la tension possible de leur curiosité pour leur permettre de suivre cette lueur tremblotante. Les plus subtiles d'entre elles étaient chargées de transmettre aux conservatrices les messages interceptés.

Comme avant le départ des longues expéditions, les anekphantes groupèrent tous leurs organes et, constituées ainsi, partirent vers l'aventure, derrière leur nouveau guide.

Elles se déplacèrent à sa suite, épiant la plus petite ondulation pour éviter de le perdre, osant même émettre parfois des décharges magnétiques qui se répondraient peut-être à elles-mêmes.

L'homme-type choisi allait en effet se réunir à d'autres; mais elles ne s'en aperçurent pas tout d'abord. Après un court trajet, il s'arrêta dans un lieu clos où bientôt aucun rayon troublant ne vint plus exciter la surface sensible de leur cellulose; et ce fut le silence. Mais en observant patiemment, bientôt les cellules intelligentes devinèrent çà et là des vibrations courtes et légères, toutes pareilles au même instant et se succédant toujours selon le même modèle.

Un nouvel arrêt, puis une faible série magnétique, puis rien : c'était comme si quelqu'un proposait à l'assemblée une image que chaque membre répétait pour soi, simplement.

Cet exercice dura d'ailleurs fort peu ; déjà les hommes se séparaient et les anekphantes eurent beaucoup de peine à reconnaître leur guide pour le poursuivre encore, car il revenait à son point de départ en laissant filtrer seulement de faibles vibrations entrecoupées.

Que s'était-il passé ? En se concertant, les anekphantes ne purent tout d'abord découvrir aucune conclusion. Les hommes assemblés avaient redit des impressions venues du dehors sans suite et sans résultat. Était-ce un enseignement pour eux ? Non sans doute, puisque les images s'étaient succédé sans ordre et sans méthode. N'était-ce pas un jeu plutôt ou un spectacle auquel personne ne pensait plus dès qu'il avait cessé, quelque chose comme l'occupation d'une vie qui ne sait pas où aller ?

L'expérience, qui se renouvela, ne fournit pas plus de détails. Certains spectacles auxquels assistaient des individus plus sensibles et, pour ainsi dire, magnétiquement plus sonores, démontrèrent un ensemble plus cohérent et plus vif dans la répétition d'harmonies élevées ; mais malgré ses frémissements parallèles, chacun demeurait enfermé en soi, et toujours manquait l'ondulation finale, symbole d'une entente consciente et volontaire.

Sans se laisser aller à l'abandon, les anekphantes tressaillirent avec d'autres hommes et les accompagnèrent au sein de réunions plus graves.

Elles connurent ainsi les universités, où les jeunes cerveaux répétaient les formes acquises de la Science collective et les déformaient quelquefois, croyant dès lors créer des rythmes inconnus ou des pensées originales. Elles fréquentèrent les académies, où des esprits plus calmes et vieillissants recommençaient aussi purement que possible les anciennes harmonies. Elles pénétrèrent dans les réunions de tristesse et de gaieté, où se dégageait parfois un bref accord des sentiments, qui se divisait vite en amertumes ou en voluptés égoïstes.

Certains rendez-vous sociaux les continrent aussi : les Conseils d'affaires au sein desquels chacun apportait ses désirs personnels ; les cours de Justice où l'intérêt individuel transparaissait encore, où de rares consciences s'agitaient sans cohésion, où l'entente finale était fabriquée d'indifférence et de regrets ; les Conseils de guerre auxquels les cellules naïves ne comprirent pas grand'chose, car on y pensait méthodiquement la destruction inconnue pour elles et par conséquent sacrée, comme la création.

Elles entrèrent dans les temples où des vibrations humaines imploraient un être supérieur qui revêtait une forme humaine, et dans l'enceinte desquels flottait une croyance inconcevable à l'immortalité individuelle.

Enfin quelqu'un les entraîna vers l'assemblée sociale essentielle : le Parlement. Là devaient s'élaborer les lois et les principes de gouvernement d'un groupe important; là sans doute, dans le cerveau même de la collectivité, devait rayonner l'ondulation princière, celle que tous les hommes répéteraient ensemble avec respect. Des hommes étaient posés dont l'esprit attendait peut-être le moment de lancer des mouvements synchrones et de confondre le faisceau des idées communes en une seule pensée directrice et définitive.

Les petits réceptacles observateurs espéraient toucher enfin au but et saluaient d'avance un génie fraternel; ils attendirent eux aussi dans le calme préparatoire. Mais le silence magnétique se prolongea pauvre et triste; aucun esprit ne se manifestait. Çà et là de courtes pensées isolées prouvaient que les hommes étaient toujours présents, mais chacun ne songeait qu'à ses affaires ainsi qu'à sa gloire. Puis rien; c'était fini. Les individus se déplacèrent pour rejoindre le lieu de leurs petites occupations personnelles, et les anekphantes laissèrent à l'aventure s'éparpiller les porteurs d'une pensée impénétrable ou trop débile pour s'unir avec fruit.

Elles suivirent d'autres conducteurs, elles subirent les ondes variées et pourtant monotones des agglomérations différentes, et désespérant de trouver le symbole d'une collaboration sociale, retournèrent à l'individu d'élite pour recueillir en lui seul les vibrations générales.

C'est en évoluant sympathiquement avec lui qu'elles pensèrent que l'homme, naturellement social, était arrêté dès ses débuts dans l'élan altruiste par la concurrence des personnalités que provoquait l'inégalité des conceptions manifestées. Le mépris réciproque et la rivalité du corps ou de l'esprit constituaient une préparation au combat qui ne se livrait pas toujours, mais qui affaiblissait les parties, et dont les effets éventuels se résorbaient insensiblement dans le sein de la communauté qui poursuivait son évolution nécessaire avec indifférence.

Pour les ensembles humains supérieurs, les seuls que les anekphantes pussent définitivement reconnaître et comprendre, la sociabilité ne pouvait s'appliquer qu'à un idéal collectif de self création.

La Société, chacun la portait en soi, à sa manière, et la pratiquait délicatement sans trop oser la laisser paraître.

IX

Où l'on revient vers le monde inconnu

Longtemps encore les anekphantes demeurèrent parmi les hommes, à partager leurs émotions et leurs idées magnétiquement exprimées.

Peut-être un jour se dégagerait enfin l'ondulation suprême, grande comme la somme des âmes qui la répéteraient ; peut-être l'évolution se parachèverait-elle : il fallait attendre l'éclosion de l'unique pensée. Mais rien toujours. Les idées se succédaient banales ou superbes, parfois sublimes, toujours isolées, incomprises des esprits voisins ; puis elles disparaissaient pour renaître plus tard, incomprises encore. Les actes qui se dessinaient dans les cerveaux étaient rarement synchrones. L'entente parmi les hommes ne se réalisa quelquefois que pour les conduire à combattre d'autres hommes, à détruire leurs semblables.

Et pourtant grandissait leur connaissance : chaque jour les hommes découvraient une forme nouvelle du mécanisme inconnu qui les environnait. Mais le progrès social n'en était pas avancé, la conception morale du groupe ne se transformait pas.

Les cellules insensibles s'étaient attachées petit à petit à la nature humaine, par l'habitude mécanique de sa reproduction; cependant elles se réunissaient souvent encore pour vibrer à leur manière; une attirance plus puissante les dirigeait vers les autres, leurs sœurs qui se dissolvaient quelque part dans ces grandes agglomérations parfaites, au sein desquelles les ondes majestueuses se répercutaient, transmises et renouvelées d'atome en atome pour ne produire qu'une seule âme où la Vérité s'étendait comme en un temple grandiose et vivant.

Les exilées rêvaient ensemble à ces griseries harmonieuses où, délicieusement impressionnées, elles laisseraient leur nature se bercer sous les effluves collectifs qui les traversaient et qu'elles créaient aussi sans en garder conscience tout à fait.

Alors on commença d'oublier les nouveaux compagnons; les conservatrices de la pensée humaine furent délaissées et la vie d'autrefois s'esquissa toute neuve, sans souci des étrangers.

C'est alors seulement par hasard qu'elles rencontrèrent de nouveau les premières vibrations extérieures qui les avaient tant effrayées jadis. Mais elles n'y prirent plus garde: elles en connaissaient maintenant l'origine, ayant vécu selon les hommes. Quelqu'un d'entre eux avait découvert le moyen de correspondre électriquement à distance avec un de ses pareils; mais la masse ignorait quelles étaient ces ondes et pour elle il n'y avait là encore aucun profit moral à retirer. Dans quelques générations peut-être, quand l'homme aurait compris qu'il n'était pas seul sur la Terre et qu'il soupçonnerait toute l'existence éparse autour de lui... dans quelques siècles, il faudrait revenir.

Pour les anekphantes, les temps étaient venus. L'orientation nouvelle de l'instinct satisfait et le cycle révolu des événements commandaient autre chose ; la Nature les dirigeait vers une activité reposante, vers la pensée commune à leur espèce qu'elles allaient retrouver.

Mais comment faire ? Ce n'est pas en suivant à l'aventure des êtres étrangers, ce n'est pas en errant derrière eux qu'elles ressentiraient l'émanation fraternelle.

Les cellules s'organisèrent en rayons d'exploration qui s'élargissaient de plus en plus. Le moindre souffle d'air les déplaçait fâcheusement ; il leur fallut créer lentement des conservatrices vierges, car les anciennes étaient pleines de vibrations humaines destinées à la connaissance de leurs sœurs intelligentes qui attendaient quelque part depuis plusieurs générations humaines.

La recherche fut longue ; mais quand on ne mesure pas le temps, la patience ne se trouble pas, et le moment vint où leurs appels reçurent une réponse : les cellules-postes n'avaient pas bougé de l'endroit où elles avaient été laissées en compagnie de quelques atomes nourriciers avec la seule mission de continuer à vivre.

Les anekphantes recomposées se groupèrent selon leur nature, emportant au milieu d'elles comme un butin les porteuses des symboles humains, et voguèrent comme leurs semblables de poste en poste qu'elles entraînaient au passage vers la colonie mère où leur esprit se confondrait.

X

L'Oubli

LA LIBERTÉ retrouvée les enchantait : la liberté, c'est-à-dire l'écoulement paisible des tendances naturelles.

Amoureusement agglomérées, les cellules pensantes suivies de leurs aides nourricières et tractives se déplaçaient doucement dans l'air calme, écoutant les harmonies multiples qu'elles avaient gardées en leur âme et goûtant le seul charme de la vie qu'elles croyaient avoir perdu : chanter.

Ceux qu'elles venaient de quitter en ignoraient la valeur et cherchaient encore une vérité introuvable, sans voir que l'existence qu'ils poursuivent n'a pas de place et que la vie qu'ils brûlent si vite n'a d'autre but que de se perpétuer soi-même aveuglément.

La route fut si longue et si nombreux les postes ramassés que bientôt une foule imperceptible flottait dans l'air nocturne et se mouvait tranquillement vers un but qu'elle-même ne connaissait pas tout à fait. « Bientôt, pensaient-elles en commun, toute la Terre serait parcourue ; leurs semblables auraient-elles réussi à voguer vers un autre monde ? »

Cependant les cellules continuaient sans lassitude, les unes à s'accrocher à la moindre attraction devant elles, les autres à emprisonner violemment l'air pour aider au mouvement général ; et les dépositaires de la pensée examinaient le parcours et lançaient les ordres magnétiques pour assurer la direction qu'elles sentaient être la meilleure.

Si les voyageuses avaient emmené des hommes pour les accompagner, elles auraient pu mesurer la durée à leur vieillissement et à leur déchéance ; mais elles ne s'arrêtaient pas même à traduire les individus rencontrés çà et là. Au reste, les auraient-elles écoutés que, tous différents, ils auraient paru toujours semblables.

L'indifférence s'écoulait alentour comme le temps sans les modifier, et le moment arriva sans les étonner où l'air s'emplit subitement d'ondulations connues et délicieuses.

Les cellules de tête envoyèrent aussitôt de toutes leurs forces des signaux d'amitié, puis toutes parvinrent tranquillement au sein de la collectivité retrouvée. Chacune reprit naturellement sa place parmi ses pareilles, et rien ne fut changé tout d'abord dans le cercle élargi des intellectuelles qui échangeaient à leur habitude leurs pensées les plus intimes et les plus délicates.

Au premier silence qui se fit, les nouvelles arrivées, pour se faire reconnaître et puis aussi pour donner libre cours à leur vie intensifiée par le retour, tâchèrent d'imiter la vibration étrangère et terrible qui avait provoqué jadis leur séparation. D'autres la répétèrent dans toutes les directions sans pouvoir la traduire ; aussitôt les conservatrices de l'histoire qui se tenaient à l'écart s'approchèrent et, se glissant dans l'agglomération, se placèrent en son centre.

Toute l'aventure oubliée depuis longtemps revécut quelques instants, et quand les exilées se signalèrent par des vibrations joyeuses, un seul cri magnétique s'éleva : « Elles sont revenues ! » Puis : « L'étranger n'était donc pas un ennemi, ou sa force est inférieure à la nôtre. » Enfin le silence se rétablit.

Les historiennes se retirèrent et le groupe spirituel attendit de connaître celles qui leur apportaient les nouvelles du monde inconnu.

Alors eut lieu la révélation : une à une, les conservatrices des frémissements humains secouèrent dans l'assemblée leur contenu mystérieux. Les rêves et les errements de l'homme tressaillirent tour à tour au milieu des anekphantes réunies. Pour elles seules, des cerveaux humains dispersés depuis plus d'un siècle exprimèrent leurs pensées les plus secrètes, leurs désirs et leurs regrets. Pour elles seules vibraient encore des rêves échappés dès longtemps vers l'immensité qu'ils parcouraient inlassablement dans une course où leur forme s'appauvrissait en se répandant indéfiniment.

Toutes les ondulations patiemment enregistrées vinrent revivre successivement dans l'ordre de leur découverte.

D'abord l'homme isolé, l'individu supérieur évolua devant l'aréopage ; ses idées se traduisaient clairement et les cellules pensantes connurent avec recueillement ses élans vers la conception énorme et vague de l'infini, son désir de l'extra-humain, ses tentatives d'essor vers tout ce qui restera l'inconnu sacré pour son âme impuissante.

Les corpuscules se resserrèrent autour de la conservatrice symbolique par une attraction subtile qui ressemblait à la sympathie et à la pitié. Quand les reproductions s'estompèrent et se ralentirent pour mourir brutalement, un silence étonné suivit.

D'autres individus vécurent un instant au sein des anekphantes, et tous ils s'arrêtaient lentement ou brusquement, dans un soupir ou dans un spasme. Les cellules savantes commentèrent cet évanouissement, et l'assemblée, d'abord surprise, vibra victorieusement devant l'extinction d'une vie qui se ranimait sous d'autres formes, mais sans transmettre tous ses rayons, emportant dans l'oubli quelque chose à découvrir de nouveau, et qui ne renaîtrait peut-être plus.

D'autres cellules communiquèrent alors les mouvements plus lents qu'elles avaient conservés; d'autres hommes pensèrent péniblement et lourdement. Leurs émanations obscures laissèrent deviner l'individu ordinaire, le moins fertile et le plus répandu, qui empruntait à la foule un peu de connaissance incomprise et dangereuse.

Les spécialistes tâchèrent à les expliquer par des vibrations complémentaires; mais celles-ci n'éveillèrent aucun écho et, sans l'impressionner, traversèrent l'assemblée.

Enfin les exploratrices, pour parfaire la présentation, annoncèrent l'homme social: les anekphantes se pressèrent étroitement pour saisir la plus petite ondulation, pour jouir ensemble de la moindre scintillation magnétique.

Alors parmi le silence attentif et curieux apparurent pâles et discrètes quelques vagues tendances insaisissables. Toutes les pensées banales déjà ressassées venaient vibrer faiblement un instant, et malgré l'exégèse donnée par les docteurs ès sciences humaines, les cellules réunies ne ressentirent aucun lien entre leur monde et celui qui se déroulait par petits à-coups au milieu d'elles. On leur expliquait bien que la société humaine avait organisé des formes définies, qu'elle avait augmenté le bien-être matériel des individus, qu'elle avait même accompli des actes collectifs, les anekphantes attendaient une solidarité qui ne se prouva pas.

Plusieurs fois les conservatrices répétèrent leur contenu, il fallut bien le reconnaître enfin : intellectuellement la collectivité n'existait pas. L'homme individuel savait atteindre à la méditation, il pouvait parfois pénétrer dans le domaine où les anekphantes avaient cru longtemps vivre seules ; mais la pensée s'arrêtait devant la pluralité, et l'esprit d'un seul n'était pas assez puissant pour remuer intelligemment tout le corps social.

Un grand silence succéda au murmure des dernières vagues magnétiques. Les conservatrices de l'homme se retirèrent doucement : leur rôle était joué, leur mission remplie. Maintenant la méditation collective allait juger.

Pendant une longue digestion, les cellules idéagènes, sous la troublante impression des échos accumulés, en prolongèrent les mouvements hétéroclites et, se pénétrant de leurs harmonies passagères, en recueillirent toutes les bribes pour essayer de construire un ensemble compréhensible. Elles arrachèrent les idées à leur relativité, les firent jaillir hors de leur gaine sensible et temporelle et, quand elles voulurent les contempler alors, elles ne surent plus y démêler ce qu'il en restait d'humain d'avec ce qu'elles avaient elles-mêmes ajouté.

Soudain, d'un bout à l'autre de l'assemblée pensante, naquirent plus fortes les ondulations originales : l'âme humaine était noyée, dissoute dans son nouveau réceptacle.

Les conservatrices de la connaissance étrangère durent être rappelées au centre des penseuses pour y faire reconnaître dans leur pureté les manifestations du cerveau dévoilé. Alors apparut toute sa misère.

Les hommes ne se comprenaient pas eux-mêmes. Chez un même individu, les tendances les plus diverses et parfois les plus contradictoires tiraillaient inutilement son âme et l'amenaient dans un trouble inextricable jusqu'à la fatigue finale qui lui paraissait un repos.

D'un être à l'autre les relations n'existaient pas et leur société vivait d'à peu près et d'artifices qui maintenaient en équilibre provisoire un ensemble instable autant qu'incohérent.

Que penser de ces amas de cellules hétérogènes, et quelle attitude garder à leur endroit ?

Ici se posa devant l'esprit unifié des anekphantes un problème troublant : depuis longtemps les hommes, ou du moins certains d'entre eux, étudient la nature de leurs impressions d'où ils supposent celle des choses terrestres et des illusions extra-terrestres ; depuis longtemps, pensent-ils selon leur mesure mesquine de l'écoulement subjectif. Leurs générations, à la recherche d'une fin irréalisable, passent sans pouvoir trouver une conclusion impossible. Elles attendent et pourtant elles vivent toujours. De quelle vie ? Et pourquoi ?

Les cellules, dont la pensée s'élargit au-delà d'elles-mêmes, considérèrent alors la Vie dans toute son ampleur, la Vie qu'elles s'étaient cru jusqu'ici seules à symboliser et dont elles découvraient tout à coup les mouvements innombrables et insoupçonnés.

Soudain tout ce qui les entourait leur paraissait vivant : l'air qu'elles traversaient, la Terre sur laquelle parfois elles reposaient, les objets qu'elles heurtaient, et ce qu'elles ne pourraient peut-être jamais considérer, tout cela possédait sans doute à un moment et à un degré quelconque le pouvoir de participer à l'existence du monde dont elles-mêmes n'étaient qu'un reflet.

Les anekphantes remontaient ensemble l'échelle indéfinie du mouvement vital depuis la parcelle insensible et muette jusqu'à la molécule génératrice de pensée ; et tout naturellement l'homme y trouvait sa place dès les premiers échelons supérieurs, parmi les agglomérats de cellules hétérogènes dont l'ensemble produit des combinaisons sans chaîne et sans objet. Pour celui-ci la vérité quelquefois éclatait, mais pour se pulvériser aussitôt.

Chez lui encore l'individu domine ; les hommes passent dans le monde sans se laisser pénétrer par lui, attachant trop de prix à leur propre existence pour garder une force à la contemplation de ce qui s'écoule autour d'eux, et même en eux ce qui ne frôle pas directement leur sensibilité.

La vie en soi n'a d'autre but que celui de participer aux révolutions universelles et de poursuivre indéfiniment sa course vers elle-même. Si elle s'écarte de la route collective pour s'individualiser, si elle sort du cycle général, elle doit s'abîmer dans la paralysie de la mort, se perdre dans l'oubli de la nature.

La conscience humaine, fière de la puissance qu'elle se croit encore particulière, marche aveuglément sur la Terre et, malgré quelques éclairs involontaires, ignore les effluves qui l'enferment. Si elle meurt, c'est qu'elle doit mourir et si elle renaît sans cesse, c'est qu'inlassablement les expériences naturelles se répètent jusqu'au jour où la stérilité la condamnera définitivement.

Ainsi pensaient les petits coffrets d'intelligence à coups de vibrations qui les traversaient rapidement, mais en laissant derrière elles un arôme d'idéale vérité ; quand la dernière eut tressailli, celles qui venaient de passer se réveillèrent toutes sous d'autres formes, mêlant leurs ondulations et leurs effluves.

Un peu de lassitude engourdit un instant les cellules : c'était s'occuper bien longtemps d'êtres inutiles et condamnés à la mort prochaine, c'était perdre en vain de l'énergie intellectuelle.

« Qu'ils meurent donc tout de suite » émirent quelques-unes – « Détruisons-les » – « Affolons leurs idées en contrariant leur influx personnel ; supprimons-les en plaçant leur pensée en court-circuit avec elle-même. »

Les conservatrices particulières revinrent une dernière fois, mais on ne les écouta plus : leur cellulose enregistreuse fut recouverte d'une empreinte de vibrations nouvelles, comme un palimpseste dont on fait disparaître un texte dédaigné. Seules quelques-unes furent épargnées et classées parmi les archives vivantes de la société.

Enfin quand les dernières traces méprisables eurent été rejetées, une seule idée demeura, simple et décisive : puisque la race hétérogène était certainement vouée à la stérilité, il n'y avait qu'à la laisser s'écouler toute seule vers sa fin, imiter la Nature et l'oublier.

Aussitôt les vibrations joyeuses et créatrices jaillirent à nouveau de tous les points de l'agglomération pensante ; débarrassée d'une crainte et d'un souci, la collectivité se remit en marche lentement pour permettre aux alimentaires de trouver une nourriture utile à régénérer les forces dépensées, et pour sentir l'air doux caresser leur délicate enveloppe en travail.

Depuis les anekphantes voyagent toujours tranquillement et sans fin autour de la Terre ; les hommes qu'elles avaient un instant sentis près d'elles ont disparu de leur pensée.

Quand, au cours de leur vie méditative et vagabonde, elles en rencontrent un par hasard, elles se demandent avec étonnement : « Il en existe encore ? » et elles passent, rêvant à des vibrations subtiles que nous n'imaginons pas…

Extrait de *Deux histoires fabuleuses*,

Albert Roulier

La Grande Découverte du savant Isobard

Grâce à la création de nouvelles stations météorologiques, spécialement dans l'Ouest, d'où nous viennent la plupart des tempêtes, stations reliées entre elles par la télégraphie sans fil ; grâce aux communications des paquebots capables de lancer leurs radiotélégrammes à des distances fantastiques ; grâce aux cartes et bulletins publiés quotidiennement par le Bureau central météorologique de France, on était arrivé à prédire, avec un très haut degré de probabilité, le temps vingt-quatre heures à l'avance.

M. Isobard, le savant astronome de la petite ville de M., aspirait à mieux que cela. Il voulait la certitude absolue. Comment il y arriva, après de longues années d'études et de patientes observations personnelles, c'est son secret. Tout ce que je puis dire, c'est que le savant avait été mis sur la voie de sa découverte par les remarquables travaux de M. Guilbert, dont l'ouvrage, *La Nouvelle Prévision du temps,* vient d'être couronné par l'Institut. La méthode de M. Guilbert, on le sait, est basée sur la notion du « Vent normal ». C'est en poussant plus avant le sillon creusé par M. Guilbert que notre désormais célèbre météorologiste en arriva à la « certitude absolue » dans la prévision du temps.

Quand il y fut parvenu sans erreur possible, il annonça dans le *Bulletin météorologique de la Suisse romande*, qu'il se faisait fort de prédire le temps, jour par jour, un mois à l'avance.

L'article de M. Isobard, reproduit par tous les journaux, fut accueilli de façons fort diverses. Pour le plus grand nombre, ce n'était qu'un Major de plus, un prophète dont les vaticinations nuageuses (c'est le cas de le dire) amuseraient quelque temps les naïfs, mais dont le nom ne tarderait pas à suivre dans l'oubli celui de ses innombrables devanciers. Pour d'autres, la solide réputation du savant Isobard, le sérieux de ses communications antérieures, ne permettaient pas de prendre à la légère l'annonce de sa découverte, et si le distingué météorologiste avait cru bon de faire connaître le merveilleux résultat auquel il était arrivé, c'est qu'il avait de bonnes raisons pour le faire. On devait à tout le moins lui faire crédit. D'autres enfin, et c'étaient à mon avis les plus avisés, attendaient, avant de se prononcer, de voir à l'œuvre le nouveau prophète.

Celui-ci ne tarda pas d'ailleurs à mettre ses concitoyens à même de juger de son savoir. Dans le numéro du 31 mai du *Bulletin*, il fit connaître le temps pour le mois suivant, jour après jour, du 1er au 30 !

Pour le 1er juin, Isobard prédisait : grande pluie. Ce jour-là, en effet, une pluie diluvienne, à faire croire que le Créateur avait oublié la promesse faite à Noé au sortir de l'arche, se déversa sur la Suisse et sur les contrées voisines.

— Parbleu ! dirent les inondés, pas n'est besoin d'être savant pour en faire autant. Sans compter le baromètre, tous les signes de changement de temps étaient réunis, hier ; il suffisait d'ouvrir les yeux.

— Encore fallait-il savoir qu'il tomberait autant d'eau, répliquaient les partisans du prophète.

Celui-ci, qui avait annoncé le même temps pour le 2, vit se confirmer ses calculs et déductions. Mais les incrédules levèrent les épaules :

— C'était à prévoir ! dirent-ils.

Pour le 3, Isobard certifiait qu'on aurait le beau temps. Sa prophétie s'accomplit à la lettre.

— Peuh ! dirent encore quelques non convertis, il fallait bien que cela changeât !

Cependant, dès le soir de ce même jour, quelques paysans avisés ou simplement plus crédules que les autres avaient résolu de tirer parti de la découverte du savant pour effectuer la rentrée de leurs foins. Cela leur réussit en tous points : jamais ils ne se virent surpris par des averses intempestives, et jamais foin plus parfumé ne s'entassa dans leurs granges.

Les quatrième, cinquième, sixième jours furent tels que les avait prévus le fameux météorologiste. Les railleurs impénitents parlèrent bien encore de hasard, de coïncidences curieuses, mais on les sentait ébranlés eux-mêmes, discutant par amour-propre plus que par conviction... Le nombre des croyants augmentait chaque jour et, au bout de la première semaine, tout le monde était convaincu que le secret de la prévision du temps était trouvé.

Le savant fut porté aux nues et son nom vola de bouche en bouche. Des journaux par centaines lui firent les offres les plus tentantes afin d'obtenir, chacun pour lui seul, le monopole de ses prédictions. Des sociétés de toute espèce, en mal de courses ou de festivités, s'adressaient à lui pour être renseignées le plus tôt possible. Les paysans par milliers envahissaient le modeste appartement du trop célèbre Isobard, réclamant à grands cris le « Tableau météorologique », qui leur permettrait de travailler dans les meilleures conditions. Les touristes, les promeneurs voulaient, à leur tour, être mis au courant. Chacun désirait savoir. Et, s'il l'eût voulu, Isobard aurait fait fortune en un jour. Mais c'était un homme désintéressé. Il avait toujours méprisé l'argent, et son seul désir, en annonçant sa découverte, avait été de se rendre utile à ses semblables.

Et de fait, au début, tout semblait devoir aller beaucoup mieux dans un monde bien renseigné. Un tir fédéral d'une durée de dix jours fut favorisé d'un soleil splendide ; une fête de gymnastique réussit au-delà de toute prévision ; les voyageurs, promeneurs, ascensionnistes, jubilaient, et les campagnards se croyaient revenus à l'âge d'or. De plus, des centaines d'œuvres de bienfaisance purent se répartir plus d'un million, produit des abonnements à la *Feuille du temps*, qu'avait fondée Isobard pour y publier chaque mois ses prédictions, et dont il abandonnait généreusement le produit aux malheureux.

Hélas, ce contentement général fut de courte durée. Vers la fin du premier mois déjà, des plaintes, timides encore, se firent entendre. Elles provenaient des marchands de baromètres qui ne vendaient plus de ces instruments devenus inutiles. Seuls, quelques rares aviateurs et aéronautes en emplettaient encore, parce que ces gens-là tiennent beaucoup, en général, à pouvoir annoncer, à leur retour d'une excursion, à quelle hauteur ils se sont élevés... Les vendeurs de parapluies ne tardèrent pas à joindre leurs récriminations à celles des marchands de baromètres. Ils prétendaient que leur commerce périclitait depuis que les gens, certains du temps qu'il allait faire, s'abstenaient de sortir quand un déluge était prévu, ou, dans le cas contraire, laissaient à la maison leurs robinsons encombrants. Les entreprises de transport ne pouvaient suffire aux besoins, tous « les amants de la nature », toutes les sociétés s'élançant aux mêmes jours à l'assaut des glaciers, des forêts et des monts.

Ce fut pis au second mois ; comme on n'annonçait qu'un seul dimanche de beau en juillet, vous devinez ce qui arriva : les nombreuses fêtes de tout genre qui devaient avoir lieu dans le cours de ce mois furent toutes fixées à ce dimanche-là. Ventes, kermesses, tirs à la cible, régates, courses, luttes, concours, tout se fit par un ciel sans nuages, mais rien ne réussit, faute de public, qui ne savait à qui entendre... Ce fut au tour des hôteliers, restaurateurs, aubergistes, confiseurs, organisateurs, comités, de se plaindre. Ils ne s'en firent pas faute. Et le pauvre Isobard commença de se demander s'il n'avait point commis une faute en publiant sa découverte...

Il n'était d'ailleurs qu'au début de ses peines. Il apprit peu après que les « Jeunesses » de deux villages voisins s'étaient livré des batailles homériques parce que ni l'une ni l'autre ne voulait renvoyer son bal ; que les autorités de sa propre ville lui reprochaient d'avoir annoncé la pluie pour le jour de leur foire mensuelle, et que la Société des hôteliers l'accusait d'éloigner la clientèle étrangère en prédisant quinze jours de pluie au plus fort de la saison...

Mais ce fut chez les travailleurs de la terre, qui, semblait-il, devaient retirer le plus grand profit de la découverte du savant, que se produisirent les troubles les plus graves. Une des conséquences pour le moins inattendue de cette prévision du temps à longue échéance fut le renchérissement considérable du prix des journées d'ouvriers. Ceux-ci, demandés de tous côtés quand Isobard annonçait des périodes de clair soleil, haussèrent sans mesure leurs prétentions, et il ne fut pas rare de voir se conclure des engagements à 80 et 100 francs la semaine, au lieu des 20 à 30 francs payés en temps ordinaire. Les propriétaires fonciers n'en furent pas précisément enchantés ; cependant ils auraient passé sans trop de peine sur cet inconvénient, en raison des services que le grand météorologiste leur avait rendus, si un événement désastreux ne s'était produit.

Le 1er août, M. Isobard annonça pour le 13 une forte chute de grêle. Grand émoi parmi les campagnards et les vignerons ! Tandis que les premiers se hâtaient de mettre leurs blés à l'abri, même les blés mal mûrs, les seconds, réduits à l'impuissance, renonçant à donner leurs soins à des vignes qui tantôt, sans doute, verraient leur récolte anéantie, passèrent douze jours et douze nuits dans une angoisse affreuse. Tout ce qu'ils purent faire fut de tenir prêts les canons et fusées grêlifuges et d'implorer le ciel qu'il éloignât le fléau.

Le ciel fut sourd à leurs supplications, et, le jour fatal étant arrivé, la grêle, chassée par un vent furieux, hacha les récoltes sous les yeux des propriétaires désespérés...

Une clameur de mort monta de tous les points du pays contre le malheureux Isobard, comme s'il était responsable du désastre : on voulait bien supporter d'être grêlés, mais on ne voulait pas le savoir à l'avance !

Isobard, navré, se demandait s'il n'allait pas renoncer à publier ses prévisions du temps, puisque les conséquences en étaient si différentes de ce qu'il avait escompté, lorsqu'une petite erreur, bien pardonnable en somme, mit le comble à l'exaspération publique et tira le savant de ses perplexités : Dans le « Tableau » du mois d'août, Isobard avait indiqué « pluie » pour la journée du 20. Or, il fit ce jour-là un temps superbe. Un tremblement de terre qu'il n'avait pas prévu avait dérangé les calculs du célèbre météorologiste et causé l'erreur dans laquelle il était tombé.

Il n'en fallut pas davantage pour soulever la multitude contre celui qui, non content d'apporter le trouble dans le monde, se permettait de le tromper par de fausses prophéties.

La populace en délire, proférant des cris de mort, assiégea la demeure du malheureux savant. La police dut l'arracher à la fureur de la foule. Depuis ce jour, Isobard cessa de prédire le temps. Il avait compris qu'il est infiniment préférable que les hommes ignorent de quoi demain sera fait.

Extrait de *Sous le vieux tilleul : histoires de chez nous*

Léon Bopp

Une fable

Il y avait une fois deux princes dont les États, riches et grands, étaient voisins, et qui se détestaient, car ils nourrissaient des craintes analogues, chacun redoutant d'être attaqué par l'autre, et dépouillé. On dit qu'ils se ressemblaient aussi dans leurs gestes et leurs regards en coups de sabres. L'un d'eux, Alexandre Popine, était roi d'Eucalie, et l'autre, Frédéric Kopfir, régnait sur la Mégalée.

Nuit et jour ils songeaient à la guerre prochaine, à s'y préparer, à y préparer leur peuple, à s'armer et armer encore, à perdre haleine, à perte de vue et de pensée.

Qu'est-ce qu'une arme ? Ou plutôt : qu'est-ce qui n'en est pas une ? Les êtres, les choses, les mots, les idées venaient, de semaine en semaine, accroître et embellir l'arsenal des deux souverains.

Un lundi de Pentecôte, le roi Alexandre décidait que les enfants seraient employés dans les usines travaillant pour la défense nationale et, le mercredi, l'État-Major de Frédéric ripostait en créant des bataillons d'assaut composés d'enfants. Ces bambins sélectionnés seraient soumis à un entraînement spécial, un drill psychophysiologique dernier modèle, dernier cri. Afin de « prévenir chez eux d'éventuels réflexes de fuite », ces « éléments pugnaciques » seraient, à l'heure de la guerre, traités au métachonobarbitrol, sorte de nouvelle merveille du monde, du monde pharmaceutique, et capable de donner du courage aux timides, ou de mûrir les enfants, de les vieillir dans l'espace de quelques jours, tant au point de vue intellectuel qu'au point de vue musculaire.

« Quelle honte ! » s'écriait le prince Alexandre en apprenant les mesures prises par les Mégaliens et, « sous l'empire de la nécessité », il adoptait des mesures analogues, puis, la lecture du budget des services sociaux et de l'assistance publique lui suggérait de décréter la mobilisation des infirmes et des vieillards. En fin de compte, observait le roi d'Eucalie, au lieu de massacrer les jeunes, d'épargner les vieux, nous devrions plutôt, si c'était possible, faire le contraire :

— Mais, hasardait Peuclof, le secrétaire privé et le fou du roi Alexandre, croyez-vous que des malades et des barbons soient en état de tenir une arme, et…

— Peuclof, interrompait Alexandre, est-il besoin de plus de force pour déboucher un réservoir à gaz asphyxiant ou tourner la manivelle d'une mitrailleuse, que pour remonter une de ces poupées mécaniques capables de dire : papa, maman ? L'homme et la femme peuvent servir jusqu'à l'agonie.

— Et même au-delà, Sire, faisait Peuclof.

— Comment ? reprenait Alexandre.

— Mais Sire, je vous assure que je n'entendais pas plaisanter…

— J'entends bien que tu n'entendais pas le faire, poursuivait Alexandre ; Peuclof, tu es une utilité, une grande et précieuse futilité de mon royaume. Approche que je t'embrasse, tu viens de me suggérer une idée remarquable. Tais-toi, silence, ne parle pas, je t'en supplie, je pense donc je te suis, comme disait notre divin Auguste, une idée sans rivale, pleurs de joie, joie en pleurs !

Peuclof tendit à son maître, sur un plateau serti de diamants, un mouchoir brodé de fils d'or et de mergdouilline, le roi frôla, du précieux tissu, ses yeux couleur prune ou prunelle, puis, dans un vrai langage, style de monarque, style empire, où les mots semblaient tantôt se cambrer cabrer et tantôt choir comme des couperets ou des crachats, il, le roi, aborda son projet d'utilisation des morts dans la Grande Guerre de Demain :

— Et d'abord, je te le demande, Peuclof, dit Alexandre en substance, pourquoi devrions-nous vénérer des morts qui ne servent à rien ? La guerre totale ne saurait s'accommoder d'aucune défection, vraiment ce serait trop simple, s'il suffisait de mourir pour échapper au devoir de combattre, parbleu, il n'y aurait plus que des morts en ce très bas monde, et que deviendrions-nous, nous ?

— Nounou, reprit l'écho Peuclof.

— J'estime donc, poursuivit Alexandre, que les nécessités de la défense nationale nous autorisent à enlever les grilles des cimetières et celles de chaque tombe, et les poignées des cercueils, puisque notre pays manque en ce moment de fer. Nous jetterons ce métal dans la gueule molocheuse de nos chers hauts fourneaux affamés, assoiffés, et en échange ils nous donneront, eux, de quoi fabriquer de ces couteaux de tranchées, de ces canules de mitrailleuses et culasses de canons que, qui, que…

— Bravo, Seigneur, applaudit Peuclof, je vais porter sans retard cette bonne nouvelle à votre ministre de la prochaine dernière guéguerre.

— Va donc, évangéliste, faisait Alexandre en lui donnant une sorte de bénédiction maligne, va donc, ou plutôt attends un peu, je n'ai pas fini…

Mais, dans un élan de servilité, Peuclof avait disparu déjà…

La lutte, guerre blanche, guerre des préparatifs, s'accéléra de jour en jour entre l'Eucalie et la Mégalée, plus vite, toujours plus vite.

À peine Alexandre avait-il décidé de supprimer les crédits réservés aux arts et aux sciences désintéressés, en d'autres termes ne contribuant pas d'une façon directe à la défense nationale, que Frédéric sévissait dans son royaume contre les civils qui gaspillent leurs temps à des jeux, des palabres de cafés, des amitiés et des amours sans profit immédiat pour le potentiel militaire du pays.

« Désormais, annonçait entre autres un édit promulgué par le roi, les réunions mondaines, les rencontres sentimentales, les caresses et baisers stériles, seront considérés comme une atteinte à la productivité de l'État, à son crédit économique et financier, et punis. »

— Admirable, ce, notre Frédéric, fit Alexandre. Et, dans une nuit d'insomnie, il réduisit à six le nombre des heures de sommeil de ses sujets. De bruyants haut-parleurs, placés sur les églises du royaume, clamèrent le couvre-feu et la diane. À moins d'autorisations particulières, hommes et femmes de tout âge et de toute condition durent se coucher et sortir du lit synchroniquement.

Et tout ce monde, enlevé à la vie facile, bourgeoise, à la vie pacifique et sans danger, vie méprisable de l'enfance, de la vieillesse, de l'art, du rêve, de l'amour, tout ce monde, en Eucalie et Mégalée, fut contraint de travailler sans relâche dans les usines de la défense nationale.

Où l'on fabriquait, fabriquait : non seulement des fusils, des mitrailleuses, des cuirassés, sous-marins, avions, des gaz et hypergaz, mais encore des microbes de mille et une espèces, tels que le cacragne à pustules clignotantes, l'aspicotille voltigeuse, l'ifkyte moutonnière, d'autres plus virulents encore.

Cependant, un jour vint où l'un de ses généraux, chamarré de décorations sur le cœur, le foie, la rate même et la tripe, avertit Alexandre que des terroristes mégaliens avaient tramé de l'abattre à coups de mitraillettes.

— Qu'on les arrête et les fusille à la frontière, dit Alexandre.

— Sire, répondit le général, nous avons quelques raisons de supposer que ces misérables l'ont déjà franchie et se trouvent sur notre territoire.

— Où ? Où ? Où ?

Le général l'ignorait et il conseilla au monarque de prendre des précautions.

Le roi haussa les épaules, n'en voulut faire qu'à sa tête, mais le jour même, en descendant de son avion fusée stratosphérique, il essuya des coups de feu, tirés par on ne put savoir qui, devint prudent, et cette phrase lui échappa :

— Si nous empoisonnions Frédéric ? dit-il au fidèle Peuclof.

— Hé ! répliqua le suivant, confident, qui parut boire du lait.

À dater de ce jour, les menaces directes ou indirectes, personnelles, de monarque à monarque, obligèrent Alexandre et Frédéric à prendre, sur le conseil et sous la pression de leur entourage, des mesures spéciales pour la défense de leur précieuse vie.

— Ne buvez plus que des eaux et ne mangez plus que des mets contrôlés par nos laboratoires, répétait-on à Frédéric, cependant que les ministres d'Alexandre lui ressassaient et finissaient par le persuader que son palais courait le risque d'être, une nuit, bombardé par des avions, et Alexandre eut bientôt fait aménager sous sa résidence une sorte d'abri-refuge, et chaque soir il prenait le descenseur automatique à dagobaire compensatif pour aller dormir en une chambre souterraine, protégée par quelques mètres de béton. Là, dans cet abri qui ressemblait aux chambres fortes des banques, là, dans un espace vital de quelques pieds carrés, il manquait d'air, souffrait de la chaleur ou du froid, suivant les saisons. « C'est insupportable », disait-il ; son sommeil était harcelé de cauchemars, on le réveillait alors pour lui expliquer qu'il n'avait rien à craindre, un ingénieur de la maison Villedieu et Cie (abris, puits de mines, fosses d'aisances et sépulcres en tous genres), cet ingénieur donc expliquait par a plus b, et même par a plus b = ab, cet ingénieur démontrait à Sa Majesté que l'abri était l'abri par excellence, et le monarque, ne s'avouant pas tranquille mais paraissant ressentir plus de craintes encore que dans ses cauchemars, on le rendormait grâce à des piqûres, et il se réveillait derechef sous l'aiguillon d'un nouveau rêve. Sa figure, scintillante de sueur et d'inquiétude, faisait vraiment piètre figure, son œil ne souriant plus qu'à l'idée que Frédéric venait, lui aussi, de se faire creuser un abri, à vingt mètres sous terre, lui ah! ah! et dans cet abri, Frédéric entendait passer, non seulement ses nuits, mais ses journées encore, afin de déjouer radicalement tout projet d'attentat contre sa personne, et Alexandre, en songeant que son ennemi allait vivre plus mal, dormait un peu mieux.

Frédéric estimait que, du fond de sa fosse, il n'aurait aucune peine à continuer de diriger les choses de son royaume, et les premiers jours, il lui plaisait de vivre à la lumière artificielle, de ne pouvoir regarder le soleil et la mer qu'au moyen d'un périscope, de son empire et du monde il ne voyait plus guère que les images de films qu'on lui présentait, ou bien encore il surveillait ses ministres et sujets à l'aide de la télévision; sur sa demande, pour le divertir, on lui descendit un jour, dans son in-pace, son oubliette, des bouteilles renfermant des échantillons d'air prélevés en diverses parties du royaume, par exemple sur les prés fauchés. « Est-ce qu'il deviendrait poète ? » se demandaient quelques-uns de ses ministres, en faisant la grimace, et l'un d'eux, le plus sensible, malin, murmurait : « Il est bien bas, les vers s'y mettent » ; mais la cote de Frédéric remonta lorsqu'il se fit descendre des bocaux d'air prélevés dans une fabrique de poudre et de balles. « Il n'a rien perdu de sa valeur militante ou pougngnachique », reprirent en cœur les ministres serviles, et Frédéric continua de régner, non point du haut de son trône, mais du fond de sa fosse ; ce n'est pas du haut des belvédères, minarets, ce n'est point du haut des clochers, ni du haut des Golgothas, Sinaïs, qu'on peut, qu'il faut conduire l'humanité, mais du fond, du sein de la terre, notre mère et tripe à tous. C'est par le bas, par le ventre et bas-ventre, qu'on doit manœuvrer l'homme, les grands conquérants parlent aux boyaux, non aux cervelles ; le peuple n'aime guère qu'à remplir, vider ses tripes et testicules, instinct primaire, instinct primaire, assise des grands succès, vastes empires, nourriciers végétatifs.

Telles étaient les saines et drues, jaillissantes paroles, pensées que Frédéric, du fond de son antre pythien, lançait comme jet d'eau, de soufre, pétrole, purin, comme geyser, du fond de son puits de vérité et pour quelques amis, fidèles, initiés… qui attendaient ce nectar et le buvaient à fleur, à ras de terre…

Puis le bruit courut en Mégalée qu'un physichien du pays avait enfin, enfin, réalisé cette lumière lugubre, lumière fatale, ce rayonyon de la momort que tant de savants cherchaient depuis des années. Oh! oh! ah! ah! il a trouvé! Progrès de l'esprit humain, discours, félicitations, l'honneur imprescriptibleble rehausse le prestige de notre patrie entière, voici donc l'arme suprême, apollinienne, jupitérienne, essayons votre appareil, Dr Kadock, essayons-le sur la personne du roi Alexandre.

— Oui, oui, je veux bien, un peu plus tard, il me manque encore pour les essais à grande distance, un titoglosse à double palmette, moi, vous comprenez, répondait le Docteur, je ne vois aucun inconvénient à viser Alexandre Popine d'Eucalie, mais pour aujourd'hui, tenez, à titre de pur exemple gratuit pour le grand public, je me contenterai de... Regardez cette mésange dans le ciel gris, avec quelle grâce elle vole, vous le remarquez, eh! bien, un coup de rayon, et la voilà tuée; en voilà pour jamais.

— Admirable! Magnifique! Nous allons, en quelques clins d'yeux, œillades de vos réflecteurs, projecteurs, nous allons pouvoir griller tous les oiseaux dans le ciel et tous les poissons dans les océans, et toutes les bêtes qui se vautrent sur terre, quel festin grandpatuellique, hi! oh! hi! hi! nous allons changer le ciel en une rôtissoire, changer l'aquarium des océans en une poissonnière, hi! hi! mais commençons par bigouiller notre ennemi Alexandre, — prenez garde, Mesdames et Messieurs, camarades délégués, repartait le Docteur, ne vous approchez pas trop de mon pectonar émetteur. La moindre trépidation communiquée au miroir parabiloclunique risque de le fausser à jamais et de, enfin de, et donc de, ça y est, ce que je craignais est arrivé ! Cette Marguerite, fille de joie 1606 a souri de se voir si belle en ce miroir, elle l'a touché, et le voici gondolé comme le décor vénitien, oh ! oh ! un travail de trois années perdu ! Je, je, mon Dieu, Seigneur, pourquoi m'as-tu laissé tomber ?

Dans l'entourage d'Alexandre et dans les milieux informés d'Eucalie, on crut que le rayon de la mort fonctionnait bien et l'on doubla le belindadage de l'abri souterrain du roi Alexandre, qui, à son tour, résolut, par mesure de prudence, raison d'État, de passer également ses journées dans ce qu'il appelait son coffre-fort. « Vous êtes notre bien le plus précieux, lui disaient ses sujets, vous êtes le diamant, le cullinan de notre couronne, vous êtes notre joyau, vous êtes, êtes, êtes, or donc, or nous vous le demandons, Majesté, où est la place d'un trésor tel que vous, sinon dans quelque coffre, ô bijou, ô joyau, et ces, ses sujets poussaient le roi sous les blindages...

— Il est doux de se sentir armé et à l'abri de toute menace, répondait le roi, et, tandis que ses jambes tremblaient, il babole, babola : Toute ma plopolitique repose sur la sécurité et, et, mais...

— Sire, interrompait Peuclof, nos docteurs savants, de vaste et piquante renommée mélodique, nos savants vansats ne resteront pas en arrière. (Chanté) Non, non, non, non, non, non, (parlé de nouveau) et je sais un psychologue occultiste spiritarque qui n'attend qu'un signe de votre Majesté pour lui révéler un moyen magique envoûtoyant capable de faire germer dans la cervelle de notre ennemi Frédéric, des idées sombres, violettes, noires et ultra-noires, des idées macabres, castatrophiques, toute la jour Frédéric pleurera son enfance passée, ses parents morts, tout le jour il sera comme fontaine non lumineuse, hé! hi! comme fontaine, non de Vaucluse ni de Bandusie, hé! hé! comme fontaine, non de Héron, hon, hon, ton taine, mais tout le jour, comjvouldis Frédrikikicocoriko urinera de l'œil larmes de cocodrilles sur ses échecs pollittiques, sur ses chagrins d'âme hour, sur les railleries, dédains, silences frigides essuyés par lui auprès de filles bellegorgeuses, et de plus et en outre...

Point besoin n'était, besoin n'était point ou guère des ondes, effluves spiritiques occulteux du thaumaturge pour infliger noires idées à Frédéric en son espèce de sépulcre, mausolée, hypogée, non non, car car crac, en dépit du magnifique dévouement scientifique et de la haute probité auxquels l'hommage est dû, donc Frédéric, en dépit des soins de vingt-cinq sains médecins, dépiploquait en son gîte exigu, il devenait pâle et plus que pâle et plus que plus pâle, il devenait incolore, insalubre et, autre symptôme tracassique, il ne sentait pas bon, il sentait, il, il, les pansements que tire-t-on des dents cariées. Un de ces docteurs donc disait que que, et le prouvait. Ensuite de ce verdict diagnostictac du grand docteur à robe noire d'ivoire et qui promettait de dire toujours toute la vérité, et levait la main droite et condamnait les maladies suivant un code codex pénal civil qu'il avait bélabroré en cartimini et tapinoir, par suite de cette universelle logique des choses, il fut décidé que Frédéric, le grand monarque maigre comme une sauterelle, étant donné le progrès du mal, donc décidé fut-il que Frédéric désormais, afin d'échapper aux nocifs effluves émis par le thaumaturge d'Eucalie et afin d'échapper aussi aux conséquences effets attristants de sa vie claustrée plus que celle des moines chartreux trappistes, car il était devenu comme un moine d'un nouvel ordre, l'ordre souterrien, infernal, oh ! oh ! nous y voilà, donc il fut décidé que Frédéric plus ne lirait, plus ne travaillerait, plus rien ne ferait dans son bathyscube. (On appelait ainsi son refuge.)

— Vous vous êtes surmené, lui disait-on, votre vie est en danger, votre langue a tendance à se couvrir de follicules, vos oreilles dévergondentarure microchimiquement se dévigent, votre température et votre cœur sont défocatrés.

— Mon Dieu ! Mon Dieu ! quelle terrible marmaladie, gémissait le monarque.

— La vérité d'abord, répondait le docteur. Mais l'essentiel n'est-il pas, Sire cire Sir, n'est-il pas que vous soyez en sécurité, que vous, enfin, n'est-ce pas, or donc…

— Certes, soufflait, hoquetait le monarque, vous ne pourriez mieux dire, vos paroles me coulent au cœur et je vous décerne de ma main ajourée, je déchierne à vô la croix à touple charnière sur phond de bâchesse qui est la suprême distinction que je…

— Oh ! mmercimonmonarque, repartait le médecin tout tremblant de subtile et soyeuse gratitude.

— Hourrah ah ah à bas Freddy, cria alors le roi d'Eucalie, il est malade, je vois, je vis, je vaincs, je viens, je crois, je sais, je suis, je pense, je jejjejjjj.

Et en esquissant dans son souterrain un pas de la pommedaisydanse, Alexandre tomba si bien malbienencontreusement qu'il se fendit, contre les blblindages de sa cellûlle, le crâne, exactement le pariétal lenticulaire d'Ozanam en huit morceaux qui puzzlairentes, sa cervelle se répanda par ces fissures, puis s'en allut en fumée électronique strabigulantinu et l'on comprend qu'en suite de ces contrariétés Alexandre se sentitut moins bien.

— Il est mort ! s'écria alors le roi Frédéric, je vais pouvoir sortir, remonter à la surface, ô plongeur Taucher que je suis, je vais pouvoir prendre l'air.

— Y pensez-vous, Sire, dit le Haut Conseil de Surveillance contrôle monarchichique, Alexandre Bis vient de succéder à Alexandre I, Alexandre Bis est né hier, il est âgé de dix heures moins un quart, mais un conseil d'administrationgérancerégence d'Eucalie ayant à sa tête Peuclofff et la veuve d'Alexandre et s'inspirant des traditions du défunt, pour tout dire, rend la situation très grave, l'attention de la tension des diplomates est tatendue, nous sommes à un tournant de la grise crise entre la Mégalée et l'Eucalie et, dans ces conditions phylactoires, toute défaillance serait fatale, vous ne sauriez donc vous issir du puits de puissance où vous vous gisâtes, sens compe romettre tout lave nir dupepays.

— Bon, bon, repartit le roi en redescendant la marche qu'il venait de monter, ça va, ça va...

Et, durant la dernière année de son règne de paix armée sécurité, il n'articula plus que, du matin au soir, ces deux syllabes.

Mais non plus que celui d'Alexandre, le digne exemple de ce grand fondeur de dynastithille ne devait se perdre, sa leçon ne fut point perdue, Frédéric II, III, IV… Frédéric n, n + 1… lui succédèrent qui, comme l'écrivit l'historien Célébrore Phettich, maintinurent, perpétuirent perpétrant une tradition de confiance de justice par la droit du force armée dans une équitable cause de bienveillance et sagesse humaines.

Extrait de *Drôle de monde (contes et contules irritants)*,

NOËLLE ROGER

Les Secrets de Monsieur Merlin

DANS une vallée du Périgord, au fond d'un parc touffu, s'abrite le manoir délabré que les habitants de Saint-Roc nomment, avec une certaine emphase, le château de Landiac.

Pendant un quart de siècle, ses fenêtres demeurèrent closes; des plantes folles verdirent les allées; le vieux jardinier perdait la tête, vaincu par les ronces triomphantes.

« Le dernier des Landiac, après de longues études à Paris, voyage en Asie ou en Afrique », disait-on. Ou bien : « Il travaille chez Lumière. »

Il ne revint pas au pays lorsque mourut son oncle de Périgueux, le seul parent qui lui restât. On s'attendait à voir mettre en vente la maison abandonnée.

Les vieilles gens de Saint-Roc se rappellent encore un petit garçon aux boucles blondes, jouant sous les futaies, ou galopant le long des allées, cramponné à la crinière de son cheval, puis un jeune homme rêveur qui aimait trop les livres. Et tous de hocher la tête : « On ne reverra plus Monsieur Merlin. »

Un dimanche de mars, se répand la nouvelle de son retour. Le château de Landiac ouvre toutes ses fenêtres; le jardin se nettoie de ses mousses. Deux semaines plus tard, une limousine noire traverse la bourgade et s'arrête devant la poste. Les Saint-Rocois, sur leurs seuils ou derrière leurs vitres, peuvent contempler une silhouette mince, un visage encore jeune sous les abondants cheveux déjà gris.

M. de Landiac répond aux saluts de façon si distante, que personne n'ose l'aborder.

Une équipe de maçons transforme l'intérieur de la gentilhommière. Le soir, à l'auberge, ils se laissent questionner. Chaque jour, un camion arrive, déversant des livres, des appareils, dont ils ignorent l'emploi, des machines, des instruments. On aménage, sous les combles, une bibliothèque et un vaste laboratoire. Des électriciens, venus de Paris, installent des prises jusque sur les arbres, enterrent des fils dans les allées, autour de l'étang et du garage.

M. de Landiac se borne à jeter quelques ordres brefs et dédaigne de les motiver.

— Il en sait long, Monsieur Merlin ! se récrient les travailleurs.

— Peut-être qu'il veut donner des fêtes de nuit ? hasarde quelqu'un.

Les jours passèrent. Ouvriers et techniciens disparurent. Monsieur Merlin s'enferma dans sa demeure dont il avait négligé de faire recrépir les façades. Servi par un vieux ménage de Bretons, inabordables autant que leur maître, à deux pas de Saint-Roc, dans une île de solitude et de silence, le dernier des Landiac se livrait à ses mystérieuses besognes.

— Il cherche à faire de l'or, assuraient les gens bien informés. Il travaille pour le gouvernement qui n'en a plus.

Un beau jour, une voiture blanche descendit la grande rue comme un bolide. On eut le temps de reconnaître Monsieur Merlin à côté d'une jeune femme très blonde, qui riait. La limousine noire, chargée de bagages, suivait à distance respectueuse.

— Monsieur Merlin reçoit une visite !

— Une Parisienne !

— Elle ne s'amusera guère au milieu des livres et des machines !

— En face d'une bouche cousue...

L'après-midi, un chauffeur inconnu, entrant à la poste, demanda :

— Le courrier de Mme de Landiac, je vous prie.

Les gens, qui s'attardaient à commenter les nouvelles avec la buraliste, se retournèrent vivement :

— Monsieur Merlin est marié !

Depuis deux mois qu'on l'avait vu revenir, aucun ne s'en douta.

— Éliane, cette vieille demeure ne vous effraie-t-elle pas ?

Dans la vaste salle à manger aux meubles lourds, aux sombres boiseries, M. et Mme de Landiac dînent sur un guéridon : la table solennelle met entre eux trop de distance.

— Votre manoir me charme ! Il est plein de surprises !

— Un peu sévère...

Ils l'ont parcouru ensemble : chacun des salons, la cave, les chambres, les cabinets de toilette, deux salles de bain, « les plus modernes que j'aie jamais vues », dit Éliane ; la bibliothèque, le laboratoire, où « j'aurai mes entrées, n'est-ce pas ? »

Et ce contraste entre la vétusté des façades et l'opulence de l'intérieur !

— Auprès de vous, comment n'être pas éblouie ?

Elle lui adresse un sourire. Si blonde, si fraîche, un bouquet de printemps... Ses yeux dorés enveloppent Merlin d'une caresse immatérielle.

— Éliane... si j'essayais de vous divertir un peu ? Permettez que j'ouvre une fenêtre. Appuyez votre doigt sur ce bouton d'ivoire...

Elle obéit.

Une sonnerie éclate dans le parc ténébreux : un carillon léger qui semble venir des arbres et des murailles, éparpillé sous les ogives des vieux chênes, réveille les oiseaux. On dirait un orchestre répandu à travers l'espace et dont les musiciens, d'une branche à l'autre, survolant les clairières et les allées, accordent leurs mélodies.

Éliane bat des mains.

— Tournez ce commutateur.

Le parc, brusquement, resplendit. Une lumière verte, que tamisent les feuillages, transforme les troncs en colonnes d'émeraude. Elle coule de partout, fleurissant les bosquets, tirant de l'ombre les plus lointaines avenues. Des coqs, au fond de leur poulailler, s'imaginent saluer l'aurore. Les cygnes s'ébrouent sur un miroir d'argent.

— Fantastique ! s'écrie la jeune femme.

— Notre garage, trop écarté, n'est pas commode, dit Merlin. La pluie risquerait d'abîmer vos jolis chapeaux. Alors...

Son doigt nonchalant cherche divers points invisibles dans la boiserie.

— Alors, voyez !

Éliane perçoit le ronflement d'un moteur.

La porte du garage s'ouvre. L'automobile de M. de Landiac, les phares allumés, s'avance en seconde vitesse, monte l'avenue, se range au pied de la terrasse.

— Mais le chauffeur ? le chauffeur ? demande-t-elle avec une sorte d'épouvante, les yeux fixés sur le volant. Je ne distingue personne !

— Il n'y a personne.

— Encore un prodige !

— Non. Ce n'est qu'une application fort simple des théories actuelles. Regardez, un geste suffit pour que la voiture réintègre son garage.

— Vous êtes un magicien... un thaumaturge... Vous...

À ce moment, le domestique apporta une dépêche ; les parents d'Éliane lui adressaient leurs bons vœux et des recommandations diverses.

L'employé du télégraphe aperçut la limousine marchant toute seule à travers le parc féerique. Et, le lendemain, les bonnes gens du bourg colportèrent la nouvelle : M. de Landiac s'adonne aux sortilèges ! Bientôt, dans les fermes, les cafés, à la table des voyageurs de commerce, on ne s'entretint plus que de ses « diableries ».

Comment cette Éliane de vingt-cinq ans, si brillante et si gaie, dont le visage gardait la grâce de l'enfance, épousa-t-elle M. de Landiac, un taciturne, plongé dans d'interminables recherches, et qui avait le double de son âge? Les parents de la jeune fille s'opposèrent longtemps à ce qu'ils appelaient un caprice.

— Puisque je l'aime... J'aime son intelligence. Jamais je ne m'ennuie auprès de lui.

En vain, le père d'Éliane lui adressa-t-il de durs avertissements:

— Toi, si frivole! Es-tu capable de la discerner, son intelligence? Tu ne connais même pas le sens et la portée de ses recherches! Tu resteras en marge de sa vie. C'est un compagnon de plaisir qu'il te faut...

— Depuis que je le connais, les jeunes gens me paraissent insipides. Il y a en lui je ne sais quoi...

Comment expliquer cette puissance qui rayonne autour de la haute figure silencieuse élue par Éliane? Dès la première rencontre, elle s'est sentie subjuguée irrésistiblement. Un être d'exception... enveloppé de secrets... jouant avec des forces insoupçonnables dont il dispose à son gré... Aime-t-elle le secret?

« Il me confiera ses mystères. »

Dans le vieux manoir, elle oublie son existence de Parisienne adulée.

Souvent, elle rôde derrière la porte du laboratoire qui ne s'ouvre jamais en sa faveur.

— Ne permettriez-vous pas que je vous aide? demanda-t-elle un soir, timidement. Confiez-moi de faciles besognes, des outils à nettoyer, à mettre en ordre.

Il eut un singulier regard.

— Vous ! Ce n'est pas votre affaire...

Et, la voyant déçue et assombrie, il ajouta :

— Mais vous m'aidez ! Votre rire lumineux dans la maison ! votre présence...

Ils firent des promenades à cheval et quelques visites aux châtelains des environs. La grâce d'Éliane séduisait les plus défiants. Elle eut un « jour », comme à Paris.

Enfermé dans son laboratoire, M. de Landiac écoutait le klaxon des voitures, et ne se montrait pas.

— Je redoute pour vous une vie trop austère...

— Merlin, si je n'étais pas un peu jalouse de votre science, je serais la femme la plus heureuse.

— Éliane, je dois partir... entreprendre un long voyage, annonça M. de Landiac, un matin d'octobre.

— Emmenez-moi !

— Il n'en est pas question. Écoutez, ma chérie...

Les mots caressants détonnaient sur ces lèvres ; inquiète, elle le regarda. Il parlait de sa carrière d'ingénieur qu'il avait crue terminée. Assez longtemps, il avait travaillé en Asie, en Afrique, au service de compagnies qui l'exploitaient ! Dans sa retraite de Saint-Roc, il pensait vivre sans soucis et se consacrer à ses études. Et voilà qu'un appel lui vient du centre de l'Afrique !

— Mais pourquoi ne pas refuser ?

— Parce que c'est une affaire intéressante à tous les points de vue. Le pays d'abord, et la science… Et puis l'argent… Les recherches coûtent cher, Éliane, et je ne voudrais pas vous priver de votre luxe. Il s'agit de trois ou quatre mois…

— Oh ! s'écria-t-elle, ne plus vous voir pendant quatre mois !

— Vous me verrez chaque jour, Éliane.

— Oui, dans ma pensée.

— Non. De vos propres yeux, comme vous me voyez maintenant.

Il l'emmena le long d'une avenue au plus épais du bois, jusqu'à un pavillon qu'il venait de faire installer : une pièce hexagonale tendue de toiles blanches entre des frises de verre dépoli, éclairée par une seule petite fenêtre qui découpait l'or des feuillages. Pour tout mobilier, un fauteuil.

— Éliane, chaque matin, vous viendrez ici. Je vous appellerai. Vous entendrez ma voix par téléphone sans fil.

Il désignait un très petit récepteur dissimulé entre deux tentures.

— Il suffit qu'on le décroche pour qu'un signal me parvienne. Un simple geste.

Avec une expression de doute, elle examinait la chambre blanche.

— Écoutez-moi bien, Éliane. Lorsque résonnera la sonnerie, vous fermerez les volets et j'apparaîtrai devant vous. À la même minute, je verrai votre visage.

— Au centre de l'Afrique ?

— Peu importe. La distance n'existe plus. Nous nous rejoindrons sur un rayon de lumière transformé en courant électrique.

— Ah! s'écria-t-elle, déçue, la télévision! Oui… je sais: une sorte de laboratoire, de grosses machines… Une pauvre image floue, grise, à peine reconnaissable. J'ai vu cela. Oui, à l'Exposition. Mais ici! Mais dans la brousse! Comment serait-ce possible?

— Ne nous appartient-il pas de perfectionner les appareils? La télévision bouleversera le monde comme l'ont bouleversé la vapeur, l'électricité.

— Vous vivez au milieu des prodiges, murmura-t-elle. Vous les faites naître autour de vous. Vos parents n'ont-ils pas lu dans l'avenir quand ils vous ont baptisé Merlin?

Il eut un de ses rares éclats de rire.

— Un nom qui n'est pas catholique. On m'a baptisé Alain… Mais, tout petit, j'altérais une syllabe. Peut-être avais-je entendu conter une histoire magnifique et douloureuse, que j'ai retrouvée plus tard dans mon livre d'images. Toujours est-il que j'ai imposé ce nom que je me donnais.

Elle tomba dans les bras de Merlin.

— Alors, c'est vous qui étiez averti…

— Averti de quoi?

— Mais de votre pouvoir… ce pouvoir que vous possédez aujourd'hui.

Éliane jeta un regard au pavillon mystérieux.

— Mon Enchanteur… Votre image ne peut me consoler de votre absence.

— Il n'y a plus d'absence.

Il reprit gravement :

— Le matin, à neuf heures. Ne manquez pas au rendez-vous. Prévenez-moi si vous allez à Paris, rendre visite à votre mère.

On pouvait croire qu'il s'agissait de téléphoner des Invalides à l'avenue de l'Opéra.

Le jour du départ, M. de Landiac dit à sa femme en pleurs :

— Je vous laisse un souvenir.

Il lui tendait un admirable pendentif de métal sombre, très large, où l'on avait enchâssé une bordure de rubis, d'opales et d'émeraudes. Le collier figurait une tresse ornée de minuscules fers de lance.

— Promettez-moi que vous le porterez chaque jour... Le jour et la nuit.

— Un talisman ? Merlin ! C'est un talisman ?

— Peut-être, puisqu'il vous défendra de tout mal.

— Oh ! s'écria-t-elle, expliquez-moi !

— Petite fille trop curieuse...

Il attacha le pendentif au cou de la jeune femme ravie.

À l'instant de la quitter, il lui recommandait encore :

— Éliane, n'oubliez pas ! dans huit jours, à neuf heures du matin, je viendrai.

Éliane songe à cette promesse qui lui semble illusoire. Elle attend. Elle s'ennuie. Son grave compagnon lui manque plus qu'elle ne l'imaginait.

Le parc, les allées où pleuvent les feuilles mortes, les plates-bandes défleuries, l'attristent.

— Je n'y tiendrai pas… Il faut que j'aille à Paris…

L'interminable semaine s'achève.

Éliane devance l'heure du rendez-vous. Levée plus tôt que d'habitude, elle accourt au pavillon. Elle compte les minutes. Son cœur bat. Néanmoins, elle doute…

Neuf heures cinq… Neuf heures et quart. Les toiles blanches la regardent avec ironie. Merlin n'exagère-t-il pas sa puissance ? Il a beau être savant, susciter des prodiges, conduire de loin sa voiture, par exemple… Il est des choses impossibles !

Neuf heures et demie. Il ne viendra pas. Il s'est vanté : Possède-t-il d'autres secrets que ce pouvoir d'envoûtement ? Déçue, elle éprouve la rancœur de ceux qu'on a trompés. Dans quelques minutes, elle s'en ira.

Soudain, le pavillon tressaille. Une sonnerie. Elle décroche le récepteur. La voix de Merlin l'appelle.

— Éliane ! Fermez le volet !

Elle obéit. À peine plongé dans l'ombre, le pavillon s'éclaira d'une étrange lumière. Au même instant, M. de Landiac apparut, si net, si vivant, qu'Éliane faillit se jeter dans ses bras. Il souriait, les mains tendues.

À le voir ainsi, respirant tout près d'elle, en plein relief, et coloré, la figure un peu lasse, ses yeux clairs plus vifs que de coutume, elle fut prise d'épouvante : lui-même ou son reflet ? Un fantôme peut-être ? Ceux qui viennent de mourir apparaissent à leurs bien-aimés – suprême avertissement.

Le cœur crispé d'angoisse, elle tremblait, appuyée à la cloison.

— Pourquoi si pâle, Éliane ? Ne craignez rien. Je vous envoie mon image en échange de la vôtre. Ô chère image ! tu peuples ma solitude. Et, chaque jour, désormais, tu me fascineras.

Ces inflexions émues, cette tendresse... L'effigie de la femme adorée semble d'un plus grand prix que sa présence réelle.

Éliane se rassure, peut enfin sourire. Elle accueille un étrange bonheur, et répète les paroles de M. de Landiac :

— Il n'y a plus d'absence.

Du fond de son désert, il trouve encore moyen de l'enchanter.

Le voir si proche, alors qu'elle le sait si lointain ! Chaque jour, ils se communiquent les menus détails de leur vie quotidienne.

— Un scorpion sous votre tente, c'est affreux !

— Un mauvais rêve, Éliane ? N'écoutez pas les mauvais rêves !

— Penchez-vous un peu, que je vous embrasse.

Elle oublie sans cesse qu'elle ne contemple qu'une image.

Un matin, la femme de chambre fit irruption, troublant leur tête-à-tête.

— Madame ! le jardinier désire savoir... Il s'agit des oignons de tulipes. Madame veut-elle, en bordure, les roses ou les rouges ? Parce que...

La jeune fille, sidérée, s'interrompit :

— Monsieur est revenu !

Éliane tenta d'expliquer le prodige. En vain : le mot de télévision, lettre morte pour cette innocente qui écoutait la voix irritée de son maître :

— Vous m'aviez promis que nous serions seuls !

Dès lors, Éliane s'enferma dans le pavillon. Les gens de Saint-Roc eurent de quoi s'ébaubir : « Le sorcier voyage en Afrique et il apparaît à Landiac ! »

Quelques jours plus tard, elle reçut la visite d'un jeune homme qui se présentait avec désinvolture : François Chasseneuil, physicien-chimiste. Il inclina sur la main d'Éliane une belle tête brune. Passant à Saint-Roc, descendu à l'hôtel de France, il n'avait pu résister au désir de voir M. Alain de Landiac dont il admirait les travaux. Il parut fort surpris d'apprendre que le maître était absent.

— M. de Landiac, un des plus grands hommes du siècle. Son ouvrage, *Rayons et courants électriques*, est une œuvre capitale.

Éliane avoua l'ignorer.

La voix de Chasseneuil, chaude et vibrante, trahissait un léger accent britannique.

— J'ai été élevé à Londres, expliqua-t-il, mais j'appartiens à une vieille famille française.

En s'excusant d'être indiscret, il demanda la permission de revenir, qui lui fut vivement accordée.

— Mon mari est très heureux quand je reçois des visites.

Chasseneuil éprouve une telle joie à respirer l'atmosphère du savant ! Il prépare une monographie intitulée : *Un physicien prophète.*

Mme de Landiac pourrait lui donner certaines précisions, des conseils.

Elle accepte, flattée d'être enfin prise au sérieux.

Le lendemain, Éliane, qui sortait pour sa promenade à cheval, le rencontra dans l'avenue.

— Madame, si j'avais une monture, je solliciterais l'honneur de vous accompagner.

— Voulez-vous le cheval de mon mari ?

Ils galopèrent sous les arceaux dorés des vieux arbres. Comme ils se rapprochaient du pavillon blanc, Chasseneuil insinua :

— Au village, on raconte un grand secret...

Elle feignit de ne pas entendre.

Ils abandonnèrent leurs montures dans un fourré et leur causerie devint plus intime. Chasseneuil parlait des recherches de M. de Landiac. Éliane se plaignit de ne pas les connaître.

— Il me tient à l'écart de ses travaux... Oui, en marge de sa vie...

Elle éprouvait l'affreuse tentation de savoir, grâce au complice inattendu, singulièrement informé.

— M. de Landiac ne sait point tirer parti de son génie ! s'écria Chasseneuil. S'il voulait entrer dans une combinaison financière, il gagnerait une fortune. Et cette fortune mise au service de la science...

Il ajouta :

— Je dispose de très gros capitaux. Je commanditerais ses entreprises. Et même, s'il le veut bien, je serai son assistant.

Éliane songeait au pavillon, à l'image apparue chaque jour. Cette fantaisie charmante intéresserait des financiers ?

— Ne comprenez-vous pas que de telles découvertes transformeront la guerre ?

Les yeux fixés au loin, perdu dans sa pensée, il semblait ne pas entendre ses propres paroles :

— Une aussi formidable puissance… la plus destructrice, la plus maléfique de toutes celles que détiennent les hommes.

Ils prirent le thé sur la galerie. Chasseneuil admirait la splendeur du parc.

— Ce beau pays – un peu solitaire pour une jolie Parisienne – favorise les recherches du savant.

Il demanda tout à coup :

— Voulez-vous me montrer son laboratoire ?

— Mais, dit-elle, je n'y suis jamais entrée. Je n'ai pas la clef.

— Que ce détail ne vous inquiète pas…

Ils montèrent les deux étages. Au seuil du laboratoire, il tira de son gousset un instrument bizarre. Éliane ne put réprimer un cri en voyant la porte s'ouvrir.

Une vaste pièce, bondée de tubes métalliques, de flacons, d'inextricables écheveaux de fils : l'appareil rébarbatif et incompréhensible de la science.

Chasseneuil marchait entre les tables, examinait les machines, les bocaux dont il lut les étiquettes. Il s'arrêta longuement devant une boîte rectangulaire qui contenait un tube d'acier. Il prit des notes. Enfin, retournant vers Éliane :

— Je vous remercie, Madame, d'autoriser ce pieux pèlerinage.

Elle l'accompagna jusqu'à la grille du parc.

Ils devaient se revoir le lendemain.

Dans le pavillon blanc, Éliane fut bouleversée par la face durcie de M. de Landiac, le blâme de son regard.

— Vous avez accueilli dans notre maison un inconnu. Vous lui avez offert mon cheval et vous vous êtes promenés ensemble. Vous l'avez introduit dans mon laboratoire.

Elle balbutiait de confuses défaites.

— Votre laboratoire... Mais je n'ai pas la clef... Elle ne vous quitte jamais. Elle est en Afrique, sans doute...

— Éliane, prenez garde ! Lorsque j'examine les traits de votre visage, je vois qu'il sait dissimuler.

Elle essaya de se défendre, entreprit l'éloge de François Chasseneuil, un admirateur fervent, digne du maître.

— Il a lu vos ouvrages... Il ne demande qu'à faire valoir vos découvertes. Il veut mettre à votre disposition d'énormes capitaux. Une fortune qui s'offre ! Une chance inespérée ! Pourquoi ne pas le prendre comme associé ?

M. de Landiac eut un sourire coupant :

— Éliane ! Vous allez me promettre de ne pas le revoir.

Elle promit ce qu'il voulut pour l'apaiser. À force de gentillesse, elle obtint son pardon, elle obtint même un sourire.

— J'ai votre parole, redit-il au moment de l'adieu.

Elle pensa : « Il faut que je transmette cette réponse... cette injuste réponse. »

Désenchantée, la jeune femme regardait l'effigie de Merlin s'effacer sur la tenture blanche. Puis elle s'éloigna en répétant avec irritation :

— Il refuse une fortune ! quel orgueil !

Un brusque malaise l'interrompit : comment peut-il savoir ?

— Je suis désolée ! dit-elle à Chasseneuil lorsqu'il entra le même jour. M. de Landiac ne veut rien entendre au sujet de votre association.

Le visiteur ne fit aucune remarque. Il tenait Éliane sous le magnétisme de ses yeux noirs.

— Madame, demanda-t-il après un silence, me conduirez-vous dans ce pavillon qui recèle tant de mystères ?

Éliane ne répondit pas. Elle évoquait le regard terrible, la figure blême et violente qu'elle avait contemplée le matin.

— Je voudrais prendre une photographie pour illustrer l'étude que je consacre à votre mari.

Il ajouta, souriant :

— Si M. de Landiac refuse des capitaux, c'est une raison de plus pour moi de l'admirer davantage.

Elle pensait : « Un tel homme n'est pas dangereux. Merlin se trompe... »

— Écoutez, murmura-t-elle. Il nous a vus dans le parc. Il vous a vu ouvrir la porte de son laboratoire.

Chasseneuil la contemplait avec stupeur et lui fit répéter ses paroles.

— C'est impossible, Madame. Je vous affirme que c'est impossible.

— Rien ne lui échappe. Aucun détail. Il a reconnu son cheval.

Le front appuyé sur sa main, oubliant la présence d'Éliane, il s'adressait à lui-même :

— Le pavillon... un appareil de balayage, des oscillographes cathodiques et des récepteurs dissimulés dans les parois ; la chose est relativement simple pour un homme tel que lui. Mais le laboratoire... Hum ! et quant au parc...

Il alla se pencher à la fenêtre du petit salon et il réfléchissait, immobile. Puis, se tournant vers Éliane :

— Madame, expliquez-vous cette surveillance ?

— Oh ! moi, je ne m'étonne plus de rien. Mais je suis furieuse qu'il vous écarte sans vous connaître. Qui sait ? Plus tard, peut-être, sera-t-il moins injuste.

Le regard fixé sur elle, il semblait ne pas l'entendre. Gênée, Éliane lui offrit un verre de porto.

— Madame, dit-il, sortant d'un long silence, vous avez là un merveilleux pendentif. Permettez-moi de le voir de plus près.

Elle le détacha. Il le lui prit des mains et parut l'étudier en amateur expert.

— Quel beau travail !

— Un talisman que M. de Landiac m'a laissé, fit Éliane avec un sourire. Il me garantira de tout mal.

— Prévoyez-vous une catastrophe d'ici demain ?

— Oh ! non ! pourquoi ?

— Parce que je voudrais l'examiner chez moi, au microscope. Je n'identifie pas ce genre de sélénium. Peut-être, alors, pourrai-je vous démontrer la vertu de votre talisman.

Elle hésita, perplexe.

— Ce joyau cache sans doute un mystère, Madame. Je vous le révélerai.

Pouvoir dire à son mari : « Je sais tout ! je comprends tout ! Et vous me traitez en petite fille… » Quelle revanche ! quel triomphe !

Dans son émoi, l'étourdie ne songea point que le regard invisible, ce regard auquel « rien n'échappe », était peut-être fixé sur eux à l'instant même.

— Je vous le prête jusqu'à demain matin. Vous me le rapporterez sans faute, demain avant neuf heures ? J'ai votre promesse ?

Il acquiesça et prit congé. Il emportait le pendentif.

Dans l'avenue, sous le brouillard matinal, Éliane attendit Chasseneuil, tremblante de froid et d'inquiétude. Il ne vint pas.

À la dernière minute, elle courut au pavillon, enveloppée d'un châle qui dissimulait son cou.

À peine osa-t-elle regarder le visage de M. de Landiac. Ses premiers mots l'épouvantèrent :

— Ôtez ce châle.

— Mon ami, il fait si froid ce matin !

— Pourquoi n'avez-vous pas votre pendentif ?

Elle feignait de la surprise. Et, repoussant l'étoffe soyeuse, elle s'écria :

— Oh ! je l'ai oublié sur ma table, hier au soir, c'est la première fois. Je ne vais pas me casser la jambe au moins, en sortant d'ici ?

La plaisanterie sonna faux. Sous le regard scrutateur de Merlin, Éliane se perdait dans ses pauvres excuses :

— Et ce matin, figurez-vous, je n'arrive pas à mettre la main dessus. Il s'est égaré quelque part. Mais je le retrouverai.

L'impitoyable certitude qu'il avait dans les yeux... d'où lui venait une telle certitude ? On eût dit que le mensonge d'Éliane, soudain visible, s'inscrivait sur ses lèvres balbutiantes.

Il ne prononça aucune parole. Quelques secondes plus tard, son visage s'évanouit, laissant la jeune femme décontenancée, malheureuse, prête à pleurer.

Elle attendait la visite de Chasseneuil. Mais, en vain, elle le guetta dans l'avenue, puis derrière les rideaux du petit salon.

« Un pareil sans-gêne ! Il se moque de moi ! Ah ! j'ai eu tort de le prendre au sérieux... Il faut qu'il me restitue le pendentif aujourd'hui même. Sinon, que deviendrai-je ? »

Le soir tombait lorsqu'elle décida de téléphoner à l'hôtel de France. Elle crut défaillir en écoutant la réponse :

— Chasseneuil ? Vous dites Chasseneuil ? François Chasseneuil ? Connais pas... Madame, je suis sûr de ne pas me tromper. Enfin Madame, puisque je vous certifie que nous n'avons jamais vu ce monsieur à l'hôtel.

Glacée, elle s'enferma dans sa chambre. « Ainsi cet homme ne serait qu'un imposteur qui cherche à dérober les secrets de Landiac ? »

Que répondre à son mari quand il l'interrogera ?

Sa main tremblante eut peine à tourner la clef dans la serrure. S'il était auprès de sa femme, peut-être l'aurait-elle désarmé ? L'enlacement des bras tièdes, les cheveux défaits, les caresses, les étreintes... Mais fléchir une image ! La pauvre voix qui implore, d'un continent à l'autre, des larmes, si lointaines, ne calmeront pas cette légitime colère.

En vain, elle attendit la sonnerie. Le pavillon resta muet et sombre.

Trois matinées coulèrent sans que M. de Landiac parût. Éliane ne savait que penser.

L'après-midi du troisième jour, arriva une enveloppe qui portait le timbre de la poste aérienne.

Des nouvelles d'Afrique ! Pourquoi Merlin écrivait-il au lieu de parler ? Elle déchira le pli et des photographies s'échappèrent de ses doigts. Elle retint une exclamation. Le visage de Chasseneuil ! Chasseneuil à cheval dans le parc, Chasseneuil penché sur une table, au laboratoire ; Chasseneuil inclinant la tête pour examiner quelque chose... Le porto servi... Mais c'est le pendentif qu'il examine avec une attention aiguë! – Puis l'écriture de M. de Landiac, une seule ligne:

« Récuserez-vous ces témoins véridiques? »

Une terreur folle s'empare d'Éliane. Ses actes voyageant à travers l'étendue, inscrits sur des plaques sensibles, les yeux de Merlin qui la suivent, l'interrogent minute après minute... Aux prises avec l'inexplicable, vaincue, elle cesse de se défendre.

De quel pouvoir Merlin dispose-t-il? Quel secret enferme le joyau? Un secret que Chasseneuil a pressenti. Ne parlait-il pas de la guerre? « De telles découvertes transformeront la guerre. » Ces découvertes, il cherche à les voler. Et elle est devenue la complice de ce traître! Curiosité, amour-propre, peut-être sourde rancune à l'égard d'un mari trop distant? Merlin pardonnera-t-il jamais?

Éliane mesure le désastre et sanglote.

Elle s'aperçoit qu'il fait nuit, et, refusant de dîner, elle s'élance au dehors. Le parc sera son refuge. Elle marche à l'aventure dans les ténèbres. Le brouillard tombe sur ses épaules, plus lourd qu'un drap mouillé. L'allée, tant de fois suivie, s'offre à sa promenade automatique. Éliane veut rebrousser chemin. Mais il faut qu'elle continue, qu'elle aille là-bas, ce soir, comme si elle répondait à un ordre secret, invinciblement attirée.

Les marches du pavillon l'essoufflent. Ses doigts fiévreux cherchent la clef pendue à sa ceinture. La porte s'entrebâille d'elle-même. Une lueur va et vient, reflétée par les toiles blanches. Éliane, immobile, distingue une ombre au bout de ce rais de lumière. L'ombre se redresse. Et la voix de Chasseneuil brise le silence :

— Que venez-vous faire ici, Madame ?

— Et vous ?

Éliane, frémissant d'une colère soudaine, domine sa frayeur et lui jette un sarcasme :

— Peut-être rapportez-vous mon pendentif ?

— Admettons, Madame, que j'aie un examen à faire concernant les appareils de M. de Landiac : je documente l'article dont je vous ai entretenue.

— Misérable ! vous venez surprendre ses secrets ! crie-t-elle, oubliant toute prudence. Si vous ne partez pas, je sonne, et je charge mes domestiques de vous reconduire.

Elle paie d'audace : nulle sonnette ne relie le pavillon au château :

— Gardez-vous-en bien, Madame. Un malheur pourrait vous atteindre. Vous n'avez plus de talisman.

Sous l'ironie perce une menace inflexible.

— Je vous conseille de sortir, Madame.

— Non.

— Alors restez tranquille dans ce coin.

Dissimulant son angoisse, elle pose une question :

— Qu'allez-vous faire ? Emportez les appareils ?

— Je les rendrai, Madame.

— Comme le pendentif, n'est-ce pas ?

— Madame, je vous ai dit qu'il vaut mieux pour vous que je reste l'hôte à qui vous faisiez l'honneur de le traiter avec sympathie.

Elle perçoit la menace plus précise : cet homme est capable d'un crime. Elle recule jusqu'aux toiles blanches qui servent d'écran, et demeure immobile, résolue à tout voir, à ne pas abandonner l'œuvre de Merlin.

Chasseneuil, la croyant matée, ne s'inquiète plus d'elle et continue ses recherches à l'autre bout de la pièce. Il arrache une tenture et promène sa lanterne sourde le long des boiseries. Sa main découvre une plaque de verre et s'efforce de la dévisser.

Éliane, attentive, recueille tous les grincements de l'outil. Peu à peu, elle imagine saisir, à travers sa détresse, comme un murmure : le pavillon semble lui restituer les paroles de M. de Landiac : « Ne craignez rien... Il suffit d'un geste pour que m'atteigne votre signal. » Elle retrouve un peu de calme. Muette et pareille à une ombre, elle élève le bras imperceptiblement. Ses doigts rencontrent le récepteur caché sous l'étoffe, le décrochent sans bruit.

Merlin peut la secourir. N'est-il pas le maître des rayons et des courants, des ondes et des hommes ? Mais si l'appel s'égare au milieu du désert ? Éliane, abandonnée, n'aura d'autres ressources que de crier de toute sa force, dans l'espoir que le vieux jardinier la délivre.

Elle tient le récepteur pressé contre son oreille en feignant de soutenir sa tête accablée. Les minutes passent, interminables. On n'entend que cette monotone lamentation des vis qui cèdent les unes après les autres.

Tout à coup, Éliane respire. Le cauchemar s'éloigne. Un chuchotement résonne dans sa chair, si ténu qu'elle seule peut le percevoir :

— Ne bougez pas. Ne parlez pas. Ne répondez pas, surtout. Je vous vois. Ne craignez rien.

Un temps. Les secondes s'appesantissent. Chasseneuil se sert d'un marteau pour faire sauter la cheville qui retient encore la plaque.

Des syllabes à peine distinctes recommencent à frémir dans l'oreille d'Éliane :

— Allongez votre main droite. Vous sentirez à travers la tenture une manette verticale. Empoignez cette manette, abaissez-la brusquement. Mais, pour Dieu ! ne bougez que votre main. Il a un revolver dans sa poche.

La plaque de verre se brise avec fracas. Chasseneuil jette le marteau sur le tapis.

Les doigts tâtonnants d'Éliane se sont heurtés à la manette qui résiste. Un pauvre bras de femme aura-t-il assez de force ? « Mon Dieu ! aidez-moi ! » Une sueur d'angoisse mouille son front. Ce grelottement, qu'il s'agirait de maîtriser, ne se propage-t-il pas à travers la pièce ? Dernier sursaut d'énergie : à tout prix, suivre l'ordre de Merlin.

Victoire ! La manette vient d'obéir à la pression des doigts. Un déclic. Le bâtiment tressaille. Chasseneuil se retourne, se dresse, et son revolver tendu accroche la lueur errante. Éliane, terrifiée, distingue le canon braqué sur elle.

— Merlin ! C'est fini ! Il me tue… Merlin !

Le meurtrier lève sa lanterne pour mieux voir sa victime.

Mais c'est lui qui, soudain, vacille, c'est lui qui s'affaisse. Le choc d'un corps s'effondrant, les ténèbres opaques, puis un affreux silence.

Le pavillon s'éclaire. Sur la toile illuminée, la figure de Merlin se découpe en relief. Sa voix vibrante ranime Éliane.

— Rentrez à la maison. Téléphonez immédiatement à la police de Saint-Roc.

— Oh ! Merlin ! Il est mort ?

— Non. Étourdi par une décharge électrique.

— Merlin ! Pardon... Je voudrais vous dire...

— Plus tard. Fermez la porte à clef. Vite, au téléphone. Ne perdez pas une minute.

Éliane court le long des allées obscures. Enfin, la maison ! de la lumière ! Dans le vestibule, elle rencontre un domestique, blême et hors de lui.

— Madame... Oh ! Madame... Le jardinier... le pauvre père Delpor vient d'être assassiné à l'entrée du bois. Je l'ai trouvé, la gorge ouverte... Encore chaud...

— Merlin... Peut-être le verrai-je aujourd'hui ? murmure Éliane en se rendant au pavillon, très faible encore, après quelques jours de fièvre.

Sous la capricieuse averse de soleil qui chauffe les derniers feuillages, elle croit sortir d'un rêve maléfique. Une aspiration douloureuse gonfle son cœur : revoir Merlin ! Avec une sorte de crainte, comme si elle s'attendait à se trouver en face de Chasseneuil, elle pénètre dans le pavillon.

Mais aucune sonnerie ne rompt le morne silence. La tenture demeure inanimée. Merlin ne viendra pas… Merlin l'abandonne… Et elle s'imaginait obtenir son pardon !

Le visage inondé de larmes brûlantes, elle s'affaisse dans le fauteuil.

La porte qui s'ouvre bruyamment, une silhouette inscrite sur le flot de soleil… Quelqu'un est entré. Éliane relève la tête.

Merlin ! son rire, ses bras tendus, ses yeux rayonnants, lui !

— Je ne vous ai pas prévenue. Je craignais de manquer l'avion. Je ne pouvais plus vous laisser seule, Éliane…

— On est parvenu à l'identifier, dit M. de Landiac, en rejoignant sa femme. Son vrai nom est Harry Damshire. Un espion, probablement. Ou peut-être l'agent d'un service plus secret… Un de ces hommes qui ne se refusent à rien pour exécuter leur consigne.

— Sa consigne… voler vos découvertes.

— Une voiture et deux complices l'attendaient au bord de la route, un endroit bien choisi, désert, en plein fourré. Ils ont disparu. Ils auraient disparu avec Damshire et l'une au moins de mes trois « balayeuses », avant que vous n'alarmiez la maison. Votre présence d'esprit les a sauvées ; nous a sauvés du plus affreux malheur…

Il se tait ; il songe au vieux jardinier que Damshire égorgea froidement, au revolver braqué sur Éliane.

— Et le pendentif? murmure-t-elle avec un accent de honte.

— On ne l'a pas retrouvé. Et c'est la pire angoisse...

Après un silence, M. de Landiac ajoute :

— Étrange criminel ! il ne sort de son mutisme que pour parler de mes ouvrages. Avec une intelligence !

— Merlin, puisque vous m'avez pardonné, dites-moi quelles vertus extraordinaires possède ce joyau ?

— Extraordinaire ? Non. Les forces qui nous entourent ne paraissent extraordinaires que parce que nous sommes des ignorants.

— Vous disposez d'une puissance formidable, dit-elle, se rappelant une parole de Chasseneuil.

— Le secret n'en doit pas être divulgué.

— Mais à votre Éliane ! qui ne vous mentira plus, puisque vous êtes l'homme à qui l'on ne peut mentir.

— Serez-vous bien avancée de savoir qu'une cellule photo-électrique se réduit à un très petit volume (on peut la dissimuler dans un joyau) et qu'elle transforme l'énergie lumineuse en énergie électrique ? Même les rayons invisibles, les rayons infra-rouges et les rayons ultra-violets ! Donc, elle peut projeter les images à distance si elle rôde entre deux postes de télévision comme ceux que je loge dans mes arbres... et ailleurs. Disons, pour être plus clair, qu'elle photographie au passage les objets qui lui font face.

— Ah ! soupire-t-elle, incertaine et effrayée, si je l'avais encore, ce pendentif, je n'oserais plus le porter !

— Éliane… Vous souvient-il d'une très vieille histoire ? L'histoire de ce vieil enchanteur dont le nom impressionna mon esprit d'enfant ? Merlin aimait la jolie fée Viviane et se croyait aimé. Mais il la savait fragile et fantasque, et, peut-être, à moitié sincère. Il se défiait d'elle. Un jour, Viviane parvint à le fléchir, et il lui livra les secrets de sa toute-puissance. Elle s'en servit pour le dépouiller de son pouvoir et disparut en le traitant d'imbécile.

— Oh ! Merlin ! s'écrie-t-elle, bouleversée, voulez-vous dire que je ressemble à l'odieuse Viviane ?

M. de Landiac regarde cette femme qui l'a trahi, devenue l'instrument d'un criminel et presque sa complice. Avec un sourire d'indulgence, il baise les beaux yeux pleins de larmes et, la prenant sur son cœur, il murmure :

— Éliane, je vous aime… et parce que je vous aime, je ne vous confierai point mes secrets.

Extrait de *Au seuil de l'invisible*,

Jean Villard Gilles

La guerre froide s'est installée entre les anciens alliés d'Est et d'Ouest. La méfiance règne. Il est vrai que Staline a sombré dans la mégalomanie et qu'il fait trembler, avec ses sujets, toute la planète. L'anticommunisme-alibi, déjà solide, se renforce, va tourner, avec McCarthy, à l'hystérie la plus dangereuse. C'est le grand départ de la course aux armements. Les budgets militaires enflent monstrueusement. La science s'en mêle, fignole et perfectionne les engins de mort. On va à grands pas vers un retour à l'âge des cavernes. La caste infantile mais toujours puissante des militaires fait pression sur les gouvernements qui jouent avec le feu.

Le Feu de Dieu

À cent millions d'années lumière,
Dieu quittant par un très beau soir
sa vieille galaxie familière
entra dans la nôtre un peu noir ;
l'éther lui montait à la tête,
des cailloux jonchaient son chemin :
– constellation, soleils, planètes.
Il en prit un p'tit dans la main,

humide et froid, rond comme un' pomme,
c'était, il pouvait s'en douter,
c'était nous, la terre des hommes,
un peu de boue en vérité.

Or là-dedans des femmes
accouchaient chaque jour
de beaux enfants pleins d'âme
destinés à l'amour,
mais que certains stratèges
et leurs états-majors
dès la fin du collège
destinaient à la mort !
Sur les champs de bataille
Corée, Vietnam, Algérie, Congo,
bombes, couteaux, mitraille,
du cadavre à gogo...
Ainsi au grand problème
des excédents de population,
ce merveilleux système
offrait une solution.

> Jouez pas avec les planètes
> c'est bête, c'est bête !
> Faut pas jouer avec le feu,
> bon Dieu d'bon Dieu !

Or Dieu examinant, perplexe,
la boule ronde pour y voir
y voyait des personnes du sexe
par milliers quittant leurs bas noirs,
leurs gaines et leurs chemis's légères,

pour déguster sous un amant,
les joies troubles de l'adultère
en ce moment, précisément.
Il voyait dans un vernissage
dans le même instant, Picasso,
las de ses pinceaux d'un autre âge
lancer la peinture au lasso !

Et dans la boule humide
la pédal' oh ! pardon,
Messieurs, suivez le guide,
montait ses Corydons.
L'ONU pour se distraire
pratiquait, loin du bal,
ô plaisir solitaire,
l'onunisme intégral.
Cett' pratique insensée
expliquait à merveill' chez les gens
le vid' de la pensée
et le ramolliss'ment !
Les guerriers atomiques
songeaient à sauver l'humanité
du virus bolchevique
en la faisant sauter.

Jouez pas avec les planètes,
c'est bête, c'est bête !
Faut pas jouer avec le feu
bon Dieu, d'bon Dieu !

« Que drôle de petit grain de sable ! »
murmurait Dieu, lorsque soudain,

chose vraiment inexplicable,
le caillou fondit dans sa main.
Plus rien, qu'un amas de poussière !
— J'y ai vu qu' du feu ! – s'écria Dieu,
c'est le cas d' dir', car, par-derrière,
dans la boul' rond' un fou furieux,
jouant avec les allumettes
avait foutu le feu partout,
faisant éclater la planète
et tout le fourbi, d'un seul coup !

Cett' poussière impalpable
c'était Paris, Moscou.
Jolis châteaux de sable,
Rome et New York itou.
Concorde et Cannebière,
Forêt-Noire et Mont-Blanc...
Alpes et Cordillère,
les Schmidt et les Durand,
la Rhur, la Sibérie,
Ford avec la General Motors,
l'art et la poésie,
l'or et ses coffres-forts,
les géants de la route,
Les Trois Grands et le Français moyen,
les p'tits Suiss's et sans doute
les nabots et les nains.

Jouez pas avec les planètes
c'est bête ! c'est bête !
Faut pas jouer avec le feu
bon Dieu, d'bon Dieu !

Tous les palais, tout's les usines,
Hollywood et Frank Sinatra,
tous les calculs, tout's les combin's
finis ! Bouclés ! Nec plus ultra.
La Femme aussi, source de vie,
dans un délicieux flacon.
Fini, la grâce et le génie
et fini bien sûr tous les... Non !
— Bon ! bon ! – fit Dieu. Sa main divine
au-dessus des constellations
répandit en poussière fine
l'œuf de la civilisation.

Dans un profond silence,
avec un air mourant,
l'Existence et l'Essence
se regardaient, l'œil blanc.
Alors Dieu, sans les hommes,
se sentit vieux, très vieux.
— J'avais, dit-il, en somme
de grands espoirs en eux,
mais la bêtise humaine,
oui, bien plus que l'orgueil et l'argent,
tenant en mains les rênes
de leurs gouvernements,
précipita leur chute.
« Ah ! m'en voilà bien débarrassé !
Mais j'attendrai, minute !
Avant d'recommencer ! »

Jouez pas avec les planètes
c'est bête ! c'est bête !
Faut pas jouer avec le feu
bon Dieu, d'bon Dieu !

Gordes, août 1950

Pour nous distraire de nos soucis, après le monstre du Loch Ness, voici qu'apparaissent et disparaissent, mystérieusement fondus dans la lumière du ciel, des engins étranges, silencieux, qui mettent la grande presse sur les dents. Cent témoins dignes de foi les ont vus, ce sont les

Soucoupes volantes

Croyez-vous aux soucoup's volantes ?
Pourquoi pas ? Le fait est troublant.
Ce serait la preuve évidente
qu'il existe ailleurs des vivants
Comment sont-ils, ces astronautes ?
En quell' matièr' ? Petits ou grands ?
Ont-ils deux têt's, un' jamb', pas d'côtes ?
Sont-ils plats, carrés, transparents ?
En forme d'obus, de trombone ?
Picassiens, non figuratifs ?
Amateurs d'oxyd' de carbone,
le meilleur des apéritifs ?
Ont-ils des vices, des complexes,
des perversions et des passions ?

Pas de sexe ou un troisième sexe
et un' quatrièm' dimension ?

Qu'on se le dise, il y a du monde
ailleurs que chez nous, les Terriens,
du mond' qui voyage à la ronde,
qui s'intéresse à notr' mappemonde
et qui rôde autour, min' de rien !

Ces soucoup's qui vol'nt dans l'espace
gardent, jalouses, leur secret.
Ell's s'en vont sans laisser de traces.
Mais qu'ont-ils vu, ces gens discrets,
sur ce globe qui les écœure ?
Sont-ils tombés sur McCarthy ?
Ont-ils vu, sur l'assiette au beurre,
se ruer tous nos grands partis ?
Est-c' l'odeur de la press' pourrie
qui les dégoûte ? l'été pourri ?
Les nichons d'Carolin' chérie ?
l'œil de Moscou, le Tout-Paris ?
Ont-ils noté pour les traduire
nos fameux sigles bien connus
qui parlent haut pour ne rien dire,
nos C.E.D., nos O.N.U. ?

Qu'on se le dise, il y a du monde
ailleurs que chez nous, les Terriens,
du mond' qui voyage à la ronde,
qui s'intéresse à notr' mappemonde
et qui rôde autour, min' de rien !

On voudrait fair' leur connaissance
à ces gens, mais ils fout'nt le camp,
saisis sans doute par l'évidence
que nous dansons sur un volcan ;
que l'homme est un type impossible,
qu'un jour il fera tout sauter,
au nom de Marx ou de la Bible,
en gueulant : « Viv' l'humanité ! »
Certes, la terre est admirable,
pensent-ils ? Ses quatre saisons,
ses beaux sites, ses bonnes tables,
ses grands horizons, ses visons !
On pourrait y vivre à sa guise
fort bien, parmi ses champs féconds,
mais les grands chefs qui la conduisent,
sont vraiment un p'tit peu trop… !

Qu'on se le dise, il y a du monde
ailleurs que chez nous, les Terriens,
du mond' qui voyage à la ronde,
qui s'intéresse à notr' mappemonde
et qui rôde autour, min' de rien !

L'hypothèse que je hasarde
pourrait être valable, à moins
que ces gens-là n' soient l'avant-garde
d'une armada venue de loin
pour nous réduire en esclavage
ou foutre en l'air notre univers !
Peut-être alors serait-il sage,
renonçant à nos jeux pervers,
grande Asie et petite Europe,

blocs enfarinés, faux accords,
traités fumeux de misanthropes,
devant ce nouveau coup du sort,
de bâtir, sur la boule ronde,
mais vite avec son contenu,
les vrais États-Unis du monde
pour sauver l'homm', cet inconnu !

Qu'on se le dise, il y a du monde
ailleurs que chez nous, les Terriens,
du mond' qui voyage à la ronde,
qui s'intéresse à notr' mappemonde
et s' défile en douc', min' de rien !

Port-Manech, juillet 1954

Son heure est venue pour Staline, dont l'ombre ne pèsera plus sur le peuple qu'elle étouffait. Une libéralisation du régime s'amorce, peut-être irréversible. Il y a dans l'homme un instinct de liberté qui se manifeste tôt ou tard, quelle que soit la force de la tyrannie.

Mais déjà la science parle des hommes futurs.

Les Surhommes

Enfin, une bonne nouvelle !
Des savants, avec des canards
pékinois, chos' sensationnelle !
ont créé des super-canards.

Merveill' de la biologie,
ce procédé perfectionné,
par une injection de génie,
sublimera les nouveau-nés.
Car la chos' pratiquée d'office,
le nourrisson, nouvel Adam,
tout à son ardeur créatrice,
avant mêm' d'avoir fait ses dents,
pris d'un apollonien vertige
ou d'un dionysiaque transport,
fera jaillir, enfant prodige,
de ses entraill's une œuvre d'or !

Puis l'enfant devenu surhomme
pondra des chefs-d'œuvre à gogo,
formidable synthèse en somme
du Dante et de Victor Hugo.
Pour le passé, quelle déroute !
Le Louvre comme le Prado
ne seront qu'une foire aux croûtes
à solder en vrac au kilo.
Giotto fera pouffer de rire,
on se tordra devant Rembrandt.
Renoir, ce sera du délire
et Picasso des hurlements !
Le surhomme plein d'énergie
jettera sur ce passé mort
fresques, machines, symphonies,
une avalanche de trésors.

Du chef de l'État au lampiste,
du balayeur au président,

on n'trouv'ra que de grands artistes,
de grands poèt's, de grands savants.
C'est merveilleux ! Les cerveaux fument !
De l'évêque au portier d'hôtel,
chacun du pinceau ou d' la plume
pond des messages immortels.
Chacun de ces génies immenses,
pour œuvrer s'enfermant chez soi,
nourri de sa propre substance,
n'entend plus que sa propre voix.
Pour résoudre tous les problèmes,
avec son cerveau prodigieux,
chacun se suffit à lui-même.
Le surhomme est son propre Dieu.

Pas une erreur, pas une faille
dans cette surhumanité
qui fêtera les accordailles
de l'Amour et de la Beauté.
Mais trop de perfection fatigue.
Le Beau n'étant plus outragé,
à quoi bon le cœur d'un Rodrigue,
s'il n'a plus d'honneur à venger ?
Les héros seront là, tout bêtes,
en carafe, sur le trimard,
et quant aux femmes trop parfaites
leur splendeur fera peine à voir.
L'art ne vivant que de contrastes,
on ne verra plus la beauté
et l'ennui par l'excès de faste
naîtra de l'uniformité !

Un nouveau Diogène bonhomme
surgira sa lanterne en main.
— Que cherchez-vous ? — Je cherche un homme,
dira-t-il, humain, très humain !
Un pauv' con, blessé, pathétique,
mal foutu, toquard, plein d'erreur,
trimant, absurde et magnifique
dans l'espoir d'un monde meilleur.
Un Villon saigneux, un Verlaine
ivre de ciel, dans son enfer
chantant sa joie, pleurant sa peine.
N'en est-il plus dans l'univers ?
Notre orgueil – le diable l'emporte –
a bâti ce monde ennuyeux.
Viens ranimer nos cités mortes,
petit homme, souffle de Dieu !

Forio d'Ischia, août 1957

Chers colonels de chez nous ! On les aime bien, mais leurs jouets nous coûtent cher ; ces camions, ces chars, ces Centurions qui encombrent nos routes nationales en toutes saisons, offrant au touriste étranger, qui s'en inquiète, le spectacle d'un pays menacé, sur le point d'être envahi et au fin bord de la guerre. Contre qui ? On ne sait pas très bien. Les Soviets peut-être ? Et puis il y a Castro et ses barbus. On ne saurait trop ouvrir l'œil et le bon.

Gloire donc à notre armée démocratique, fille de

la nation ! Gloire à toutes les armées qui entretiennent à travers la planète une saine émulation scientifique, industrielle et sportive, avec cette réserve toutefois qu'il leur arrive de sécréter à l'occasion de dangereux sous-produits, ratés en tout genre, aigris à l'occasion, jaloux, graines de fascistes qui se défoulent dans le maniement du plastic et de la mitraillette et ne rêvent, pour s'en venger, que de mettre à leur botte une société à laquelle leur infantilisme les a empêchés de s'intégrer, ce sont :

Les Soudards

Notre terre, en monstre fertile,
maintient encor dans son cheptel
une vieille espèce infantile :
les assassins professionnels.
Ils sont venus du fond des âges,
toujours dans un fracas d'enfer,
se livrer aux joies du carnage,
Gengis Khan, Attila, Hitler,
sans oublier leur descendance,
leurs bâtards, ces chiens enragés
qui ont brûlé, suprême offense,
la bibliothèque d'Alger.
Hélas ! hélas ! la paix s'installe,
la paix, cette horreur, ce fléau !
Où pourront-ils donc sans scandale
librement jouer du couteau ?

Heureusement,
ô conquérant,

il y a d'autres planètes
où vous pourrez assouvir
votre appétit de conquêtes.
La terre est sans avenir,
elle offre trop peu d'espace,
mais le ciel est idéal
car, pour vider vos culasses,
Mars ou Saturne, et j'en passe,
ça, c'est du terrain de chasse
et de l'espace vital !

Quel bonheur ! si demain très vite
un vaisseau spatial de haut bord
et sur un air de mort subite
emportait nos conquistadors,
plastiqueurs et coupeurs de bourses
dans le fracas des réacteurs,
très loin, là-haut, vers la Grande Ourse
où l'on trouve du champ d'honneur
à gogo ; où les légionnaires,
curés de choc, argousins, bref
tout l'arsenal totalitaire,
rassemblant l'élite des chefs,
les Soustault, les Gorgebidouille,
les Francazar et les Salo
pourraient, avec d'autres gribouilles,
instaurer leur ordre nouveau.

L'axe de fer
Mars-Jupiter

où de planète en planète,
nos Césars de Carnaval
entreprendraient la conquête
de leur espace vital.
Je les vois en pleine ivresse
sur Vénus se projeter
pour la violer en vitesse.
Au soudard, faut de la fesse !
c'est par le viol qu'il progresse,
le viol, c'est la liberté !

À moins que, en fait de puissance,
les gens de Vénus, mal lunés,
aient pris sur nous mille ans d'avance
avec des trucs perfectionnés,
pour envoyer nos nécrophiles,
avec leurs colts et leurs bidons,
leur matricule et leurs missiles
et leur conn'rie – j'vous d'mand' pardon !
– paître sur quelque étoile morte
où jamais l'herbe n'a poussé.
Là, que le diable les emporte...
Alors, nous, nous pourrions passer,
nous les civils, sur notre rive
– ce serait un' bonn' distraction –
à l'étude enfin constructive
d'une vraie civilisation

de créateurs,
de bâtisseurs,

où sans tambour ni trompette,
pas plus à pied qu'à cheval,
sans minus à mitraillette,
sans le moindre Maréchal,
l'Esprit porteur de lumière,
revenu d'un triste exil,
serait maître de la terre.
C'est le vœu. C'est la prière
que j'adresse à Dieu le Père
s'il existe. Ainsi soit-il !

Raguenès-en-Névez, juillet 1962

Extrait de *Le Meilleur de Gilles*,
anthologie en trois volumes,
Éditions Publi-Libris, Lausanne, 2003

Gabrielle Faure

Homo Ludens

Par la fenêtre ouverte, il entendait les ordres émis par les haut-parleurs : « Relaxez-vous. Oubliez qui vous êtes. Oubliez qui est votre partenaire. Amusez-vous. Riez. Soyez heureux. Notre civilisation est la civilisation de l'homo ludens. »

Il aurait voulu pouvoir fermer la fenêtre. Mais les fenêtres ne s'ouvraient et ne se fermaient que par impulsions émanant du générateur central atomique. Sur la grande pelouse à ses pieds, les couples s'appliquaient à remplir les exigences des autorités. Des rires forcés, des cris qui se voulaient de joie montaient vers lui sur le fond de musique syncopée auquel on n'échappait jamais.

Des souvenirs de l'ère protoélectronique lui revenaient par bribes, depuis le matin. Un malaise diffus l'envahissait. Sans doute avait-il mal digéré sa pilule alimentaire. Et puis la marche quotidienne lui manquait, depuis que les villes étaient interdites aux piétons, et que les villes couvraient la terre entière, à l'exception des seules pelouses imposées.

Les haut-parleurs criaient : « Relaxez-vous. Le travail crispait, nous avons supprimé le travail, vive la liberté, vive la joie ! Jouissez, abandonnez-vous à ce bonheur de faire partie d'un monde de vivants. Dites : "Je vis !" »

Il frémit. « Je vis. Je suis vivant. Mais le temps passe. » L'obsession de l'échéance le tenaillait souvent. Dans la salle qu'il avait pour mission de surveiller une heure par semaine, il suivait le fonctionnement des machines, ce fonctionnement si parfaitement synchronisé que le temps paraissait aboli, intégré dans une rotation immuable. Mais il savait que les visages qu'il croiserait sous peu dans l'aérobus trahiraient la fatigue, le vieillissement.

Il essaya de calculer dans sa tête combien d'heures ils avaient, semaine après semaine, pour penser à leur mort. Huit heures de sommeil étaient le minimum légal. Restaient sept fois seize heures. Il n'y arriva pas. « Cent douze », lui révéla sa calculatrice de poche.

Les haut-parleurs tonnaient si fort que plusieurs machines tremblèrent : « Songez à vos ancêtres qui travaillaient huit heures par jour ! Huit heures ! *Huit !* »

La calculatrice lui apprit que sept fois huit font cinquante-six. Huit étant la moitié de seize, cinquante-six était la moitié de cent douze. Cent douze heures d'oubli, dans le sommeil et dans l'action, cinquante-six heures seulement pour penser à...

Les haut-parleurs se déchaînaient. Il devait y avoir de la révolte dans l'air. « Riez ! Riez tout de suite ! Amusez-vous ! C'est un ordre ! Ceux qui ne riront pas passeront en jugement sommaire. Vous avez un quart d'heure pour rire. Vous savez que personne n'échappe à nos organes de télécontrôle, à part ceux qui font leur heure de travail hebdomadaire. »

Il regarda sa montre. Il lui restait dix minutes. Une vieille envie remonta de son enfance dans sa gorge : pleurer.

Les machines, imperturbables, accomplissaient leur tâche en ronronnant.

Tout casser ? Il n'aurait même pas su comment s'y prendre.

Réinventer le travail ? On ne revient pas en arrière. Les machines étaient là pour l'en empêcher.

Alors, comme il ne manquait pas d'humour, il s'exerça, le temps qui lui restait avant de rentrer chez lui, à se réciter une phrase qu'il avait entendue jadis, il y avait bien longtemps, alors que la terre n'était encore qu'un jardin : « Tu gagneras ton pain à la sueur de ton front. »

Et, dans l'aérobus, hilare, donc momentanément sauvé, il survola ce désert de béton et de métal qu'on appelait Ville, et qui n'avait pas de bornes, ni au nord, ni au sud, ni à l'est, ni à l'ouest.

Extrait de *Evora*,

Odette Renaud-Vernet

Ce jour-là

À Michel Dentan

Ce jour-là Benoît Bérard (Bébé depuis la première année d'école pour les camarades de classe, puis pour les copains du football et de l'armée, puis pour les collègues) quitte son travail à midi trois. Comme d'habitude. La plupart de ses collègues se lèvent comme des robots programmés à midi juste, midi sonnant, midi tapant. Benoît trouve cette attitude mesquine, il dirait même qu'elle est vulgaire. Ce qui prouve que chacun de nous a des idées toutes personnelles et idiosyncrasiques sur la vulgarité. Benoît se lève donc dignement à midi trois, met de l'ordre sur son bureau et quitte sans se presser la Karnac-Export. Il n'a que la place à traverser pour prendre le bus de midi neuf.

Nous sommes mardi. Si l'on admet que tous les jours ouvrables se ressemblent, le mardi est encore plus ressemblant que les autres : c'est par excellence un jour sans caractère particulier. C'est pourquoi je l'ai choisi. Nous sommes donc le mardi 27 octobre et ce jour-là n'est ni triste, ni gai. Il y a sur la ville (sur tout le bassin lémanique) ce que nos météorologues appellent un brouillard élevé, c'est-à-dire un couvercle blanchâtre et terne qui nous isole de l'univers des semaines durant, jusqu'à ce qu'un grand coup de bise nous amène enfin l'hiver au front dégagé, aux tempes sèches. Benoît attend le bus. Il ne regarde pas le ciel, personne ne regarde le ciel à cette époque de l'année. Il fait cru mais pas vraiment froid.

Le bus a du retard. Il y a eu un peu de pluie ce matin et cela suffit pour mettre les bus en retard pendant toute la journée, c'est agaçant. Benoît voit son collègue Girod qui se hâte sur le trottoir d'en face ; pourquoi marche-t-il si vite ? Puisqu'il ne va retrouver que sa chipie de femme et la soupe à la grimace qu'elle lui sert tous les jours que Dieu fait. Louise, elle, au moins... Benoît sourit un peu. Girod et lui ont été en compétition au début de l'année pour un poste supérieur et c'est Girod qui l'a emporté ; un homme qui est son cadet de six ans, qui est entré dans la boîte quatre ans après lui. On devrait promouvoir les gens à l'ancienneté, pense Benoît – mais une partie de lui-même (la petite part d'intelligence) sait bien que ce n'est pas vrai, que ce serait un très mauvais principe de gestion et une autre partie de lui-même, encore plus petite et plus secrète, chuchote qu'il n'avait pas tellement envie de cette promotion ; il aurait dû sortir de sa routine, prendre toutes sortes de responsabilités nouvelles, d'initiatives ; il aurait dû aller rendre des comptes au Grand Patron lui-même, perspective qui lui a donné des cauchemars pendant des mois, qui lui en donne encore bien que le danger soit écarté. Benoît s'avoue qu'il n'est pas ambitieux et qu'il ne se sent pas doué pour le commandement. Donner des ordres, ça lui noue la gorge. Bébé. Gentil gros Bébé Bérard. Tout de même, ça lui fait un certain plaisir de savoir que pour Girod tout n'est pas rose dans la vie.

À chacun son lot, pense Benoît en s'introduisant de force dans le bus déjà bondé. C'est probablement son inconscient qui l'a empêché de faire tout ce qu'il fallait pour obtenir ce poste ; il a lu récemment un long article sur la psychanalyse dans un hebdomadaire, c'était chez le dentiste, il y avait une heure d'attente à tuer. Il est assez fier de jouer avec cette notion d'inconscient mais tout à coup il a un doute : ne confond-il pas l'inconscient avec le surmoi ? Ces choses-là sont difficiles, il devrait lire plus souvent des journaux sérieux (peut-être même des livres) au lieu de regarder la télé. Si seulement il avait fait des études ! Vieux regret qui reprend de la virulence avec l'âge. Mais il a fallu entrer le plus vite possible dans la vie pratique, gagner des sous. Un père horticulteur qui s'est crevé la peau pour des gains de misère et lui à huit ans travaillant déjà dans les serres pendant toutes ses heures de congé, jamais de vacances, des ongles toujours noirs qui faisaient ricaner les copains.

Le bus a des à-coups et freine sec aux feux rouges ; une voix s'élève dans la foule pour rappeler au conducteur qu'il a des passagers. Benoît se félicite comme chaque jour de ne pas prendre le bus précédent, celui de midi deux, qui est plein à ras bord d'écoliers braillards. Ce n'est pas qu'il fasse du racisme anti-jeunes ; il n'est pas de ces gens qui ne peuvent pas supporter les gamins et qui se font un plaisir de les engueuler pour un rien. D'ailleurs ne s'est-il pas toujours bien entendu avec ses propres enfants ? Enfin – assez bien. Plutôt dans le genre copain-copain, c'est Louise qui les forçait à la discipline, qui punissait. Curieux tout de même qu'il se soit mieux entendu avec Jean-Robert qu'avec Janie ; d'après la psychanalyse… Mais au fond cela ne concerne que ces dernières années : quand ils étaient petits tous les deux c'était Janie qu'il préférait – sa princesse brune ; et puis elle est devenue une adolescente et il n'a plus compris, il a eu un peu peur. Tandis que Jean-Robert lui a toujours paru clair et lisible comme – il cherche une jolie comparaison – comme un gros titre de la *Tribune* ! Pas mal. Il faudra qu'il la serve à Louise, elle prend un drôle d'air étonné chaque fois qu'il dit quelque chose d'original. Finalement ce sont de bons gamins, le Jean-Rob et la Janou. Il y a eu des problèmes avec eux, ça oui, mais jamais de gros drames. Il se rappelle ce temps où Louise et lui étaient sans cesse angoissés à cause de la drogue – ça leur donnait un sujet de conversation inépuisable. Mais il mettrait sa main au feu que ses deux enfants n'ont pas touché au truc. Quant au sexe il ne sait pas et ne veut pas savoir. Lui qui hormis sa Louise n'a jamais baisé que deux putes, une grosse pendant son école de recrues, une maigre à Paris lors d'une virée de contemporains. Il pousse un petit soupir.

Mais le bus a fait du chemin et Benoît commence à manœuvrer savamment pour se rapprocher de la porte, il a toujours cette crainte stupide de rester bloqué dans la foule, de ne pouvoir descendre à son arrêt. Qui lui a dit un jour que c'était de la claustrophobie ? Jean-Robert probablement. Quel bonheur d'avoir pu lui faire faire des Hautes Études commerciales ! Ce n'est pas lui qui se verra refuser une promotion. À vingt-cinq ans, dans sa boîte genevoise, il gagne déjà presque autant que son père à cinquante et un ans. C'est la vie pense Benoît Bérard dit Bébé en extrayant du bus sa corpulente personne.

Il est midi vingt-cinq et il fait toujours immuablement gris sur notre banlieue ouest qui est mi-industrielle, mi-résidentielle. Benoît remonte sa rue en soufflant un peu ; c'est vrai qu'il devrait perdre quelques kilos – le Dr Parisod le lui dit d'ailleurs chaque fois qu'il l'examine : votre oppression, Monsieur Bérard, ce n'est rien de grave, c'est le poids en trop et le manque d'exercice. Le docteur a sans doute raison mais comment faire, ce n'est pas à cinquante et un ans qu'on commence un sport, la gymnastique matinale l'ennuie à mourir et la seule idée d'aller courir dans les bois lui donne des étourdissements. Et puis Louise cuisine si bien, c'est sa faute à elle s'ils se sont gentiment arrondis au fil des années. *On a pris d'la bouteille tous les deux à la fois* chantonne Benoît mentalement car il n'oserait pas chanter à haute voix en pleine rue. Il aime beaucoup cette chanson. Ce n'est pas comme cette musique pop-rock-punk-disco dont Janie raffole et quand elle se mettait à danser au milieu du salon avec un air extatique ça lui faisait un drôle d'effet. Sa princesse brune. Peut-être que son séjour à Cologne est en train de faire évoluer ses goûts musicaux. Benoît entre dans son immeuble, il a vraiment de la peine à respirer. Des spectres passent fugitivement à l'arrière-plan de son esprit, cancer, infarctus. Mais non allons voyons je suis en bonne santé se dit-il avec vigueur pour chasser les fantômes et il se met en devoir de vider sa boîte aux lettres.

J'ai choisi pour les Bérard un appartement de quatre pièces au premier étage d'un petit locatif assez ancien mais bien entretenu. Standing moyen. Habité par d'honnêtes gens qui ne font jamais parler d'eux. Benoît ouvre sa porte et comme d'habitude la chatte vient l'accueillir tandis que Louise dans la cuisine lui crie un joyeux bonjour. Il pense avec une mauvaise petite joie à ce pauvre Girod qui ne trouve sous son toit que hargne et misère – on a raconté ce matin même au bureau que sa mégère de femme s'était mise à le battre ; c'est un ragot probablement faux mais délectable, il faudra le répéter à Louise. Benoît embrasse la minette, enlève son manteau et s'efforce de combattre le léger malaise qu'il ressent : il n'a pas encore pu s'habituer à l'absence de ses deux enfants, l'appartement lui paraît froid, silencieux et beaucoup trop grand. Janie est loin depuis cinq mois, elle a encore sept mois à tirer ; mais quand elle reviendra de Cologne elle saura parfaitement l'allemand et on s'arrache les secrétaires bilingues, elle gagnera ce qu'elle voudra.

Benoît s'arrête sur le seuil de la cuisine et s'enquiert du menu. Sa femme répond plaisamment qu'il y aura la crème de légumes de la Mère Bérard et la pizza Luisa. Nous connaissons tous Mme Louise Bérard. Nous l'avons rencontrée chez le boucher, spécifiant ses exigences d'une voix polie mais ferme. Nous l'avons vue à la poste, juste devant nous dans la file d'attente au guichet des versements. Nous nous sommes assis en face d'elle dans le bus et nous avons évité de donner des coups de pied dans son énorme sac à commissions. Les gens qui connaissent Mme Bérard disent qu'elle est gentille et vaillante. Elle a bon cœur, ça oui, et elle est bien vaillante. Et les commentaires s'arrêtent là car le sujet est épuisé.

Benoît met ses pantoufles et s'assied dans son fauteuil pour trier son courrier. C'est un rite quotidien – un petit moment de repos entre le boulot et la soupe. Il examine d'abord la paperasse publicitaire et met de côté le catalogue d'une chaîne discount pour la photo et l'audio-visuel ; celui-là, il le dégustera en prenant le café. Il jette le reste à la corbeille avec ennui. Il ouvre ensuite la seule lettre personnelle du jour : c'est la facture de son dentiste, 470 francs. Il s'y attendait plus ou moins mais ça lui fait tout de même un choc. Où veut-on qu'il les prenne, ces 470 francs ? Il vient d'envoyer un petit subside à Janie qui est si mal payée pendant son stage à Cologne, il n'a pratiquement plus rien en caisse. Pourtant il est économe et Louise également, mais les enfants ont tellement coûté, il a toujours fallu qu'ils soient bien habillés et qu'ils aient tout ce qu'avaient leurs camarades, c'était une question d'honneur ; si bien que le ménage Bérard n'a jamais pu se constituer de vraies économies. Alors où trouver 470 francs, surtout avec les impôts qui viendront le mois prochain et qui sont chaque année plus lourds ? Benoît rêve un instant d'un État où les gens qui élèvent des gamins auraient de vraies déductions d'impôts parce que celles qu'on nous fait actuellement sont ridicules, une insulte aux courageux parents. Pour un peu il aurait les mêmes idées que son collègue Mangeat, le socialiste ; mais il n'a jamais pu discuter vraiment avec Mangeat, ces gens de gauche ont tellement d'arguments, ils connaissent les chiffres, les statistiques, on ne sait pas trop où ils prennent leurs renseignements... Benoît écoute son collègue, il est à la fois d'accord et pas d'accord alors il se tient coi. Au fond il n'aime pas tellement qu'on critique la Suisse, c'est la Patrie après tout. Benoît se préoccupe peu de la politique, il fait confiance à nos gouvernants, il y a des années qu'il n'est plus allé voter. Il désire surtout qu'on lui fiche la paix. La vie est assez dure comme ça.

Tant pis pour le dentiste, il attendra. D'ailleurs les dentistes sont tous riches à millions. Plaie d'argent n'est pas mortelle se répète Benoît en prenant sa place à table – une table trop grande pour deux. Louise apporte sa crème de légumes et rien qu'à l'odeur Benoît peut deviner qu'elle a mis dedans une tombée de crème et une noix de beurre frais. Benoît goûte (bruyamment car c'est chaud) et félicite ; il se flatte d'être un mari attentionné qui ne ménage pas les compliments à sa femme. Ce n'est pas Louise qui serait tentée d'aller bringuer avec le MLF : elle a toujours trouvé dans son ménage toute la considération désirable et la seule gifle que Benoît ait jamais donnée à Jean-Robert, c'était parce que le garçon avait été insolent envers sa mère. Benoît raconte à Louise le dernier ragot sur la femme de

Girod. Louise s'exclame, elle est ravie, elle a pris très à cœur cette histoire de promotion manquée. Plus à cœur que lui, probablement. Mais Louise a aussi quelque chose à raconter car elle a été ce matin chez la coiffeuse ; elle en sait long sur les gens du quartier, cette femme-là : toutes ses clientes lui font leurs confidences... Benoît se sent rougir, il n'avait pas remarqué que sa femme était particulièrement bien coiffée ; il s'empresse de lui dire que c'est très joli. Il demande ensuite ce qu'il y aura ce soir à la télé mais Louise n'a pas eu le temps d'éplucher les programmes. Ils ont vu hier un film japonais qui les a beaucoup impressionnés ; ces guerriers qui ont des chignons et des jupes longues et qui se battent avec des sabres aussi grands qu'eux ! Pourtant ce sont des gens comme nous, finalement. Benoît a même dit que ce film lui ouvrait des horizons. Il aime bien cette expression, qui fait intellectuel.

Benoît regarde sa montre qui marque midi cinquante-neuf. Dans une minute ce sera l'heure sacrée du journal radiophonique que les Bérard ne manquent jamais d'écouter. Ce n'est pas que les problèmes de l'Afrique ou du Proche-Orient les passionnent ; mais il n'y a pas que ça, il y a aussi les tremblements de terre, les prises d'otages, les hold-up, les nouvelles sportives. Et puis les prévisions de la météo. Brouillard élevé sur le bassin lémanique. Benoît met la radio.

Le gros transistor reste muet. Benoît attend quelques secondes, croyant à une petite panne de l'émetteur. Puis il saisit le curseur et parcourt toute la gamme des ondes. Il n'y a pas un son nulle part.

Évidemment les piles sont fichues. Pourtant il n'y a pas si longtemps que Benoît les a changées. Quelle camelote m'a-t-on vendue là, maugrée-t-il, la bonne qualité on ne sait plus ce que c'est. Pendant que Louise débarrasse les assiettes à soupe, il va cherchèr le petit cordon qui permet de brancher le poste sur le secteur. Mais son effort s'avère inutile, l'appareil s'obstine dans son silence. Il y a sans doute quelque chose de déplacé ou de cassé à l'intérieur. Benoît est furieux : un ITT de 200 francs, quasiment neuf ! Peut-être que Louise l'a laissé tomber et n'a pas osé le lui avouer. Mais non, ce n'est pas possible, Louise est tellement franche. Et puis de toute manière elle ne fait jamais rien tomber. Tellement habile et soigneuse et compétente, pense Benoît avec un brusque attendrissement.

Peut-être qu'en secouant le transistor il se remettra en marche, cela arrive parfois – et ils pourront quand même entendre la météo qui vient juste après le sommaire. Benoît regarde sa montre. Elle marque midi cinquante-neuf. Allons bon, voilà que ses yeux lui jouent des tours, il pensait bien qu'il était en train de devenir presbyte. Il éloigne sa montre et regarde mieux mais il doit se rendre à l'évidence : elle marque midi cinquante-neuf et sa trotteuse est immobile. Il la fait glisser de son poignet, la secoue, la porte à son oreille. Peine perdue. Benoît se sent tellement étonné qu'il en oublie d'être en colère ; que sa radio et sa montre se détraquent en même temps, le même jour à la même heure, voilà qui est inouï. Il aura quelque chose à raconter au bureau cet après-midi.

Louise, crie Benoît, quelle heure est-il à ta pendule ? Car elle a une petite pendule dans sa cuisine. Louise répond qu'il est une heure – pas tout à fait – une heure moins une. Benoît clame que ce n'est pas possible une chose pareille mais sa femme ne l'entend pas, elle profère à son tour une série d'exclamations indignées : il y a une panne d'électricité, son four refroidit et sa pizza n'est pas cuite – immangeable. Benoît se lève et parcourt l'appartement en essayant tous les interrupteurs ; rien ne s'allume, c'est bien une panne. Ce qui expliquerait que la radio ne marche pas. Mais sa montre, alors ? Mais la pendule ? Elle n'est pas électrique, la pendule !

Debout dans le corridor, les époux Bérard se regardent sans savoir que dire. Ils sont désemparés par cette série d'incidents qui vient troubler la traditionnelle quiétude de leur repas. Louise s'est donné tant de peine pour sa pizza : de la voir ainsi avec son rebord blanchâtre et sa mozzarella mal fondue, ça lui met presque les larmes aux yeux. Mais tu pourras la réchauffer ce soir, lui dit Benoît pour la consoler, sers-nous donc du pain et du fromage, ça ira très bien comme ça. En attendant il va prendre l'heure au téléphone car il ne sait pas combien de temps s'est écoulé depuis que sa montre s'est arrêtée et il se fait déjà du souci pour son bus ; arriver en retard au bureau, c'est bien la chose au monde qui lui fait le plus honte.

Mais le téléphone est mort. Il n'y a aucun son dans l'écouteur. Confondu, Benoît compose à tout hasard le 161 qui est le numéro de l'heure exacte puis le 112 qui est celui des dérangements. L'appareil reste aussi muet que le transistor. Louise dit que ce n'est pas étonnant puisqu'il y a une panne d'électricité ; Benoît doit lui rappeler que le téléphone marche sur un tout autre courant, un courant faible qui ne tombe jamais en panne.

Alors que se passe-t-il à la fin ? Louise suggère timidement l'idée d'une grève générale. Ils ont vu des choses terribles à la télé sur la dernière grève générale en France. Mais c'est absurde, les grèves sont toujours annoncées à l'avance et puis ces horreurs-là n'arrivent pas en Suisse.

Et puis les pendules et les montres ne se mettent pas en grève.

Benoît ne sait plus que penser. Tandis qu'il essaie en vain de réfléchir, là, debout dans son corridor, il remarque enfin une chose tout à fait inhabituelle – encore une. C'est le silence. Il n'en a pas pris conscience dans son exaspération – mais maintenant il s'en rend compte et il a l'impression que cette étrange absence de bruit dure déjà depuis un bon moment. Il n'a connu qu'une seule fois dans sa vie un silence aussi total : c'était dans un haut pâturage pendant une promenade à la montagne. Benoît va ouvrir la porte-fenêtre du salon et sort sur le balcon.

Alors il peut voir que tout s'est arrêté. Absolument tout. Il distingue trois voitures immobiles dans la rue, les conducteurs sont sortis, l'un d'eux a soulevé son capot et les deux autres contemplent leurs machines avec une totale incrédulité. Pour autant que Benoît puisse en juger, il n'y a plus aucun véhicule qui roule dans notre banlieue ouest et dans notre ville tout entière, plus un avion qui passe, plus un train. Donc pas de bus non plus, pense-t-il brusquement; il faudra faire trois kilomètres à pied pour retourner au bureau.

Mais cette idée s'évanouit aussitôt née car Benoît est un homme sensé. Et son bon sens lui enjoint d'admettre enfin qu'il est en train de vivre une chose dont personne n'a jamais entendu parler: une panne générale. Une panne universelle. Plus rien ne fonctionne, plus rien ne bouge. Même le temps ne marche plus.

Même le temps qui ne marche plus.

Alors quoi, crie Benoît Bébé Bérard à sa femme Louise, qu'est-ce que ça veut dire, nom de Dieu? C'est la fin du monde, ou quoi?

Il ne croit pas si bien dire et ferait mieux de ne pas blasphémer. Car dans l'énorme silence qui fait mal on entend maintenant, venant de quelque part au fond du ciel, le son lointain – mais très pur – d'une trompette.

Ce mardi 27 octobre, dont les seules caractéristiques ont été un brouillard élevé sur notre ville, un léger retard dans les transports urbains et une séance chez la coiffeuse pour Mme Bérard – ce jour-là est effectivement le jour du Jugement Dernier. Mais que ceux qui ont lu cette histoire me répondent: qu'y aura-t-il à juger, au juste?

Extrait de *Xannt*, contes fantastiques,

Jacques-Michel Pittier

Ego Lane

EGO est assis au Jardin. Les soleils flamboyants lui dispensent une chaleur bienveillante, sans brûlures. Il chauffe ses os sur une pierre plate, ronronnant de plaisir au contact des ondes bénéfiques. Ego dont le regard erre, ennuyé, dans cette splendeur achevée qu'est le Jardin. Tout y est ordre et clarté organisés, tout y est sobre et symétrique, tout y est parfait, trop parfait peut-être.

Et la vie s'écoule, lente, issue du temps, issue du vide, comme le miel suintant des arbres à ours.

Ego est là depuis longtemps ; il ne sait combien, mais d'aussi loin qu'il se souvienne, il est là, assis sur sa pierre, dans le Jardin.

À son côté se tient Lane.

Lane est debout et caresse distraitement le Limure.

Lane songe, son esprit est ailleurs, par-delà le Jardin, ailleurs.

Ego contemple.

Lane pense.

Limure laisse faire.

Ego a faim soudain : il bâille et d'un mouvement souple étire un à un tous ses membres, presque avec soin.

— Ego ? Lane a parlé dans un souffle. Il suspend un instant son geste et répond :

— Lane ?

— Qu'y a-t-il là-bas, derrière la Montagne ?

— Il y a le Jardin, dit Ego.

— Et après le Jardin ?

— Encore le Jardin, mais ne te tracasse donc pas, viens manger.

Ils s'en vont à petits pas en direction du Jardin.

Le Limure s'installe sur la pierre. Il ne parle pas lui, il agit seulement. Pour l'instant, il absorbe l'énergie de toutes ses écailles brillantes.

Au Verger, il y a l'Arbre, et aussi les arbres. Ego et Lane savent faire la différence, et ils passent devant l'Arbre sans le voir. Pourtant cette fois, il y a dérogation à la règle tacite : Lane s'est arrêtée devant le tronc et sourit :

— Il est plus grand et plus fort que les autres, et puis ses fruits sont mûrs.

— Et intouchables, murmure Ego qui s'est approché.

— Qui l'a dit ? demande Lane.

— Je ne sais, répond Ego.

Mais Lane est déjà loin, elle mord dans un fruit jaune, et dans un autre rouge, et le bruit de ses mâchoires ne dérange même pas les Bêtes à Ailes qui tournent près de l'eau.

Puis c'est la Nuit, longtemps. Le Limure a quitté sa pierre, il a disparu ; nul ne sait où. Il agit quelque part, dans l'obscurité qui est son reflet.

Un nouveau Jour se passe. Lane et Ego le vivent comme tous les autres, mangeant, marchant, sans savoir la douceur d'être car ils n'ont jamais rien connu de différent. Ils n'ont jamais souffert, car le mot même n'existe pas. Ils ont les arbres qui leur donnent des fruits, ils ont l'eau, ils ont le ciel, tout cela mêlé dans un univers de paix. Si ce n'était leur indifférence aux choses, tout serait pour le mieux.

Alors, il y eut la Pluie. C'était nouveau. Ils n'avaient jamais vu pareil phénomène. Bien sûr, Ego et Lane connaissaient l'eau, pour l'avoir rencontrée dans le lac ou sur le fleuve; mais jamais ils ne l'avaient vue tomber du ciel, en petites gouttes serrées et froides. Et quand cela eut cessé, il vint une autre surprise: Ego sur sa pierre et Lane à son côté virent les choses blanches onduler au ras du sol. La terre fumait. Cela aussi était neuf, et Lane joua à disperser les fumées. Ego regardait simplement.

Il n'y eut pas de questions sans réponses ce jour-là.

Une autre fois, Lane se met en quête du Limure dans le Jardin. Elle regrette ses écailles douces sous les doigts, son silence, sa complicité. Elle appelle. Sa voix se perd dans les arbres, se fond avec le vent, se heurte à la Montagne. Le Limure ne vient pas, ne répond pas, le Limure a disparu.

Elle appelle Ego. Ego s'en vient, de sa démarche calme et tranquille, comme empreinte de certitude. Ensemble ils cherchent dans le Jardin, jusqu'au soir, mais le Limure demeure caché.

C'est une fin de journée comme il y en a en automne. Les soleils presque rouges roulent sur l'horizon, les nuages leur font une route écarlate, la Montagne s'embrase.

Ego sur sa pierre et Lane à son côté. Ils découvrent ce qui est beau. Une Bête à Ailes s'est posée et semble regarder aussi. Lane s'en approche. Elle oublie le Limure.

Les soleils sont partis jouer derrière la Montagne. La Nuit arrive, hautaine et silencieuse, estompant d'un voile d'ombre les détails du Jardin.

Ils dorment.

C'est peut-être la faim qui tire Ego du sommeil. Lane n'est pas là. Il s'assoit sur la pierre et regarde le ciel. D'un vert profond semé de taches d'ocre. Il y aura sûrement des gouttes d'eau et alors la terre fumera.

Ego se lève et descend au Verger.

Lane est sous l'Arbre, Limure lové autour d'un pied. Elle mord dans un fruit bleu ; le bruit de ses mâchoires résonne dans le silence. Elle s'interrompt, voyant Ego venir.

— Tu en veux ?

— D'où vient-il ? demande Ego.

— Je ne sais pas, c'est Limure qui me l'a donné. Il est resté dans l'Arbre tout le temps que nous le cherchions.

Ego a mordu dans le fruit. Les Bêtes à Ailes effrayées par le bruit sont parties.

Le ciel est noir.

La terre tremble…

L'effroyable bordée de jurons émanant du troisième assistant, dûment ponctuée d'un énorme coup de poing sur la table de travail, retentit dans le laboratoire. Alerté par le bruit, le deuxième assistant s'approcha : une loupe binoculaire et deux lampes gisaient à côté d'un bac à essais. Il les redressa et s'enquit sur l'origine du tumulte.

— Ça a encore raté, grommela le troisième assistant ; on a beau les programmer soigneusement, à chaque fois ça recommence. Ils ne comprennent pas, ou bien ne veulent pas comprendre, je ne sais au juste ! Voilà une semaine que je travaille à ce projet, c'est un monde tout de même !

— Vous en faites pas mon vieux, fit le deuxième, de toute façon ça devait rater ; je ne dis pas, si encore vous les aviez faits normalement, mais ils étaient moches avec leur jambe unique et leurs trois pieds. Et puis vous auriez pu éviter de leur donner de si grosses mâchoires, on les entendait ronger depuis l'autre bout du labo. Le Professeur lui-même s'en est plaint. À mon avis, il vous faut abandonner ou alors modifier les données de base.

— En voilà une idée, fit l'autre, et si on les faisait comme nous, avec deux bras, deux jambes, et tout le reste…

Le deuxième assistant s'en retourna vers sa table, vrillant sa tempe d'un index significatif.

— Pauvre type, murmura-t-il.

Extrait de *La Corde raide*,

Wildy Petoud

La Maison de l'araignée

Dans le cadre de la théorie des nombres, toute formulation axiomatique cohérente comprend un nombre n de propositions indécidables.

K. Gödel

Ce que je viens de vous dire indique scientifiquement la probabilité du miracle, et pose le fondement en possibilité opérationnelle des espérances les plus apparemment folles recelées dans le point le plus minime.

Ch. «Sereine» Rochefort

Je m'étais réveillée de bonne humeur ce matin/soir-là. Donc, j'ai tourné le dos à l'après-midi brouillasseux d'un janvier citadin des plus sinistres, à la fenêtre que je baptise « de l'ouest » pour me repérer. À l'est, un coucher de soleil sur la plaine vierge, parfait au réveil. La steppe, l'horizon qui meurt dans son sang, un début d'étoilcs.

Pourtant la ville me tirait des regards en coin, et m'appelait par mon nom. Ça arrive, et j'ai souri, je savais qui.

Un coup a fait sonner ma porte de bois comme une cloche de verre. J'ai (salut l'é) entrouvert le battant, pour l'ouvrir, porte (toile d'araignée) ou cloche, toute grande (salut né-de-la-mort), et le sourire a tiré ses yeux. Des yeux mangés/bleus (Ça va mort-née increvable) de toute la fatigue, pupilles éclatées de bleu total, et si je fermais les miens j'oublierais à l'instant cette couleur, mais c'est donc ça, bleu. Cri des yeux auquel répond le rire, toutes griffes dehors sur une gueule de fatigué de naissance, mille fois péri de mort lente et revenu, peut-être, pour crever encore dans une quête d'immortalité.

Il est resté devant la porte, bras ballants, guitare dans une main, Rayban dans l'autre. Il ne voyait plus la nécessité de bouger.

Immobile ; terriblement vivant.

Je lui ai pris le poignet pour le faire entrer. Il a suivi sans le savoir vraiment, et j'ai regardé d'où il était venu cette fois, avant de refermer. Ville en ruine, incendies épars ; fumée ou brouillard. Brève impression de déjà-vu, accueillie par un rire non vocal. Bien sûr, le Bluesman sort toujours du brouillard ou de la nuit, il n'a pas de mélanine dans la peau.

J'ai fermé, et regardé la ville se fondre dans une autre, quand la maison, poussée par mon désir, a changé de Lieu (« fonction d'ondes de probabilité », c'est trop long). Seule la porte ouest permet de débarquer dans des Lieux différents ; toujours des villes. Toutes les fois qu'on sort à l'est, la maison est au même endroit, dans le même courant de temps, tandis que les villes ont chacune leur espace-temps. Si on laisse faire la nature, il en défile une dizaine par jour. Mais, steppe ou cité, de l'« extérieur » n'existe pas d'autre porte que celle qu'on a prise, et les vitres sont d'une blancheur opaque. Nord et sud, je n'y vais pas, et personne n'en vient. C'est pas des Lieux habitables ou visitables.

Le Bluesman était resté planté où je l'avais laissé, et me parlait. C'est très intense et difficile à décrire, mais en comparaison un tour de deltaplane, en trip, pendant un orage, ressemble à un bon somme. Pas question d'employer le plus petit neurone en dessous de sa capacité maximale. J'ai quand même pensé à le pousser vers un fauteuil, où il s'est assis comme une poupée de sciure.

Le Bluesman oublie très souvent de s'asseoir, de manger ou de remuer la langue en parlant. Il ne voit pas à quoi bon influencer l'environnement de cette façon ; il a mieux à faire, mais doit la plupart du temps rester fermé comme une huître sous la marée noire : Il brûle la tête de presque tout le monde quand il leur parle ; et il est malade à pleurer quand il écoute à peu près n'importe qui.

Il a ses cordes vocales sur une guitare.

En me souriant complètement, il a soulevé et ouvert l'étui noir décoré d'expressions énigmatiques (Lotus Blanc 73, Schrödinger's Cat Eats Pussy (?!?), (Koyaanisqatsi), et pris dans ses bras la guitare où brillait le cartouche d'une reine morte. Cléopâtre a frissonné avant que les doigts n'aient tremblé sur ses cordes. Les images montaient.

(Cléo chante, tisse un filet où contraindre l'insupportable, elle rit de sa voix d'angoisse, elle blue, blue, blues, elle oui, elle crie, j'ai mal, mal aux autres, mal à mon nom tissé de sang, Cléo gémit, même les suce-cauchemar, les cramés, les damnés, même les peur-de-rien ont peur de moi, qui ai peur du soleil...)

Il s'est arrêté trop brusquement, pas dans une dissonance, il ne peut pas, mais trop vite. Il a remis ses verres-miroir, et s'est caché, planqué dans son cerveau ; on voyait la crasse, le gris dans la tignasse noire, l'usure. On voyait ses doigts rongés de blues, et que le feu qu'il portait lui avait dégusté la vie. C'était pénible, mais il a gardé le contact avec moi, quand même.

Donc, quelqu'un venait. D'une (j'ai regardé) répugnante mégacité de fin d'ère technologique qui me rappelait, quoi au juste ? et pendant que j'attendais qu'on frappe, Rari est entré sans frapper. Il ressemblait beaucoup à sa ville.

Rari se prenait pour un maître du saut quantique, ayant une fois changé de Lieu sans le faire exprès, en trouvant la synapse alors qu'il allait se faire écraser. Et il n'avait plus jamais quitté le bouillon de culture où il avait atterri, disant s'y sentir bien. Je crois plutôt qu'il n'osait pas recommencer, ou qu'il en était incapable. Mais cet unique saut avait bel et bien changé ses molécules, le rendant capable de voir ma maison. Si on la voit, on voit ce que c'est. Passant malencontreusement devant, Rari avait, cette fois-là, frappé. J'avais bien sûr cru qu'il était de bonne zone, et à cause d'un minois pas mal et d'un fute bien rempli, je l'avais fait entrer, pour en être navrée un instant plus tard. Maintenant, la maison l'acceptait. La peste soit de moi, mais aussi, je ne comptais pas revoir cet affreux, après ce que je lui avais dit en le vidant !

Il s'est installé comme un cochon dans sa bauge, en m'ordonnant de lui « amener de la picole », sans dire bonjour, et sans voir le Bluesman (qui ne voulait pas être vu). Je suis un peu beaucoup sexiste, et il faut qu'un ptimec assure vraiment avant que je le respecte. Alors, le Rari !... J'ai dit doucement :

— T'es pas le bienvenu, fais-toi rare, Rari.

Il m'a regardée en jouant l'incrédulité profonde, style je-n'en-crois-pas-mes-ouïes, et s'est mis à polluer avec une clope d'infâme tabac noir. Il a dit :

— Ha, ha ! Regarde à la fenêtre. On est toujours au même endroit, et on y restera tant que je voudrai. J'ai appris à contrôler ta baraque sauteuse, appris tout seul ! Et je l'ai senti, quand elle est arrivée, et c'est tout ce que j'attendais ! Maintenant, je suis chez moi, c'est trop le filon ! Si ça te plaît pas, je te laisse sortir, c'est par là !

C'était à mon tour de le regarder la mâchoire pendante de stupeur, mais pas pour les mêmes raisons.

(Je veux dire, ce, ce *machin* vient squatter ma baraque ? Tout seul ? Il essaie de me faire croire qu'il a le Pouvoir de vivre ici à ma place ? Il le croit lui-même ?? Il est fou.)

Je sentais l'emprise qu'il gardait sur le Lieu, comme un nourrisson qui « tient de toutes ses forces ». Pauvre petit, j'ai voulu l'épargner, mon horreur des emmerdes tenant lieu de non-violence, et dit calmement :

— Rari, fais pas chier. T'as pas vu que j'ai de la visite ? Tu déranges, j'aime pas ton sens de l'humour.

Rari a remarqué le Bluesman, qui braquait sur lui ses miroirs et laissait quelque chose passer au travers. Pas grand-chose : Bien assez pour que qui voulait voie qu'il y avait là un dragon et son brasier. Rari n'a pas regardé. Il s'est arrêté à la peau, et son ricanement puait la pourriture.

— Lui ? Lui je l'ai rencontré deux fois (Deux fois ? Voilà une coïncidence qu'on dirait un examen de passage !), et c'est un débile ! Une fois comme maintenant, assis avec une gratte sans être foutu d'en jouer, et une fois au resto ! Il était avec un type, et il a fallu que l'autre mec lui mette la fourchette en pogne ! Et après il continuait de racler cette assiette vide avec sa fourchette jusqu'à ce que son pote le fasse arrêter ! C'est un pauvre taré qui a pris trop d'acide ! C'est tout c'que t'as comme visites, ben merde !

(Petite explication : Des milliers d'êtres en tout Lieu connaissent la silhouette et le visage du Bluesman, et parfois sa musique. Il va absolument partout, pour des raisons à lui, même là où il est blessé jusqu'à la catatonie. Une poignée d'interzonards seulement sait quel nom va avec ce visage [je m'en étais servie dans le premier jet de ce texte ; il m'a demandé de ne pas. Pour des raisons à lui], et c'est un nom que des milliers d'êtres en tout Lieu ont entendu, en général accroché à une histoire invraisemblable.

En voilà une de plus :)

Ma vague envie d'épargner cette tête de bite mal lavée s'est à l'instant transmuée en bonne rage bien rouge. Je me suis levée comme un raz de marée, jetée sur lui comme une tornade, je voulais qu'il couine de trouille, et je lui ai expédié une baffe à lui désintégrer la tronche.

C'est-à-dire que mes doigts ont effleuré sa joue, et je suis tombée en avant juste à temps pour éponger un joli coup de genou dans les babines et m'étaler, avec Rari tout prêt à m'écraser la hure à coups de pied. Pas eu le temps de compter jusqu'à deux.

(Le film passe à la fois au ralenti et en accéléré.)

J'ai vu arriver la semelle, à la vitesse normale d'un coup de latte.

Pendant qu'elle arrivait, le Bluesman levait la main, très lentement, écartait les doigts, les refermait en poing lâche, très l-e-n-t-e-m-e-n-t, qu'il a serré, et j'essaie d'oublier l'aspect de son visage quand il a dit, dans un souffle, STOP.

La semelle a vacillé, à deux centimètres au-dessus de moi, et Rari s'est remis sur ses pieds pour crier sans air, la bouche distendue ; il se griffait la tête, se débattait contre rien du tout. Il a hurlé comme un maudit et ses yeux saillaient, j'ai vu qu'il essayait de dire, arrête, arrête. La porte s'est ouverte « toute seule » sur les perspectives d'une ville à peine moins hideuse que la précédente, qui m'a davantage tourné l'estomac : C'est là que Rari était né. Il a giclé par l'ouverture sans toucher le sol, craché par un mouvement de main du Bluesman, qui a dit encore plus doucement : « Oublie tout, et recommence. » La porte a claqué.

L'homme aux crocs dans les yeux a posé ses verres sur la table, ses mains sur Cléo, et il a joué, sans les doigts, un blues de Tom Waits. Il avait un joint à la main, allumé. Je ne sais même pas comment fait un électron pour aller d'un endroit à un autre sans se déplacer entre, alors un joint allumé… Un Bluesman voyageur… Ou une maison…

Une éternité de blues plus tard, je me suis souvenue d'avoir pris une raclée, et que ma bouche saignait ; j'ai passé les doigts dessus. Elle était comme neuve, pas une croûte. J'ai quand même bêtement demandé :

— Kesta fait à Rari ?

Il a répondu de vive voix, en me regardant :

— Je l'ai renvoyé d'où il était venu.

Je savais qu'il ne dirait rien d'autre. Il n'avait répondu que pour que je n'attende pas de réponse. Ce qu'il avait fait à Rari, ça… Lui avait peut-être mis Hiroshima dans les nerfs ? Empoigné le cœur de sa main nue ?

Le Bluesman avait peut-être prêté sa tête à Rari ? Juste une seconde. Cette tête qu'il porte tout le temps, tout seul. Tout le temps, et ça ne s'arrête jamais… L'ignorance, c'est la béatitude.

(C'est la *tienne* que je lui ai prêtée – pleure pas, toi qui vis dans la béatitude de l'ignorance.)

Merde.

Tout le temps, disait Cléopâtre ; sans arrêt.

Et puis le Bluesman a levé la tête et dit à bouche fermée :

— Luyah.

Cléo riait !

Luyah des prismes pers et de l'argent martelé, Grande Blanche-et-Sorcière des Pirates-Entre-Les-Mondes, debout à la porte est, que suivait une lumière redoutable et douce. Elle riait avec Cléo, claquait des doigts, tendait les bras, cliquetant de tous ses joyaux, les yeux pleins d'une ville épouvantable et magnifique, rêve de velours et de brocarts en loques, raides de sang et d'inestimable vie. Elle riait, riait sur le seuil étoilé.

Le Bluesman a posé Cléo, dit salut, s'est levé pour aller vers elle. Honneur exorbitant et rarissime, pas qu'il se foute du monde, mais il faut une présence totale pour le faire réagir physiquement. Je m'étais aussi levée. Il s'est passé en quelques secondes beaucoup de choses mémorables. Parfum d'alcool, de fumée de bois, de sang frais (un mélange délicieux). Il est rare de la voir arriver de ce côté-là, qui appartient à la Terre Mère, et où rôdent des tribus de voyants nomades qui suivent le soleil. Elle fait plutôt dans la barbarie sophistiquée, cannibales urbains, paillettes et rock'n roll. Les coins préférés de Luyah foutraient des angoisses à un guerrier yaqui. Elle est merveilleuse.

— Mon Araignée, la chamane Ourse Qui Mange La Mort m'a dit qu'elle voudrait te voir, demain de là-bas au lever de la lune, au camp de la source verte ; et que tu prennes ta magie.

— Quoi, encore du travail ?

C'est une vieille blague entre nous d'appeler une traque « magique » du travail.

Comme toujours, le régal de revoir Luyah incluait les friandises dans sa tabatière de quartz, qui sortit d'ailleurs du sac en peau de dragon, pour faire le tour. Tlaloc faisait le dégoûté sur le couvercle, et Luyah a fait presque la même grimace quand je lui ai raconté Rari.

— Ça t'apprendra à baiser n'importe quoi, quand ta maison est le seul endroit des Lieux où le Bluesman vient dormir !

— D'abord, pas le seul ; ensuite, il dort peu ; et enfin, il dort seul ! Je lui ai jamais trouvé de zones érogènes !

Les mains crispées sur Cléo, le Bluesman a répondu en détachant soigneusement les mots :

— Elles sont dans mon cerveau, mon amour, comme les tiennes, mais je ne veux pas te les montrer. Ça te tuerait. Déjà beau qu'on puisse causer. Mes zones, je ne les ai pas fait voir en quinze ans ; pas depuis qu'un mec est mort de les avoir essayées.

Il avait emprunté ma syntaxe, et presque ma voix. Il a hoché de la tête devant nos expressions respectives, et murmuré :

— Je suis fatigué.

On le croyait. Il riait d'un rire éprouvant et silencieux ; je crois qu'il riait.

Puis, sur une parodie de *Cocaine Blues* :

— Luyah, je voudrais bien connaître ton détaillant.

Elle a fait signe que oui, en débouchant une flasque d'améthyste où bouillonnait une mixture fuligineuse.

— Justement (glou, glou), il va venir. C'est Max, Max la Pieuvre, tu le connais pas ?

— Que de réputation, mais j'ai entendu de sacrées histoires.

Comme moi. Luyah m'en avait raconté la plupart, ils se connaissent bien. Elle m'a regardée.

— Excuse, mais je lui ai donné rancart ici…

— Et alors ? J'ai envie de le rencontrer, après toute la mythologie à laquelle j'ai eu droit !

— C'est pas ça, mais (elle m'a passé à boire ; je n'en voulais pas) il va débarquer par la porte nord…

J'ai gargouillé à l'idée de voir arriver quoi que ce soit par là. Le Lieu du Nord, c'est la peste, les monstres, et la nuit noire de l'âme, Lovecraft n'a jamais fait mieux, ou alors il connaissait. Les os font mal à s'approcher de cette porte ; des fois, elle tremble, et j'ai condamné la fenêtre. La porte est protégée autrement, puisque la maison a besoin des quatre ; dommage.

— Pourquoi par la porte nord, il est fou ?

Luyah a répondu que non, il trouvait ça plus rigolo, en tendant le flacon au Bluesman, qui a bu, sans souffler, assez longtemps pour le vider trois fois, et l'a rendu encore plein à sa propriétaire. Il ne louchait même pas. Elle a sifflé d'admiration.

Moi, je regardais la porte nord. (Plus rigolo… ?) Luyah souriait.

— Le voilà.

Eh oui, par Isis, Eris et Cypris, la porte noire s'ouvrit, merde ! L'entropie, l'abomination, la gluance, ôscours !

Mais rien n'a poussé, rugi, bouffé, sali l'espace, rien n'est entré, sauf le type. Il retenait tout d'une main, et de l'autre il a refermé la porte. Je l'ai vu, sans y croire.

Face de plâtre, une touffe de feu écarlate sur le crâne, des yeux d'obsidienne chauffée à blanc ; il avait dû se pencher pour passer la porte, qui n'est pas basse, et je lui aurais donné deux mètres cinquante pour trente kilos, au pif. Les bras troués des épaules aux bouts des doigts. Tee-shirt noir, jean noir, dents noires. Il m'a fait un effroyable sourire de tétanos, les yeux blancs en prime.

Luyah lui a parlé, dans un charabia polysyllabique et mélodieux, peut-être une langue amérindienne. Je m'en fichais, j'étais trop contente qu'il regarde (regardât ?) ailleurs. Je ne l'avais pas imaginé comme ça, ou plutôt si ; mais pas autant…

ET

Il s'est passé quelque chose.

Le Bluesman a fait un bruit.

Je crois qu'il essayait, en même temps, d'aspirer comme pour encaisser un coup ; d'expirer comme on fait en posant une charge ; et de retenir son souffle.

Le droguiste a oublié qu'il parlait, au milieu d'un mot, et s'est planté d'une enjambée devant le Bluesman dans son fauteuil. Il a copié le bruit, et tendu la main.

Il n'y avait plus d'air dans la pièce. D'ailleurs, personne ne respirait.

Le carnivore s'est accroupi devant le Bluesman, mettant leurs visages au même niveau, et lui a très doucement pris la tête entre les mains, en disant :

— Je comprends ça.

La voix d'un gosse de huit ans. Le Bluesman a répondu :

— Tu comprends tout.

L'énergie montait entre eux, une joie féroce, volcanique, terrifiante et totale. J'ai senti ma vie trembler, prête à se défaire, éparpillée par cet intense soulagement qui ressemblait tant à la mort, et fermé les yeux, écrasée. Les yeux fermés aussi, il était difficile de ne pas mourir.

Même les peur-de-rien ont peur du Bluesman, oui. Mais quelqu'un qui arrive chez moi par le côté nord parce que ça l'amuse davantage ?

J'oubliais d'être. Puis on m'a tirée par le bras, main d'iridium dans un gant de platine, et Luyah a dit :

— Faut qu'on sorte d'ici.

J'ai ouvert la moitié d'un œil, pendant qu'elle me tirait vers la porte avec l'autorité d'un tracteur. Les traits de son visage s'enfuyaient de partout, et j'ai pensé au Lieu du Sud, où toutes les parallèles sont des perpendiculaires. Il se passait un truc similaire, en pis.

C'est Luyah qui a trouvé la porte, l'a ouverte, elle qui m'a fait sortir et qui a refermé. Je ne sais pas où elle prend sa force. (Là où je prends la mienne, mais elle en a davantage.)

Je me suis écroulée comme un tas de gélatine sur le trottoir de céramique fendillée ; Luyah s'est assise à côté de moi pour boire un coup gigantesque. Cette fois j'en ai pris une minuscule gorgée (Déjà bu des angles droits macérés dans la soude caustique ?

Beurk.), qui m'a suffisamment requinquée pour que je regarde où j'étais : Le néon bleu du *Bar de la Licorne* brillait au bout de la rue, rendez-vous de l'interzone dans ce Lieu évolué où tout le monde fait joujou-probabilité.

— Luyah chérie, t'es pourrie de style. Au milieu de tout ça, tu as en plus pensé à nous amener ici ?

Elle a ronchonné :

— C'est pas moi c'est les deux autres. Dis-moi plutôt ce que c'était, « tout ça » !

Je me suis étouffée de rire un brin hystérique, en répondant comme je pouvais :

— T'as jamais... hé, hé... vu... un coup (hahaha) un coup de foudre ?

— Tu te paies ma tête, l'Araignée ? Ce truc ressemblait à un coup de foudre comme un cyclone à un courant d'air !

— Oui ! C'est toujours de l'air en mouvement ! Luyah, tu te rends compte que si on pouvait l'encaisser, ils en auraient autant à notre disposition ?

Et nous avons ri de toutes nos forces, longtemps, de la frustration plein les bottes, jusqu'à ce que passe Sisray, en pagne de cuir noir, mamba en collier, serpent-minute en bracelet ; qui nous a traînées à la *Licorne* pour boire, boire, fumer et boire, et qui m'a demandé, plus tard, alors que je montrais le Baiser de l'Araignée à un petit mignon :

— Didonc, la Bête, tes fenêtres font des arcs-en-ciel au lieu d'être blanches, qu'est-ce qui se passe chez toi ?

Luyah a ricané. Le juke récitait des noms d'étoiles sur fond de clochettes, et j'ai dit, en toute sincérité avinée :

— J'en sais rien, ma loute, mais c'est sûrement quelque chose de très très beau.

Et j'ai rebu ; crié ; chanté ; dragué. Il se passait partout de très belles choses, mondes sans fin, amen, wow.

FIN OUVERTE

Rolf Kesselring

Martien vole

Mario Crevacore entra dans une sombre fureur lorsqu'il vit, assis sur les barreaux de la fenêtre de sa cellule, Prosper-le-Martien. C'en était trop !

Fou de rancœur, ne réussissant plus à se contrôler, hurlant de rage, il bondit en direction de la lucarne. Il voulait occire la minuscule créature. Tout simplement.

Hélas, la colère est une tempête stérile et notre héros s'en rendit compte très vite.

L'Administration, bienveillante pour les détenus, avait imaginé de situer l'unique imposte de la cellule au ras du plafond, hors d'atteinte des locataires trop curieux. Sans doute était-ce pour leur épargner la tentation que représente le spectacle de la libre nature, du firmament azuré, de la vie banale, au-delà des murailles. Il est possible, aussi, que ce ne fut que pour mettre une difficulté de plus entre le ciel et les damnés. Mario retomba, cul par-dessus tête !... Une amère sensation de défaite, de fatale impuissance l'envahit. Heureusement, sa nature généreuse était prompte à la pirouette. Il transforma, comme par magie rouge, son échec en une beuglante meurtrière à l'endroit du petit être coloré qui se tenait prudemment hors de sa portée.

Levant le poing gauche en un geste commun, il apostropha le petit Martien :

— Vas-tu foutre le camp d'ici, espèce de macaque rose ! Vas-tu me laisser en paix dans cette calèche de malheur ? Si je t'agrafe, ce sera ta fête, parole d'homme !...

Les mots lui manquèrent. Il cherchait des formules tranchantes, terrifiantes, définitives. Il voulait conjurer le sort malin, exorciser l'apparition, projeter, hors de sa vue de condamné, cette malédiction minuscule et tenace qui le poursuivait au creux de sa geôle, au profond de son chagrin, de sa solitude...

Pour annihiler ce coup d'un destin sorcier, cette apparition démoniaque, il fallait trouver la formule cabalistique, le pentacle salvateur, le signe péremptoire, le cercle de craie caucasien et définitif. Il fallait frapper un grand coup. Un tout grand coup...

Prosper, fixé sur son barreau comme un moineau affamé guettant une miette de pain, n'osait bouger. Sa figure, pourtant, exprimait un chagrin immense, une peine sincère, un profond désarroi. De tout son minuscule corps rosâtre, il semblait supplier l'enragé qui l'invectivait, en lâchant des bordées flambantes de belles menaces.

— Allez, ouste ! Du vent, du balai !... Calte, débine-toi, carapate, décampe ou je te chanstique en hachis parmentier, parole, clamait Mario !

Tremblant et bégayant, il était l'image même de la noire colère, de l'apocalyptique fureur. Comme un rat en cage, il arpentait sa cellule à grandes enjambées. À chaque fois qu'il atteignait la porte, il pivotait d'un coup et ses yeux, immanquablement, retombaient sur le petit Martien. À chaque fois, dis-je, la folie se rallumait dans son regard et il menaçait le Martien rose d'un sort terrible et tuant, s'il ne disparaissait à l'instant.

Prosper, timide, essayait de plaider sa cause :

— Mais Mario, laisse-moi t'expliquer la coupure...

— Rien du tout, beuglait celui-ci. Pas un mot, pas un son, je ne veux rien entendre ! Tout ce que je veux, c'est que tu t'évapores, t'envoles, te dissolves, t'engloutisses à la minute !

Puis, comme si une grande fatigue lui cassait la charpente, son dos se voûta, ses épaules ployèrent, il ajouta, dégoûté :

— ...Parce que t'es bien le plus dégueulasse Martien qui soit jamais venu sur Terre !...

— Mario, écoute-moi, je t'en supplie...

L'homoncule voulait plaider sa cause, dire son mot, expliquer... Crevacore ne voulait plus rien entendre ! Six pas aller, demi-tour, une nouvelle bordée d'injures saignantes giclaient en direction du vasistas... Six pas retour et le manège reprenait. La rogne possédait l'humain comme une fièvre maligne et bouillante.

Pourtant, Prosper ne semblait pas désespérer de l'humain violet de colère. Se dressant sur la barre de métal qui lui tenait lieu de perchoir, il tira, d'un baluchon miniature, à sa taille, un minuscule costume de tissu rayé.

— Laisse-moi prendre ma part de fade, Mario, implora-t-il en agitant devant lui les hardes de mini-bagnard. Si tu es là, dans cette cellule, c'est bien de ma faute!... Et tu vois, j'ai apporté mon costume pour être dans le ton!

Son costume! Mario faillit s'étrangler de rage.

— Tu te fous de moi?

C'en était trop! La tinette débordait! La folie envahissait le prisonnier!... Tombant à genoux, dans un bel élan mystique, il en appela aux entités supérieures qui régissent le bas monde des casseurs malchanceux... D'abord, il y fit une longue et fervente prière à la Madone qui, tout le monde sait ça, a, depuis son histoire à trois avec Joseph et le Saint-Esprit, la plus grande compassion pour les fautes des autres. Il y était question de piété, d'appel à l'aide, de la sauvegarde du pauvre pécheur et de quelques cierges à consumer dans un futur de liberté retrouvée, à condition qu'elle fit quelque chose pour faire disparaître ce petit fantôme agaçant et tenace qui se faisait appeler Prosper et qui prétendait venir de la planète Mars... Puis, pour assurer le coup, l'incantation se partagea entre le Père, le Fils et l'autre... Pour faire bonne mesure, il y ajouta un boisseau de saints en renom dont on lui rabâchait les pouvoirs miraculeux depuis son plus jeune âge... Il parla de miséricorde, de rédemption, de repentance sincère. Il plaida, fou de religion, croyant comme devant. Enfin, et parce que le Martien ne recevait ni eaux du ciel ni feux de la terre, il en appela au Président!

Il eut beau faire, beau dire et promettre, tout fut vain... Prosper-le-Martien semblait irréductible, indestructible, imputrescible. Ne sachant plus que faire, Mario se tordait les mains, mesurant l'immensité de sa tragique impuissance. Pathétique, il clama son désespoir aux quatre pans de ces murailles obtuses :

— Par les chaînes de mes aïeux, par la rame et le boulet, par le pic et la serrure, je vous invoque, mes pères ! Tous, autant que vous fûtes, venez à mon secours ! Toi, Giovanni Ladrone, honnête coupeur de bourses... Toi, Alphonso l'aigrefin qui fit de Naples son fief, enlevant jupons et cotillons de basses luttes. Toi, Giorgio qui trancha et découpa tant de femmes que Rome en manqua pendant toute une année !... Accourez tous ! À moi bandits, voleurs, brigands, malfrats, tire-laine, étrangleurs, spadassins, politiciens, gens de lame et d'esbroufe !... À l'aide !

Ce grand cri du cœur le soulagea. Il eut la chaude impression d'appartenir à une lignée de choix. Son hérédité le rassurait par la densité. Il s'assit. Sur la fenêtre, Prosper étonné avait écouté en penchant la tête, attentif. Il découvrait en Mario un aspect caché, un héritage criminel de bon augure. Il avait affaire à de la belle canaille, à du gibier de bagne bon teint. Satisfait, il se frotta les mains : son complice n'était pas n'importe qui... L'homme, épuisé, anéanti, les nerfs en compote, s'était laissé choir sur la couchette et fixait le mur d'un œil morne. Le cortège des souvenirs défilait dans sa tête comme les images d'une lanterne magique.

Il marmonnait.

— J'aurais mieux fait de me casser une patte ce fameux soir...

Oui, un soir fameux. Un soir sans lune, sombre et ténébreux. Un soir où les chats avaient tous la couleur des pierres, la teinte des façades. Une nuit propice, complice. Une nuit noir-réglisse.

Depuis une heure, Mario attendait, les sens en alerte, fondu dans l'ombre d'une porte cochère. Il faisait froid. Un froid à faire claquer du bec tous les canards de la création.

— Va-t-il se tirer enfin, cet enfoiré de comptable !

Au rez-de-chaussée d'un immeuble de béton, de l'autre côté de la rue, des baies éclairées laissaient voir un homme occupé à quelque pressante besogne.

Mario savait ce qu'il faisait. En se haussant sur la pointe des pieds, en collant son corps raidi de froid contre le vantail de la porte de bois gelé, il pouvait voir un tas d'enveloppes jaunes qui s'ordonnaient en piles superposées sur le bureau, devant ce petit homme grisâtre qui se complaisait à les compter et à les recompter depuis plus d'une heure, depuis que les employés avaient déserté les locaux. Le lendemain, c'était jour de paie pour les employés de la maison. Cent mille francs et plus, en images de la Banque fédérale ! Une colline d'espèces ! Un Himalaya de pognon que, déjà, Mario palpait en rêve. De quoi se payer des vacances à perpète ! Le coup fumant, l'affaire du siècle, celle qui ne se trouve qu'une fois dans la carrière d'un honorable cambrioleur travaillant en solo !...

Mario avança la tête et jeta un regard circonspect dans la rue. Le secteur paraissait calme.

Soudain, rompant le silence, un bruit de pas retentit. Cela venait de la gauche! Les nerfs tendus, le casseur prêta l'oreille. Il essayait de classer le bruit. Promeneur inoffensif? Insomniaque baladeur? Retraité promenant quelque médor pissoteur ou simple noctambule sur le chemin du retour *at home*? Mario hésitait... L'arrivant marchait calmement, la semelle claquait le bitume d'une manière trop assurée pour être honnête... Renvoyé par les façades, le bruit se cassait, prenait de l'ampleur, se multipliait... Indécemment... Des visions d'archets du guet, de patrouilles flicardes, de pelotons d'hirondelles, affluèrent à l'esprit de notre homme. La sueur colla la chemise à son échine. Les fesses se serrèrent l'une contre l'autre dans le fond du pantalon. Les genoux mollirent lamentablement. Sa peau se mit à cloquer comme celle d'un volatile. Il s'incrusta dans l'ombre, retenant son souffle...

Une silhouette passa devant son refuge et Mario entrevit la casquette: un policier en uniforme! Un flic faisant sa ronde. Un lardu arpenteur et solitaire...

— Il ne m'a pas vu, se rassura le casseur mal à l'aise...

En quelques secondes, le son des pas décrut, comme si la nuit l'avalait. Mario respira, soulagé. À cet instant précis, les lumières des bureaux d'en face s'éteignirent. Quelques secondes plus tard, le comptable sortit, ferma la porte d'entrée et s'en fut, en relevant frileusement le col de son manteau...

Le chemin était libre. Mario ramassa sa trousse et, aspirant une vivifiante goulée d'air nocturne, traversa la chaussée.

La porte n'offrit qu'une pauvre résistance de principe devant la noble pince du casseur. Ce fut à peine si une timide protestation, une chétive plainte, un minuscule craquement, rayèrent le silence glacial de la rue…

Comme une ombre furtive, Mario se glissa dans les locaux, louvoyant entre les meubles… Le coffre était là, devant lui, massif, trapu, métallique, rébarbatif et sombre. Il semblait l'attendre de socle ferme.

Le casseur l'examina avec soin, le palpa, le flatta d'une main câline en murmurant, guilleret :

— Je t'aurai, mon vieux ! Je vais te débrider en deux coups de cuillère à pot ! Je vais te faire rire aux éclats ! Tu n'auras même pas le temps de jeter un signal d'alarme que tu auras déjà le ventre creux !

Tout en monologuant de la sorte, Mario Crevacore s'était accroupi devant le maousse… De sa trousse, il sortit un stéthoscope brillant de chromes comme une voiture américaine, le passa à son cou et engagea les deux becs dans ses conduits auditifs. Avec délicatesse, il posa la plaque sensible juste au-dessous des mollettes à chiffres. D'un doigt expert, il les fit rouler dans un sens et dans l'autre… Un sourire détendit son visage, lorsque, à ses oreilles, retentit le cliquetis des billes qui s'affolaient dans l'épaisseur du métal. Ce coffiot avait de la tradition. Ce n'était pas de ces bahuts modernes, lisses et ripolinés, qui roulent leurs combinaisons silencieusement, en bêtes sournoises, sur des roulettes plastifiées, vitaminées et cachottières, non ! Il s'agissait, là, d'un joyeux sonore à déclics.

Mario se concentra. La minute était capitale. Tout dépendait, maintenant, d'une infime différence de son, d'une tonalité différente, qu'il fallait saisir au vol.

À ce moment, une voix aigrelette retentit dans le silence et questionna :

— T'es de la maison, pépère ?

Surpris, Mario bondit.

Le stéthoscope à la main, l'œil fureteur, le corps ramassé, prêt à fuir, il inspecta les lieux… Personne ! La pièce était vide…

L'homme se crut victime d'un mirage à la mode de Domrémy. Il était sûr d'être seul. Ce ne pouvait être qu'une hallucination auditive, qu'un coup de fatigue traître, qu'une faiblesse des sens…

— T'as les foies, pépère, reprit la voix. Je le vois bien ! Il ne faut pas ! Je ne suis pas de la maison poulaille, moi ! Tu n'as rien à craindre de moi !…

Crevacore adressa une prière muette au plafond de l'officine, espérant ainsi exorciser l'organe malin. Statufié, il n'osait faire le moindre mouvement, craignant un je-ne-sais-quoi bavard, un discours fantômal, l'appel d'une conscience impalpable et papotière.

— Je suis sur le coffiot, pépère, regarde !…

Piqué au vif, Mario pivota sur lui-même. Sur le coffre, la prunelle joyeusement allumée, un petit être, une créature infime se vautrait. Il avait une curieuse tête en forme de cône arrondi et de petits membres grêles qu'il agitait en tous sens…

— Mon blaze, c'est Prosper-la-Jaunisse, dit le Martien… Et toi, c'est comment ton nom ?

Hébété, stupide, Mario bégaya :

— Crevacore… Mario Crevacore…

— C'est chouette, apprécia le gnome.

Il se tut un instant et parut réfléchir le menton dans le creux de sa petite main.

— Si j'en crois ce que je viens de voir, reprit-il soudain, tu veux te farcir ce bidule ?

Il frappait le dessus du coffre, sur lequel il était assis, avec le pied.

— Heu… Oui !…

— Alors, permets-moi de te dire que tu t'y prends comme un cave ! C'est pas la bonne manière ! Tu en es encore à des méthodes qui datent de la plus haute antiquité !… Il n'y a plus guère que les apprentis, ou quelques réactionnaires de cette honorable profession, pour se cantonner à ce genre de simagrées qui sont l'héritage grossier du temps passé…

L'homme sursauta, touché dans son honneur de casseur… La suffisance du petit être le fit sortir de ses gonds. Sans plus se demander si la folie le gagnait, il se mit à brailler comme un fou en direction de cet inimaginable farfadet. Il ne pouvait plus, ayant paumé son libre arbitre, saisir à quel point il était ridicule, en se disputant avec cette chose infime qui trônait sur le ventru de métal :

— Pas la bonne manière !… Pas la bonne manière ! s'indigna-t-il. Peut-être que tu veux me donner une leçon, à moi, Mario Crevacore ! À moi qui descends en ligne presque directe de Bénito-la-Muraille ! À moi qui, en vingt ans de carrière, peux encore montrer la virginité pure de mon casier judiciaire ! Moi qui…

Le Martien fit un geste désinvolte, balayant les arguments du casseur colérique. Toute cette ascendance lui paraissait, sans doute, négligeable et sans intérêt.

— Ne t'emballe pas, pépère ! Ce que j'en disais, c'était pour ton bien !…

— Pour mon bien ! rugit Mario, hors de lui, oubliant toute prudence.

— Oui, pour ton bien… Vous autres, les hommes, continua tranquillement le Martien, vous vous filez sans cesse en pétard dès qu'on vous dit la vérité !… Vous êtes comme des mômes : tout juste bons à sucer des sucreries gluantes et à piailler stupidement, sans raison !…

La pastille du stéthoscope frappa violemment l'endroit où, une fraction de seconde auparavant, se tenait Prosper. D'une pirouette extraordinaire, il avait évité le péril.

Mario, lui, écumait de rage. Brandissant l'engin meurtrier, il cherchait de l'œil l'impudente créature aux trop prompts réflexes.

— De la purée, que je vais en faire de ce… de ce… !

Les mots le fuyaient. Il voulait trouver l'invective qui aurait fait mouche, la phrase assassine, mais il bredouillait lamentablement.

— Du hachis, de la bouillie, de la pâtée pour clébards !…

L'homme hurlait, ne se rendant même plus compte de la situation dans laquelle il gigotait…

Prosper avait disparu ! La fureur, sans doute trop forte, consuma d'un coup les forces vitales de l'homme. Une grande apathie fit place à cet accès fiévreux. Il vieillit d'un seul coup et s'assit devant le coffre impassible. Sans qu'il puisse se contrôler, il sentit les larmes monter à ses paupières. Il se mit à pleurer. Toute l'eau de son corps semblait jaillir de ses orbites. Il s'inondait de larmes, Venise lacrymale, fontaine versaillaise et Niagara tout à la fois. Son esprit surnageait avec peine. Ses idées barbotaient à demi noyées. Sa conscience coulait à pic. Mario Crevacore sombrait.

Prosper, prudemment retranché derrière une machine à écrire, observait le pitoyable spectacle. Il s'émut, se sentant responsable de ce chagrin grandiose, de cette extraordinaire douleur peinte sur le visage de l'homme. On peut être Martien de Mars, farfadet de n'importe où, lutin de l'improbable, sans être un sadique insensible. On peut venir d'une autre planète, d'une dimension différente et avoir, malgré cela, du cœur et de la charité.

En bon diablotin, Prosper-le-Martien décida de soulager Mario l'humain, de l'aider, de réparer l'immense accident émotionnel que son apparition intempestive avait provoqué chez le cambrioleur. Il s'approcha de cette loque pantelante, de ce débris, qui sanglotait à perte de larmes.

— Faut pas te miner comme ça, pépère !... Je vais te filer un coup de pogne !... Je vais te l'ouvrir, moi, ton ventru en ferraille ! Tu l'auras ta fraîche. Je suis un mec régulier, moi !...

Mario ne paraissait pas entendre. Il restait là, prostré, vaincu par le surnaturel.

— ... En vingt secondes, je le débride ton mastard, reprit le Martien. Tu n'as qu'à le demander... et fermer les yeux !...

Devant l'inertie de l'homme, Prosper s'enhardit. Il sauta sur l'épaule de l'humain. Celui-ci ne bougea pas d'un millimètre, ce qui parut de bon augure au petit être.

— ... Allez, ne chiale plus, petit père, murmura-t-il consolateur... Ce n'est pas des manières d'homme de se laisser aller comme ça, puisque je te dis que je l'ouvre, ton bahut !... Même que tu n'auras pas le temps de renifler que ce sera déjà fait...

Il y eut un long moment de silence dense, presque solide, puis Mario parut réagir... Il leva la tête, soupira, jeta un regard oblique à Prosper et secoua le menton, comme pour chasser de sa cervelle en compote toutes humeurs chagrines qui l'embrumaient. Le Martien l'observait. Attentif... Il vit tarir les larmes, se régulariser la respiration et revenir les couleurs sur le visage de Mario.

— Ben tu vois... constata-t-il joyeusement, fallait te forcer un peu !...

Ils se sourirent comme deux gosses qui font la paix après une bagarre dans le préau de l'école.

— Si tu veux, dit encore l'homoncule, je l'ouvre ce fichu coffre ?...

Il fit une grimace comique et inattendue avant de reprendre :

— Mais, on partage !... Je veux ma part !... C'est normal, non ?

Mario réfléchit. Puis se disant qu'il n'avait rien à perdre dans cette histoire, il acquiesça. Du moment que l'apparition persistait, il ne voyait pas pourquoi il ne se laisserait pas aller au fantastique, à la folie douce, au grand n'importe quoi. Le minuscule promettait de faire le turbin à sa place, et en un clin d'œil, il n'y avait pas de quoi se gêner ! Il fallait sauter sur le sort ! Il fallait s'engoinfrer l'instant magique comme un bon et tangible potage !

— O.K. vas-y !... Montre-la-moi, ta fameuse méthode !...

Prosper ne se le fit pas dire deux fois, il glissa le long de la manche, se retint au pouce comme un gymnaste rompu à ce genre d'exercices, puis culbuta drôlement entre l'index et le majeur.

— Tu vas voir, clama-t-il en se redressant et en saluant comme au cirque, tu vas assister à l'expérience du siècle ! À l'opération sans bavure ! À l'ouverture mémorable ! Regarde, homme ! Prends-en de la graine ! Cultive-toi ! Apprends ! Le maître travaille !...

Il se planta devant le coffre, ridiculement petit face à cette sombre masse qui paraissait l'écraser de son ombre et, volubile, chantonna une formule abracadabrante, une incantation magistrale. Pendant ce temps, de ses mains agiles, il dessinait dans l'espace des signes aussi géométriques qu'abscons... Mario le regardait, tourmenté au ventre par une sournoise envie de rire. Il avait, malgré le fatalisme qui l'avait envahi, une brusque montée de sécrétions cartésiennes et commençait à trouver cette situation plus que délirante...

Soudain, il sursauta. Ses yeux s'arrondirent.

Prosper avait stoppé sa mélopée et, sans prévenir, poussé un strident coup de sifflet avant de plonger en avant et de disparaître dans la paroi de métal. Le coffre semblait avoir avalé le gnome !

S'agenouillant, Mario colla son oreille contre l'acier. De l'intérieur lui parvenaient des bribes de chansons mêlées à des déclics en cascade. Nettement, il entendait le Martien, qui semblait mener grand bal entre les parois d'acier, pester comme un matelot dans la mâture :

— Sacré bon Dieu de chiffre à la six-quatre-deux !

L'homme essaya d'imaginer le farfadet gigotant, farfouillant, dans le mille-feuille métallique, en train de creuser comme une taupe dans la couche de terre réfractaire, de louvoyer dans les engrenages et les mollettes du chiffre...

Tout à coup, au travers de la porte massive, le Martien lui intima l'ordre de faire fonctionner la poignée de verrouillage. Mario, incrédule, lui obéit, saisit la poignée avec ses deux mains tremblantes et peu assurées et lui imprima le mouvement tournant réclamé... La porte grinça un peu, comme pour exprimer son regret, puis s'ouvrit. Béante...

— Ça va ? interrogea Prosper-le-Martien d'une voix étouffée. Elle est ouverte, non ?

Mario ne pouvait lui répondre. Sa gorge s'était contractée et les mots bouchonnaient. Dans le trou sombre qui s'offrait à son regard, il commença à discerner des rayonnages et, sur ceux-ci... Son œil s'humecta à la vue des piles de billets sagement rangés. Une bouffée de chaleur lui monta à la tête. Il songea une seconde à de monstrueuses ripailles, à de grandioses orgies, avant de plonger dans le tas, les deux mains en grappin. Il se vit riche. Immensément. En faisant vite, en s'affolant au contact du papier-monnaie, il enfourna le butin dans le sac de toile qu'il avait tiré de sa poche. Les biffetons défilaient, volaient en tous sens, les talbins soyeux craquaient sous les doigts avides. Le vieil instinct du pillard ancestral le possédait tout entier comme une fièvre maligne. C'était une mise à sac dans les règles de cet art défendu, un preste nettoyage par le vide, un furieux changement de camp. La coupure trahissait allègrement le capital au profit du prolo. L'artisan solitaire prenait sa revanche sur l'entreprise organisée. L'ordre des choses se retournait en montrant une fesse goguenarde aux lois effarouchées.

— Il faut s'arracher, maintenant ! s'écria Mario en se redressant. Il referma le sac et se redressa prêt à détaler. La tête folle, un grand désir de galop aux jarrets, il s'élança vers la sortie.

— Hé, attends-moi. Je suis coincé !

Mario s'arrêta net en reconnaissant l'organe de Prosper-le-Martien. Il fit demi-tour, pivotant sur lui-même. L'instinct franc du voyou l'obligeait comme une vieille noblesse. Malgré l'incongruité de son complice d'occasion, il ne pouvait imaginer le laisser en fâcheuse posture sans essayer de le tirer de là. Nerveux, il chuchota :

— Magne-toi, espèce de gland ! Ce n'est pas le moment de rester sur place et de glandouiller !

Confusément, il sentait que la pièce allait virer au drame. Il subodorait l'embrouille finale, le mauvais coup du sort, la carambouille fatale. La colère le noua. Il allait ajouter quelques épithètes bien sonnantes à ce complice lanterneur et maladroit, lorsqu'il l'aperçut, dans la pénombre, incrusté dans le métal et gesticulant de désespoir. Le Martien était bel et bien enchâssé dans la masse du coffre-fort et semblait ne pouvoir se dégager.

— Je ne peux pas sortir de ce truc, gémissait-il, affolé. J'ai la cheville coincée dans un rouage.

Mario hésita. La sacoche, pesante à sa main, le fit balancer… Fuir ? Se débiner sans se soucier de ce comparse d'occasion ? Ou, cédant à ses instincts loyaux, rester et tirer le Martien de ce piège ?

Celui-ci geignait pitoyablement, comprenant, sans doute, ce qui se passait dans la tête de l'homme. Soudain, Mario posa le sac et revint sur ses pas…

— Allez, chiale pas, je vais te tirer de là !… Mais, je t'en supplie, arrête de braire ! Avec un cirque pareil, tous les lardus de la ville vont se la donner de nous aussi sec !…

Pendant qu'il parlait, il avait examiné la situation. Il questionna :

— Tu dis que c'est ton pied qui est coincé ?

— Oui… dans un rouage du chiffre…

Mario réfléchit une fraction de seconde, puis commanda :

— Donne-moi tes deux pognes : je vais t'arracher de ce truc !

Prosper tendit ses deux petits bras en avant et l'homme, les saisissant, tira de toutes ses forces.

— Aïe ! hurla le Martien. Tu m'écartèles !

— Lavette ! morigéna le casseur. Je ne peux pourtant pas te prendre avec une pince à sucre... Si ça fait mal, c'est parce que je tire, un point c'est marre !... Et si tu n'es pas content, je peux toujours te laisser en carafe et me tirer !

Le Martien s'affola.

— Non, Mario, tu ne peux pas faire ça. Je t'en prie, ne me laisse pas tomber.

— Ça va, ça va !... Boucle-la deux secondes, veux-tu ?

Inconsciemment, ils avaient élevé le ton. Leurs voix résonnaient dans les locaux déserts. Tous deux s'énervaient et se faisaient d'aigres reproches sur les responsabilités de cet incident fâcheux.

— C'est de ta faute, grognait l'homme. Tu n'avais qu'à me laisser faire mon turbin en paix. Je ne t'avais rien demandé, moi !... Je me suis toujours débrouillé seul et sans accroc jusqu'à ce jour !...

Prosper, endolori et furieux, lui renvoyait la balle avec aigreur.

— C'est mon bon cœur qui me perd toujours... J'aurais mieux fait de te laisser dans ta panade, vieux machin !

Fermant les yeux sous le coup d'une douleur plus forte, il continua, haletant :

— Je me demande bien pourquoi la destinée pousse éternellement le Martien à de pareilles conneries ! Il faut qu'il aide !... C'est pas de sa faute, c'est l'instinct... D'ailleurs, je me demande bien ce que j'ai à bananer des abrutis qui peuplent cette planète !

— Abruti toi-même ! rugit Mario en secouant la pauvre créature enchâssée dans le métal.

— Ouille !

Le Martien tentait d'échapper aux tractions vengeresses du Terrien. Il se contorsionnait comme un lombric au sortir de terre, après l'averse.

— Arrête, tu m'assassines ! hurlait-il. Tu me tues ! Tu m'écartèles ! Tu m'éclates ! Tu me déchires !

Mario ricanait. Sans se soucier des protestations et des plaintes de Prosper, il s'acharnait à vouloir l'extraire de ce piège.

Soudain, il stoppa le manège, observant le visage de son complice d'occasion. Une violente expression de peur défigurait le Martien. Mario, averti sans doute par un sixième sens, lâcha les mains de Prosper, le ventre creusé par un sombre pressentiment. Il pivota sur ses talons...

Dans l'encadrement de la porte, découpée en ombre pleine par le flux de lumière venu de la rue, au travers des baies, le casseur, affolé, découvrit une silhouette encasquée à ne pouvoir ressembler à autre chose qu'à un flic de bonne épaisseur.

Mario s'affola, pliant le jarret, cherchant désespérément la belle tangente, l'oblique perspective, qui lui permettrait de se glisser en vitesse vers des lieux mieux fréquentés.

Hélas ! Le poulet mastard coupait, de son énorme carrure, sa retraite et l'accès à la douce liberté.

Il était fait comme un rat !...

Le sang du cambrioleur fit trois grands tours puis s'en fut se coaguler en molle gélatine dans quelques recoins d'artères. Le coup était dur. L'aventure tournait court entre coffre et lardu, sacoche et murailles. Des tas d'expressions consacrées et argotiques vinrent aux lèvres de Mario : « Piégé !... Serré !... C'est la cerise... Sauté sur le tas... »

— Police !

Le condé exhibait de superbes et étincelantes menottes. Puis, jugeant que les présentations étaient achevées, il s'avança vers le délinquant, assommé par tant de malchance, avec la raideur qui sied aux gens qu'anime la loi...

Mario étendit ses jambes et, dégoûté, lâcha d'une voix éteinte !

— C'est même les deux pattes que j'aurais dû me péter, ce soir-là !

Ses yeux étaient rivés à une tache en forme de potence sur le mur de la cellule.

— C'est la cerise noire !... La fatalité !

Une immense fatigue pliait son échine comme fardeau trop dense. La dépression d'après la colère s'abattit sur lui comme chape de plomb. Ce fut la voix de Prosper qui le tira de sa songerie morose.

— C'est de ma faute, Mario, s'excusait le Martien. J'ai eu un trou de mémoire... J'avais oublié la formule harmonique qui permet de passer à travers les obstacles. J'ai pas de mémoire ! On me l'a assez reproché chez moi, sur ma planète...

L'homme regarda le gnome qui arpentait le rebord de la lucarne et discourait en agitant les bras.

— C'est toujours comme ça ! continuait-il, piteux. J'ai pas de pot... À chaque fois que je file un coup de pogne à quelqu'un, je fais une gaffe ou j'oublie un détail!... Alors, c'est la catastrophe! Le coup fourré! L'embrouille noir-charbon!

Mario s'agita. La colère renaissait en lui comme rejaillissent les flammes d'un foyer qu'on croyait éteint.

— Tu parles d'une embrouille! sacra-t-il.

— Je te jure que je croyais bien faire.

— Un enfifré, une savate, un clodo, voilà ce que tu es, pauvre cloche! Et dire que tu n'es même pas fichu de me laisser en paix dans cette calèche dans laquelle je vais moisir pendant...

Le Martien protesta:

— Mais je veux subir cette peine avec toi, Mario. Tu es mon ami... Si le flic m'avait vu, il m'aurait aussi embarqué, comme toi!... Et puis je suis un mec régulier, moi, je prends ma part de fade même dans la mouise! C'est correct, non?

D'une main, il s'accrocha à un barreau et se pencha à l'intérieur de la cellule. Il murmura:

— Et... Je peux t'aider, tu sais!...

Le visage de Crevacore se déchira d'un grand rire amer et sarcastique.

— M'aider? Tu parles! Pour que t'oublies encore ce fichu sifflet magique! Pour que tu me files encore dans la merde...

Indigné, le Martien devint rouge foncé. C'était signe d'une grande agitation.

— Ne ris pas, Mario... Ne ris pas, parce qu'en sifflant comme ça, je peux te faire avoir tout ce que tu veux...

Sa bouche se pinça et il émit un son strident.

— Tu vois que je m'en souviens !

Mario réfléchit un instant, puis, méfiant, demanda :

— Est-ce que tu pourrais me faire avoir en douce…

Il parut réfléchir un instant.

— …Une pomme, par exemple ?

— Une pomme ? Une simple pomme ?… Bien sûr, c'est facile !

Le Martien gonfla ses joues et siffla brièvement une petite mélodie aiguë. Une pomme rouge, mûre et odorante apparut sur le plateau de bois collé contre la muraille et qui servait de table au prisonnier.

Mario, sceptique mais curieux, observa le phénomène avec circonspection. Ce fruit rutilant jetait une note discordante dans ce décor terne et clos. Avec précaution, il le toucha du bout de l'index, le fit rouler un peu pour mieux le voir, pour se convaincre de sa tangibilité. Les trois dimensions avec, par-dessus le marché, le parfum étaient respectés. À moins qu'elle ne fut véreuse, l'apparition semblait de bon aloi. Le Martien n'avait pas commis de bévue.

Un espoir fou naquit dans le cerveau de l'homme. Il se leva de son grabat, fit quelques pas en direction de la lucarne et fit signe à Prosper.

— C'est bon, mec, fit-il d'une voix amicale, tu peux entrer…

Joyeux de la tournure que prenait son affaire, le petit Martien ne fit qu'un saut de la lucarne à la table et de celle-ci sur l'épaule de Mario. Éperdu de joie, il bégayait de bonheur.

— Ah, ce que c'est chouette, Mario!... Tu peux pas savoir!

Reprenant son souffle, il ajouta:

— Tiens, demande-moi ce que tu veux!...

Une lueur maligne fulgura dans les yeux de Mario Crevacore. Il l'avait amené juste à l'endroit où il avait voulu, au point de non-retour, prêt à accepter toutes ses demandes, même les plus folles, les plus osées...

— Ce que je veux? murmura-t-il d'une voix lente.

Visiblement, il se méfiait encore du gnome et de ses charmes.

— Oui... Tu fais un vœu et... crac!... je le réalise!

Crevacore n'hésita que pour la forme, car, déjà, il avait un dessein. Sans le regarder, presque négligemment, il demanda:

— Je voudrais... une femme! Rousse! acheva-t-il, très vite...

C'était un maximum... Jamais, même dans ses rêves les plus fous, il n'avait osé imaginer voir entrer une femelle dans cette cellule miteuse. Prosper-le-Martien ne parut pas réagir à cette demande exorbitante. Il se contenta d'émettre un concert sifflotant et mélodieux avant de dire avec simplicité:

— Voilà...

Mario scruta la pièce.

— Mais je ne vois rien!

— Derrière toi indiqua Prosper. Sur le lit!...

Se retournant, l'homme faillit choir!... Sur l'étroite couchette, étendue sur les couvertures pouilleuses de l'administration, se prélassait une belle à la chevelure de flamme, nue comme sa mère Ève, tentante comme un lingot au soleil.

Mario s'affola. Il avala sa salive en contemplant ce magot offert, ce paradis sans voile, ce stock d'insomnies, qui gisait, frémissant, devant lui.

Ne pouvant plus se contenir plus longtemps, il bondit. Ce fut un combat épique, une lutte chaude, une bataille mémorable. Puis, la citadelle voyant le bélier maousse qui menaçait ses défenses voulut éviter des dégâts inutiles. Elle hissa le pavois blanc et écarta ses dernières barricades. Mario fonça... et ce fut le drame !...

Le Martien, peu connaisseur, piètre technicien, avait créé l'arc, les flèches pour celui-ci, mais avait oublié l'encoche indispensable ! Les coups de boutoir ne surent ébranler cette porte close, sans faille, ni lézarde...

La retraite fut piteuse. Le presque vainqueur connut l'amertume de la défaite. Le soudard, qui avait cru à la victoire finale, s'en retourna, mâchonnant des violences contre le ciel.

— Putain de Martien ! hurla Mario.

Une rogne meurtrière le possédait tout entier, faisant trembler son corps comme une forêt secouée de grands vents. Il chercha des yeux le petit être. En vain ! Aux premiers signes de révolte, aux premiers bruits de mutinerie, celui-ci avait cherché refuge vers des lieux plus hospitaliers. Avec lui avait disparu la ville close qui, quelques instants auparavant, se rendait au soudard, prête à subir pillage et outrage. La cellule était vide...

Crevacore crut mourir de rage. Il hurlait et bavait comme fauve blessé.

— Empaqueté de Martien !

La prison tout entière résonnait de ses cris.

— La vache ! Le traître ! L'horrible faux jeton ! L'enfoiré de la Lune !

Il fit tant de boucan qu'il attira l'attention d'un gardien. Celui-ci ouvrit le judas.

— C'est bientôt fini, Crevacore ? Si tu te sens mal, je connais une médecine pour ce genre de maladie : dix jours de trou ! Y a rien de meilleur que le mitard pour les dingues de ton espèce !...

Mario regarda le porte-clés en serrant les mâchoires. Il écouta la semonce, sans bouger, ravalant sa fureur. Puis, n'y tenant plus, content d'avoir quelqu'un sur qui déverser son fiel, se mit face à la porte.

— Je t'emmerde, matuche de mes deux !... D'ailleurs, continua-t-il, en sifflant comme un serpent, tu peux me mettre au rapport, et le cachot, moi, j'aime ça !...

Puis, comme le surveillant, ahuri, ne semblait pas comprendre, il reprit de plus belle :

— ...Et, en plus, j'emmerde le directeur, la justice, le Pape, Dieu, la Vierge et tous les saints de ce foutu paradis dans lequel je ne mettrai jamais les pieds.

Essoufflé, il s'arrêta. Le gardien parut se réveiller.

— Je fais un rapport au directeur !... Tu l'auras cherché !

Mario sourit, sarcastique :

— D'accord ! Et sur ton putain papelard, tu mettras que je te pisse dessus... et joyeusement encore ! J'insiste !...

Suffoqué, le fonctionnaire referma le guichet.

Mario se fit mal, lorsque les gardiens, furieux, le jetèrent dans cet obscur cachot. Sans se relever, évitant de faire des gestes brusques qui eussent réveillé la douleur de son corps meurtri, il roula sur le dos et ferma les yeux... Il était presque heureux !... Presque heureux de se savoir, et pour dix jours au moins, hors de portée des chiens, des loups et des petits Martiens gaffeurs...

Après un passage à tabac dans les règles de l'art, il se sentait bien un peu endolori, mais la tête restait vaillante et c'était le principal. Il soupira d'aise.

— Enfin seul...

Il essaya de trouver la position la moins inconfortable sur le béton qui lui raclait les reins. Le temps se mit à défiler lentement...

Tout à coup, venue de nulle part, une petite voix flûtée se mit à susurrer à son oreille :

— Salut, Mario... J'ai retrouvé la formule qui me permet de passer à travers les murs... C'est chouette, non ?

Marie-Claire Dewarrat

Le Trou

Quand ils sortiraient du trou, le jour se lèverait.

Le coordinateur l'avait affirmé dans son exposé. Bien que l'on ne disposât que de peu d'éléments favorables, les calculs effectués laissaient prévoir qu'ils atteindraient la sortie à l'aube naissante.

Personne ne semblait avoir prêté attention à ce détail. Mais Solis avait tout de suite aimé cette idée de sortir de la nuit en même temps que naissait le jour.

Cela plairait aussi à Acqua, il en était sûr. Pour l'instant, elle n'était pas capable d'y prêter attention mais dès qu'elle irait mieux, Solis pourrait lui expliquer les projets du coordinateur et elle se réjouirait, elle aussi, d'échapper à l'obscurité.

Le gouvernement fragmentaire avait finalement décidé de ne plus envoyer de mission pour tenter de reconnaître l'aspect de la surface. Les six patrouilles parties à ce jour n'avaient pas reparu. Elles n'avaient vraisemblablement pas suivi les plans établis et aucune d'elles n'était jamais revenue : on n'en avait tout simplement plus entendu parler. Le temps avait passé sans que le coordinateur n'osât formuler la possibilité d'une septième sortie. D'ailleurs, les autorités n'auraient trouvé personne qui acceptât de se porter volontaire ou qui se sentît encore motivé, si peu que ce soit, par le bien-être commun.

Le coordinateur et ses supérieurs ne coordonnaient plus rien depuis bien longtemps. Retranchés dans la partie la plus étroite du souterrain, ils se bornaient à mettre à disposition la nourriture et les réserves d'eau, sans souci de maintenir cette discipline si minutieusement élaborée en surface, considérée comme indispensable à la survie du groupe placé sous leur direction.

La violence et l'apathie de ces gens faisaient peur à tous les collaborateurs du gouvernement. Eux, les responsables du plan, avaient rêvé devenir l'âme et la conscience de ce contingent quatre-vingt-treize d'où surgirait peut-être l'humanité nouvelle.

Aujourd'hui, ils n'en étaient plus que les chiens de garde, apeurés et méfiants. L'anarchie régnait sous la terre, chacun ayant perdu de vue le but et la finalité de son ensevelissement.

Il y avait bien longtemps que les gens ne se parlaient plus.

Solis ne se souvenait pas exactement depuis quel moment tout le monde s'était tu car lui et Acqua passaient le plus clair de leurs jours, isolés des autres, à chuchoter des mots d'amour, des mots passion, des mots tendresse. Ils ne se lassaient pas de leur voix murmurante, bouche à bouche, lèvre à lèvre, cœur à corps, tissant sous la terre une toile ardente où se mêlaient les fils de leur vie d'avant aux fils, plus brillants, de leur existence future. Ni l'un ni l'autre n'avait entendu se taire leurs compagnons.

Solis s'en était aperçu le jour où la voix d'Acqua s'était faite plus faible, plus ténue, presque gémissante. Puis, comme les autres, elle n'avait plus parlé. Mais Solis avait l'impression que leur dialogue amoureux se poursuivait à l'intérieur de sa tête, rythmé par le souffle constamment oppressé de sa compagne.

Avec le silence des bouches, une autre forme de langage avait éclos. Un bourdonnement continu résonnait dans le souterrain, houle légère composée de toutes les plaintes, de tous les marmonnements, de tous les pleurs que produisait l'amas de ces corps plus ou moins malades, sales et peu nourris. Et la houle se faisait tempête quand la colère, la brutalité, la promiscuité et les accouplements agitaient cette population de l'ombre.

Ni rires, ni chagrins d'enfants. À sa descente dans le souterrain, le contingent quatre-vingt-treize n'en comptait que sept, entre trois et dix ans. Quatre s'étaient perdus en jouant à suivre les patrouilles et trois autres étaient morts après de courtes maladies. Les mères, hébétées, ne se souvenaient plus de l'endroit où l'on avait donné l'ordre d'enfouir les corps.

La situation devint à ce point terrible que le gouvernement fragmentaire en conclut que n'importe quelle décision valait mieux que la poursuite de cet état. Les hommes se mirent au travail, prêts à envisager l'anéantissement de cette masse humaine si les circonstances et les résultats des analyses les y contraignaient.

Ce matin-là, le coordinateur et les autorités sortirent de leur retraite pour ânonner un discours selon lequel chacun était désormais libre de ses mouvements.

Il s'agissait donc de choisir entre un long cheminement aboutissant à la surface dont on ignorait tout et l'abrutissement définitif dans le boyau de béton. Un plan sommaire avait été établi pour ceux qui décideraient de quitter le souterrain ; mais les banques de données, mal gérées, n'y apportèrent que peu de précisions. Chacun devrait se pourvoir de vêtements, d'eau et de nourriture et surtout obéir à une ultime directive : être seul responsable de sa survie personnelle et ne pas entraver l'avance du groupe, dans le réseau des galeries, par un excès de bagages ou un comportement inadapté.

Ayant vainement attendu une réaction quelconque de la part du troupeau massé sous la tribune, ceux du pouvoir se retranchèrent dans leurs quartiers pour y préparer leur propre départ.

Quand Solis lui raconta à l'oreille les nouvelles qu'il venait d'apprendre, Acqua laissa un souffle long s'échapper de ses lèvres. Angoissé, tendu, le jeune homme n'avait prêté attention qu'au fait qu'il était maintenant possible de sortir, possible de retrouver le jour.

Cette perspective si formidable lui faisait oublier l'interdiction de se charger d'autre chose que de l'indispensable, moins encore peut-être. Il ne voulait pas penser à la marche interminable vers la surface, ni au peu de forces qui lui restait, ni aux obstacles, ni aux détours, aux couloirs effondrés, impraticables ou sans issue.

Seuls les hommes du coordinateur disposeraient de renseignements précis sur le chemin à suivre. Le cortège des fuyards risquait de s'effilocher, de se rompre, de se perdre ; ceux qui s'écarteraient courraient le risque d'errer sans fin dans les couloirs ; ceux qui resteraient en arrière devraient compter avec le danger de voir ceux qui avaient choisi de ne pas sortir perdre tout reste de dignité humaine dans le souterrain déserté.

Tous, cependant, se souvenaient de leur descente sous terre, par un système d'ascenseurs dont on avait ensuite muré les puits par crainte des infiltrations radioactives.

Solis chassa tous ces raisonnements de son esprit pour s'attacher à la seule idée qui lui semblait importante : sortir, revoir l'aube, s'allonger près d'Acqua sous les nuages de la nuit finissante.

Il s'apprêta à organiser le transport de sa femme, bien incapable de marcher. Pour être prêt à temps, il lui fallait de l'aide. Il s'approcha des personnes que tous deux connaissaient, celles qui vivaient près d'eux dans le souterrain. Mais ces gens, qui les considéraient comme d'attendrissants amoureux il n'y avait pas si longtemps, ces gens se détournèrent de lui, ignorant sa main tendue vers Acqua et son regard tourné vers la sortie du tunnel. Solis s'en alla plus loin, s'introduisant parmi des groupes d'inconnus qui le bousculèrent sans lui prêter la moindre attention. Il saisit par le bras des hommes qui lui parurent encore robustes et tous le repoussèrent, les dents sorties, l'œil mauvais.

Puis il frappa contre le grillage derrière lequel s'affairaient les hommes du gouvernement. L'un d'eux s'approcha. Solis n'expliqua rien. Il murmura simplement :

— Acqua...

La voix de l'homme n'était ni méchante, ni pressée. Il lui répéta une partie du discours que Solis avait entendu un peu plus tôt dans la journée. Le jeune homme comprit qu'il ne devait pas s'encombrer d'autre chose que des provisions vitales s'il voulait sortir. Mais il comprit aussi que ni le coordinateur ni les autres ne tenteraient rien pour le dissuader de se charger d'Acqua. Solis crut son projet appuyé d'un reste d'humanité de la part de ces personnages... Ne pas le perdre de vue durant la marche : si quelque chose tournait mal, peut-être les protégerait-il, Acqua et lui.

En quoi il se trompait.

L'homme s'éloigna de la grille et reprit son travail. Le seul souci des membres du gouvernement fragmentaire était la fuite pour eux tous dans les meilleures conditions possibles. Qu'un de ces imbéciles veuille traîner sa femelle mourante le long des innombrables couloirs ne les préoccupait pas, sauf si cela devait entraver leur progression. Dans ce cas, aucun d'eux n'hésiterait à se débarrasser du parasite et de son fardeau. Il fallait que l'élite accède à la surface pour qu'une autorité soit en place à la sortie des contingents de survie. Pourquoi pas le gouvernement fragmentaire quatre-vingt-treize ? L'histoire humaine se rebâtirait sur le nom de ces hommes-là. Cela valait bien quelques aménagements.

D'ailleurs, ce petit couple avait perdu toute sa valeur avec l'affaiblissement de la femelle. Même si, par miracle, elle survivait au voyage, elle ne retrouverait pas suffisamment de santé pour récupérer son statut de reproductrice. Personne ne se soucierait d'aider le mâle à ramener au jour ce déchet de leur enfermement.

Solis s'affairait.

Il prépara les rations d'eau et de nourriture, s'ingéniant à dénicher les récipients les plus légers, traquant la moindre poche et les moindres replis de ses vêtements pour les garnir de provisions.

Il se vêtit légèrement: la marche et l'effort de transporter sa femme lui tiendraient suffisamment chaud.

Puis il entreprit d'habiller Acqua.

C'était difficile d'introduire le corps de sa femme dans les lainages dont Solis avait décidé de l'emmitoufler. Elle se laissait faire sans ouvrir les yeux, complètement abandonnée, son souffle effleurant de temps en temps les mains de son mari. Solis se réjouissait de sentir son haleine chaude; il oubliait un moment la peau glacée de sa femme et la teinte mauve qui fardait ses paupières closes.

Lorsque Acqua lui sembla prête, Solis s'efforça de l'arrimer sur son dos grâce à un système de courroies et de sangles bricolé à la hâte avec tout ce qu'il avait pu réunir d'écharpes et de ceintures. Il en avait même volé quelques-unes en recherchant de l'aide le long du souterrain. Mais la conception de son harnais fut plus longue à réaliser qu'il ne l'avait prévu. Il dut s'y reprendre à trois fois avant de trouver une position stable pour le corps de sa femme et en même temps assez commode pour lui permettre de marcher normalement.

Quand il se mit en route, les trois quarts de la population du groupe quatre-vingt-treize s'enfonçaient déjà dans cette partie du souterrain par laquelle ils étaient arrivés, quarante-deux mois plus tôt, tout étourdis par la vertigineuse descente des ascenseurs.

Solis longea des sortes de niches creusées dans le béton de chaque côté du couloir. Elles avaient été aménagées pour préserver un peu l'intimité des couples aptes à la reproduction recensés le jour du départ.

Solis pensa avec amertume que si Acqua et lui s'étaient connus avant, bien avant, le long d'une route ou au bord d'un lac, ils auraient pu en obtenir une, eux aussi. Peut-être alors que sa femme aurait conservé la force de parler, de rire et de regarder grossir son ventre. Mais ils s'étaient découverts sous la terre, ce qui leur avait permis d'oublier qu'ils étaient enterrés.

Obscurcies depuis le départ de leurs habitants, ces loges restaient jonchées de débris et de crasse. Vidées de la chaleur animale qu'elles avaient abritée, elles n'étaient plus que des trous, défilant interminablement à droite et à gauche du marcheur.

La grille, protégeant le domaine du coordinateur et des autorités, béait sur d'autres profondeurs dont on devinait la puanteur et le désordre. Çà et là, des petits groupes d'hommes s'agitaient autour de besognes suspectes dans un reste de lumière incertaine. Solis se détourna et poursuivit sa route.

La galerie de béton paraissait s'étendre sur des kilomètres. Au terme de trois heures de marche, les niches se succédaient toujours et le regard de Solis n'atteignait plus qu'une ombre opaque à cinquante pas devant lui. Rien ne permettait de prévoir la fin de ce couloir.

L'épaule et le bras droit du jeune homme ne ressentaient plus la traction des courroies obstruant la circulation du sang et ligotant les muscles. La tête de sa femme pesait comme un rocher entre ses omoplates.

À l'entrée d'une loge, Solis remarqua un entassement de caisses. Il s'arrêta pour repousser les déchets du pied avant d'entrer. Il tourna le dos au mur et déposa son fardeau sur les caisses sans défaire le harnais, juste pour soulager son dos et retrouver la mobilité de son bras.

Il souffla longuement, arc-bouté, presque à l'aise. Il sentait le poids allégé de sa femme contre ses reins. Elle ne bougeait pas. Il regrettait un peu de ne pas voir son visage mais dénouer toutes ces courroies pour satisfaire son désir lui parut trop risqué, même s'il eût pu profiter de cela pour la faire boire. Il la regarderait jusqu'au vertige et n'aurait plus la patience de rattacher chaque nœud, ni la force de se remettre en route. En outre, elle était si bien assujettie contre lui qu'il craignait de ne pas savoir reconstruire cet équilibre confortable.

Il pencha la tête en arrière, ployant son cou le plus loin possible, mais il n'aperçut qu'un amas de tricots.

Deux ombres dépassèrent son abri en courant. Solis entendit un rire bas, effrayant comme le cri d'une bête qu'on ne reconnaît pas.

Quand le couloir fut à nouveau silencieux, il se redressa et reprit sa marche.

Dormir.

Il fallait dormir.

Les autres, eux, dormaient, écroulés en désordre sur le sol métallique. À tout instant, il fallait contourner ou enjamber les corps répandus. Interrompue à chaque pas la marche devenait une souffrance. Quelquefois, le pied de Solis heurtait une tête ou un dos mais aucune réaction n'agitait ces masses immobiles.

Infiniment reflétées par l'acier du plafond, des murs et du sol, la lumière des projecteurs creusait les visages de longues rides noires.

Solis se sentait proche de l'écroulement. La partie postérieure de son corps lui semblait démesurément grossie, alourdie, comme si ses épaules et son échine étaient chargées de tout ce que le souterrain avait pu produire de pierres et de gravats lorsqu'on avait éventré la terre pour le construire. Les yeux rougis, la bouche asséchée, il essayait de résister au besoin qu'il éprouvait de tomber là, parmi les autres.

Mais quelque instinct le poussait à rechercher une zone d'ombre dans cet univers aveuglant. Il pensait à l'obscurité du souterrain quitté la veille au soir comme on rêve d'une fontaine au plein midi d'une journée de juillet.

Les niches avaient fini par faire place à des murs tout lisses, suivant l'élévation d'un plan incliné le long duquel Solis s'était hissé des heures durant. Puis il avait débouché sur ce boyau d'acier.

Épuisé, trempé d'une sueur gluante, il redoutait d'entrer dans ce qui lui paraissait être une fournaise. Il avait fait deux pas, puis il avait posé sa main sur l'une des parois métalliques.

Cri.

L'acier brûlait autant que la glace vive.

Solis avait alors compris que ce passage, où se concentrait une incroyable densité de lumière, traversait une eau souterraine. Mais maintenant, depuis qu'il trébuchait interminablement, grelottant dans ses vêtements humides, il se disait que c'était une mer, un océan roulant autour de ce tube métallique dans lequel il progressait, sans oser croire qu'il puisse arriver quelque part. Le contraste entre la clarté implacable et la température glaciale était une vraie torture. Solis avait l'impression d'avancer au cœur même du feu, de pénétrer sans fin dans une flamme froide, à la base de l'amande blanche qui rejette plus loin d'elle les gerbes orange et violette de la combustion.

Il était tombé contre le grillage.

Cela ne lui avait pas fait mal mais il avait senti Acqua remuer brusquement dans son dos, se tordre un peu et tressauter contre ses muscles meurtris. Les mouvements de sa femme lui arrachèrent un cri, bien qu'il se réjouit de la sentir bouger pour la première fois depuis leur départ. Il voulut y penser encore un peu mais il dormait déjà en s'écroulant.

Ensuite, il y eut bien des cris, des heurts, des chocs sourds mais tout cela lui était indifférent. Il se sentait mollement enfoui dans une matière douce, presque tiède : rien n'aurait pu le faire bouger.

En réalité, les autres l'avaient dégagé du grillage, traîné sur quelques mètres au-delà de la barrière et lâché dans la boue. En remuant le corps, ils en avaient remarqué un autre, ficelé sur le dos de cet imbécile. Ils avaient alors tiré et poussé avec plus de colère et les avaient laissé là, furieux d'avoir à dépenser le peu de forces qu'il leur restait dans une pareille inutilité. Si cet homme n'avait pas gaspillé sa robustesse à traîner sa femelle sur son dos, il aurait pu joindre ses efforts aux leurs pour le déverrouillage de la grille.

Depuis qu'ils avaient quitté le boyau d'acier avant de céder complètement leur vie à la congélation, ils avaient perçu le cheminement de Solis, à quelques pas derrière eux. Ils avaient quand même trouvé l'énergie de rire longtemps de son souffle démultiplié par l'écho du couloir et de son ombre grotesque, sautant d'un mur à l'autre.

— C'est un éléphant, je vous dis !

— Possible, après tout, que le gouvernement ait fait descendre aussi un éléphant.

— Un tout seul ? Et le repeuplement ?

— Ah mais, l'éléphant se reproduira par parthénogenèse, voilà tout !

— Et le plaisir alors ?

— Eh bien, c'est pour cela qu'il souffle si fort !

Mais leurs ricanements vibraient de colère contre ce gâchis.

Quand leur avance s'était trouvée bloquée par le grillage verrouillé, leur rage avait produit assez de force dans leurs membres exténués pour qu'ils trouvent le courage d'en venir à bout. C'était alors que « l'éléphant » était venu tomber là. Le poids du corps de Solis, lesté par celui d'Acqua, avait repoussé le battant qu'ils avaient tant de peine à ouvrir. L'un d'eux s'était jeté dans l'ouverture avant que le verrouillage ne claque à nouveau, bloquant le portail de son corps affalé. Ensuite, ils avaient brutalement traîné l'homme et la femme de l'autre côté du passage, et les avaient jetés dans la boue. Ils avaient maintenu la grille ouverte avec deux cadavres ramassés plus loin et maintenant ils essayaient de reprendre des forces en imaginant que la surface se rapprochait puisque, dans ce cinquième couloir qu'ils allaient parcourir, il y avait enfin de la boue.

Solis s'éveilla six heures plus tard.

En ouvrant les yeux, il se souvint des hommes marchant devant lui, de leurs voix carnassières, de leurs rires, de sa chute contre la grille et du bien-être qui l'avait envahi pendant qu'il s'endormait. Curieusement, il ne se rappela pas les mouvements de sa femme et, de ce fait, il fut soudain persuadé qu'elle était morte depuis longtemps. Alors que, écrasée par le poids de Solis contre la barrière de métal et épuisée par sa longue maladie, elle avait expiré pendant le sommeil de son mari.

À peine extrait de la glaise où il se trouvait allongé, Solis défit les courroies, installa le paquet de chiffons sur ses cuisses et fouilla dans les plis et les replis des laines sales.

Surgit le front d'Acqua, puis les sourcils, les orbites, les joues, la bouche et le menton.

Visage fermé.

Scellé.

Statue sombre et sans souffle.

Dans une de ses poches, Solis trouva une gourde encore pleine. Il la renversa sur la face immobile d'Acqua. L'eau s'écoula des pommettes et de l'arête du nez comme d'une pierre, noircissant d'humidité les cheveux et les étoffes.

Puis Solis redressa la tête et répandit sur ses lèvres le reste du liquide. Il jouit comme d'une averse des quatre gouttes fraîches qui mouillèrent sa bouche, la peau de sa gorge et le haut de sa poitrine. Il se rendormit.

Il rêva de pluie.

Abondante, serrée, elle tombait tout autour de lui dans une rue brillante de miroitements liquides. Il se tenait debout au milieu de la chaussée, loin de tout abri, porche, balcon ou avant-toit, pour le protéger de cette pluie d'orage. Et il restait sec. Absolument. Aucune goutte n'atteignait sa peau ou ses vêtements, bien qu'il courût en tous sens pour se mettre sous l'ondée étrangement fuyante. En vain.

Il s'éveilla en sursaut, étonné de sentir son visage humide. Solis ne s'attarda pas à regretter son rêve ni à contempler le visage de sa femme. Il tira sur les chiffons jusqu'à ce qu'ils disparaissent. Puis, tant bien que mal, il arrangea les sangles, resserra quelques nœuds, mais il ne hissa pas le corps sur son dos : il n'avait plus assez de forces. Il se mit debout et, pas à pas, il tira sa femme derrière lui. La boue contrariait ses efforts, retenant les tissus avec un bruit répugnant de succion.

Quand il sortit du trou, le jour se levait.

Une dernière fois, Solis contracta tous ses muscles pour amener à l'air libre le paquet qu'il traînait derrière lui.

Puis il appuya son dos contre le mur du blockhaus protégeant l'issue par laquelle il venait d'émerger et se laissa glisser à terre. Tout en essayant d'installer commodément sa femme à ses côtés, Solis regarda autour de lui.

L'aube était un brasier de cuivre rouge.

Chaque brin d'herbe du champ qui s'étendait sous ses yeux reflétait un peu de cet embrasement.

Une nouvelle teinte, presque violette, noyait la houle de la végétation. Au loin, les murs de la ville brillaient dans le petit jour pourpre. La rumeur de la cité parvenait jusqu'à Solis, et jusqu'à tous les autres qui l'avaient précédé sur le chemin de la sortie. Éparpillés dans le champ, ils s'exclamaient, s'interpellaient, se bousculaient, émerveillés de retrouver de l'air autour de leurs corps, de l'herbe sous leurs pieds et des immeubles intacts dans ce qui avait été leur ville. Ils écoutaient, ravis, le bruit confus de la vie urbaine sans qu'aucun d'eux ne prêtât attention au soleil écarlate.

Affalé contre son mur, Solis caressait d'une main machinale le tas de chiffons posé près de lui. Son autre main reposait à terre dans une flaque d'eau qu'il n'avait pas sentie jusqu'alors. Il éleva ses doigts devant ses yeux. Le liquide avait marbré sa peau de traînées bleuâtres, huileuses. Une odeur chimique envahit sa tête quand il approcha sa main de son nez.

Puis un froissement détourna son attention et, tandis que son regard se portait sur une touffe d'herbe près de sa cheville, sa main retomba dans l'eau pourrie.

Une souris apparut entre ses chaussures.

Elle n'avait pas l'allure affairée des bêtes de sa race. Elle avançait par à-coups, indécise, zigzaguant dans les herbes. Sur la fine peau violacée de son corps, il n'y avait presque plus de poils.

Quelque chose qui ressemblait à de la peur et à de la colère le mit debout.

Penché sur sa femme, Solis défit avec rage le paquet d'étoffes, grognant quand les nœuds résistaient, jetant autour de lui tout ce qu'il arrachait. Et le visage d'Acqua surgit contre le mur, comme un lever de soleil noir sur une planète morte.

Solis se redressa et se tourna vers la ville.

Avant de se mettre en route, il écrasa la souris.

Extrait de *En enfer, mon amour*,

Bernard Comment

Château d'eau

> *Si l'on vit aussi mal, c'est qu'on aborde toujours le présent sans préparation, sans moyens et de la façon la plus distraite.*
>
> Rainer Maria Rilke

I

Obtenir un ordinateur, fût-il portable et de faible consommation, n'a pas été chose simple auprès de la Haute Administration, et seule l'importance des tractations à préparer, leur urgence aussi, aura conduit les autorités compétentes à m'installer ici, dans ce bureau creusé dans la roche, à deux mille quatre cent vingt-huit mètres d'altitude, selon l'indication qui se trouve à l'intérieur de la double porte blindée du bunker, et encore suis-je obligé de prendre toutes mes notes et de rédiger une première version de tous mes avis à la main, de façon à ne pas utiliser l'appareil plus d'une heure par jour. Nous sommes dix juristes à nous relayer ainsi devant l'unique console, chacun obéissant aux mêmes règles, sous le cadran inflexible d'une horloge murale dont les aiguilles noires, strictement rectangulaires, sautillent d'un point à l'autre, sur un fond gris argenté. Pour le reste, c'est le lot de toutes les existences soumises, provisoirement je l'espère, au secret. Chambres isolées, ou plutôt cellules, bien que le lit soit d'un confort tout à fait acceptable, mais l'absence de fenêtre, d'ouverture, de paysage, finit par peser, après deux semaines ou presque, confiné ici sans autre distraction que d'aller faire quelques pas sur le terre-plein devant l'entrée, vingt mètres carrés immédiatement bordés par le précipice, j'ai toujours souffert de vertige. Le capitaine du fort a ironisé, il m'a dit, le premier jour, vous ne ferez jamais un bon Suisse. Je préfère en fin de compte venir passer l'heure de pause sur ma couche, allongé, pour lire, au risque d'épuiser rapidement la maigre bibliothèque de divertissement, comme ils l'appellent, dont la plupart des titres sont d'ailleurs en allemand.

Le paradoxe, c'est d'avoir à réfléchir et à argumenter sur toute cette énergie exploitée aux frontières alors qu'ici, et partout dans ce qui reste du pays, la pénurie d'alimentation électrique prend un tour dramatique. Les nouvelles ne nous parviennent qu'au compte-gouttes, si l'on peut encore employer une telle expression, et je soupçonne fort nos supérieurs, car c'est bien de cela qu'il s'agit, selon une discipline très stricte qui tourne systématiquement à la méfiance et à la surveillance, je les soupçonne donc tous, à commencer par le capitaine, un mécanicien de précision paraît-il, de filtrer les informations, et de les déformer au besoin, ou de les minimiser, ou de les enjoliver, afin d'entretenir le moral des troupes. Mais moi, ils sont bien obligés de me fournir un certain nombre de données précises, pour me permettre d'étayer mon argumentation. Le temps presse, l'étau se resserre chaque jour, et le ton des dépêches cède de plus en plus à un esprit de panique. Toutes les régions de plaine ont dû être évacuées ces trois derniers jours dans la précipitation, selon des itinéraires compliqués du fait que certaines vallées sont déjà bloquées, et les premières difficultés sont survenues, la coexistence ne va pas sans heurts entre une population urbaine habituée à un certain confort, et des gens de villages jusque-là isolés sur leurs collines ou dans leurs prairies, subitement confrontés à un afflux qui réquisitionne aussi bien les champs agricoles, les pâturages, que les réserves de nourriture. Des incidents ont été signalés dans les cantons primitifs, hostiles à l'arrivée d'habitants de Zurich ou de Berne qu'ils accusent de se trouver à l'origine de tous nos problèmes actuels. L'armée et la police, prioritairement affectées au transfert des populations et au soutien logistique que cela exige, ne savent plus où donner de la tête et se trouvent désemparées devant un type de désordre et de conflits qui n'avaient aucunement été prévus.

Personne, à ce jour, n'est à même d'établir comment cette folie a débuté, ni qui a donné l'ordre de détourner les fleuves, une décision qui, en tout état de cause, ne peut relever d'une seule personne, et engage forcément la responsabilité des plus hautes instances du pays, ne serait-ce que par l'ampleur des travaux réalisés dans l'urgence, et par celle des crédits engagés. Avec le recul, tout cela semble absurde, et même grotesque, mais il a bien fallu qu'à un moment donné, et pendant quelques jours, quelques semaines, on se soit concerté d'un département à l'autre, pour se convaincre du bien-fondé de l'opération. Retenir l'Inn, presque à sa source, en Basse-Engadine, n'a pas nécessité une trop onéreuse intervention, et les conséquences n'ont jusqu'à présent concerné que très peu de villages, l'eau est allée s'accumuler dans des vallées retirées, et l'on pourrait tenir encore quelques semaines avant que des sauvetages ou une évacuation ne s'avèrent nécessaires, ce qui ne manquera pas toutefois de poser de graves problèmes, car ces régions montagneuses périphériques n'ont pas été préparées ni aménagées avec la même minutie obsessionnelle qu'ailleurs. Le détournement du fleuve Tessin, à la hauteur du val Bedretto, a présenté les mêmes caractéristiques, à peu de chose près, mais il a fallu y ajouter celui de la Maggia, de sorte que le niveau du lac Majeur baisse paraît-il à vue d'œil, sans que les résultats ne soient dramatiques, ni à l'intérieur du pays, ni, il faut bien l'admettre, à l'extérieur, et l'on peut du coup s'interroger sur la pertinence de ce choix, d'un coût malgré tout élevé, qui n'apporte pas grand-chose à l'opération menée sur les fronts nord et ouest. C'est là que notre tactique s'est révélée la plus spectaculaire, en procédant au détournement du Rhin aussi bien en amont qu'en aval du lac de Constance, c'est-à-dire à la hauteur d'Altstätten et de Stein-am-Rhein, puis à Birsfelden, peu avant Bâle, avec construction progressive d'une digue formant bientôt une enceinte tout le long des frontières qui n'étaient pas protégées par une élévation montagneuse. Et l'on a fait de même avec le Rhône, en le détournant au niveau d'Aigle, pour bloquer l'approvisionnement du lac Léman, puis à Genève, par une digue courant jusqu'aux pieds du Jura, après quoi il a fallu aussitôt dresser un rempart longeant nos rives, pour contenir l'eau des régions inondées, et des villes, à commencer par Genève et ses environs, ce qui n'est pas allé sans entraîner de graves tensions avec la communauté internationale et ses institutions, ONU, BIT, OMS, Croix-Rouge, installées sur ce qui était encore la bordure du lac. Personne ne semblait avoir prévu une évolution aussi rapide de la situation. Cela étant, les stratèges du Département militaire n'ont pas tout à fait tort lorsqu'ils répliquent à leurs accusateurs qu'il n'y avait aucune autre solution si l'on voulait efficacement garder le Rhône sur nos terres et en priver ainsi nos voisins français.

Consultant des archives sur les grands chantiers hydrauliques suisses depuis un siècle ou deux, j'ai découvert, preuve d'une certaine continuité des idées dans ce pays, que le lac de Sils, près d'Einsiedeln, était une création artificielle des années vingt, dans le but d'assurer l'approvisionnement en électricité de la ville de Zurich, ce qui avait entraîné, à l'époque, le déplacement de villages entiers, et la disparition d'une faune et d'une flore particulièrement intéressantes. Cela ne pourrait plus avoir lieu aujourd'hui, sous le regard des chiens de garde écologiques qui sévissent jusqu'ici, puisque nous sommes contraints à toutes sortes de privations et d'interdictions au nom de la sauvegarde de la nature. De toute façon, n'ayant bientôt plus rien à consommer, sinon l'infecte ration quotidienne de survie, ni à jeter, sinon le papier que je noircis à la faible lumière de l'applique murale, nous allons finir par retrouver une forme de liberté dans nos comportements, sauf celle, bien sûr, de fumer. Les ordres sont stricts, le conditionnement obligatoire de l'air exclut qu'on s'adonne à un tel vice à l'intérieur du bunker, et à l'extérieur, outre ma répulsion devant le précipice, on nous a objecté un fort risque d'incendie. J'ai failli éclater de rire, l'état-major se préoccupe des risques d'incendie dans cette montagne si pauvrement boisée, alors que là, en bas, le pays se noie...

Il semblerait aux dernières nouvelles que le renvoi d'émigrés suisses hors des divers pays de la Communauté européenne, dont nos voisins immédiats, soit à l'origine de toute l'affaire. On parle aussi de désaccord sur les conditions de traversée du territoire, ou sur le contrôle des transversales alpines, vieux nœud de discorde sur le continent, ou encore de pénalités économiques, et de menaces sur le système bancaire. Toujours est-il que le détournement des fleuves et l'assèchement relatif de certaines contrées voisines auraient été considérés en haut lieu comme de puissantes menaces de rétorsion, sorte d'hypothèse théorique séduisante et originale, sans que personne n'ait réellement mesuré les données pratiques d'une telle opération. Et il ressort des cartons de correspondance diplomatique qui m'ont été confiés hier que les puissances limitrophes, incrédules voire ironiques, n'ont jamais accordé le moindre crédit à un tel scénario, le trouvant tantôt irréaliste, ce qui était mal connaître notre force de conviction et de discipline, tantôt contre-productif, puisqu'ils n'ont jamais perdu de vue les conséquences négatives voire dramatiques pour notre population des plaines. Il faudrait toujours apprendre à se regarder de l'extérieur, autrement dit à se mettre sur sa propre orbite, c'est ce que j'ai dit au capitaine. Je le pensais sincèrement, j'y avais beaucoup réfléchi ces derniers jours, ces dernières nuits, on perd la notion du temps solaire à force d'être enfermé. Il n'a pas paru comprendre où je voulais en venir, avec mon étrange formule, il m'a simplement répondu, après un long silence, et en braquant son regard sur mes yeux, que je devrais tout de même sortir de temps en temps, simplement quelques pas sur le terre-plein, pour me changer les idées, et respirer un peu de bon air.

Quelques jours après le déclenchement de l'opération sur les quatre fronts, la rétention des quatre grands fleuves européens dont nous possédons les sources est devenue une affaire nationale. Tout le monde s'y est mis, à quelques subversifs et saboteurs près, et les digues ont été prolongées sur toute la longueur des lignes frontières où cela était nécessaire, ensuite de quoi il a fallu procéder à l'élévation progressive de l'enceinte, au fur et à mesure que le niveau d'eau montait, ce qui se révélait de plus en plus problématique, puisque l'accès terrestre était en grande partie impossible, et que notre équipement en bateaux, barques ou autres moyens de transport aquatique demeure modeste, étant donné l'absence de mer à nos confins. Les véhicules de navigation touristique ont été affectés à cette tâche, quoique leur charge maximale fût limitée, et des ponts d'acheminement du matériel, principalement le béton, ont été installés, mais il a fallu recourir abondamment aux hélicoptères, ceux de l'armée, ceux des entreprises privées, des secouristes, réquisition générale pour une entreprise exaltante, glorieuse, pouvant atteindre jusqu'à dix mètres, quinze mètres de hauteur. Puis il a fallu s'avouer vaincu. On ne tenait pas le rythme, le niveau général d'eau s'élevait trop rapidement, et nous avons dû recourir à l'aide de nos ennemis, les pays limitrophes, Allemagne, France, Italie, Autriche dans une moindre mesure, tout à coup soucieux de ce qu'il adviendrait chez eux dans le cas où la muraille de contention viendrait à céder, ou à être débordée.

Le capitaine avait raison, les quelques pas que j'ai faits, hier, m'ont remonté le moral et apaisé. Il suffit de ne pas trop s'approcher du précipice, ce qui évite toute crise de vertige mais, au bout d'un moment, j'ai préféré m'accroupir, sous le soleil printanier. Un léger vent me caressait le visage, j'entendais les lourdes cloches de quelques vaches paissant sur le flanc opposé de la montagne, indifférentes au désarroi de la nation. Il est peut-être préférable, parfois, de n'avoir aucune perception ni conscience de l'histoire, et de se laisser aller à la petite musique des jours, l'été dans les pâturages, l'hiver à l'étable. Dire qu'il a été question, il y a quelques années, de supprimer les subventions, fort consistantes, à l'agriculture et à l'élevage de montagne. On ne sait décidément jamais de quoi demain sera fait, c'est ce que conclut le chef d'état-major dans un de ses récents messages, tous chiffrés dorénavant, ce qui ralentit considérablement l'avancée de mes travaux. La prochaine négociation aura lieu après-demain, le niveau de l'eau continue de monter, en certains endroits l'enceinte atteint une hauteur de vingt-trois mètres, jusqu'où cela nous conduira-t-il ? Un de mes collègues de fortune prétend avoir vu, et longuement observé, une famille de bouquetins lors de son dernier tour de promenade, à quelques mètres, visiblement aussi surpris que lui du face-à-face. Je n'ai pas eu cette chance. À moins qu'il ne s'agisse d'une affabulation. La fantaisie semble avoir tendance à se développer en réaction à l'enfermement, ces heures oppressantes de la réclusion dans l'air conditionné.

Tous les avoirs de l'économie qui n'ont pas pu être délocalisés et les biens mobiliers du patrimoine culturel et administratif ont été stockés dans des hangars haut perchés sur les sommets les plus difficiles d'accès paraît-il, ce qui n'est pas allé sans susciter de vives inquiétudes parmi une population livrée à elle-même. Les autorités ont aussi dû gagner les Alpes, dans des bunkers et des centrales d'une extrême sophistication, on parle de véritables villes creusées dans la roche, pouvant accueillir jusqu'à dix mille personnes, avec une plate-forme sur ressorts permettant d'absorber une déflagration nucléaire, et il y en aurait plusieurs de ce genre, à capacité variable, les plus confortables étant sans doute réservées aux membres du gouvernement, dans l'idée, je suppose, qu'ils devraient garantir, à eux sept, la perpétuation de la Suisse. Mais qu'entend-on si farouchement préserver, dans cette conception générale de survie enfermée ? Simplement un territoire, fût-il minime, d'où l'État puisse appeler à l'aide ? Ou, plus gravement, un esprit suisse ? *L'homo helveticus* ? J'ai failli demander au capitaine, devenu au fil des jours mon interlocuteur privilégié, si le dispositif de claustration comprenait des jeunes femmes saines à même de reproduire l'espèce en péril. Mais il n'a pas assez d'humour pour des questions aussi inaccoutumées, et il se serait vu contraint de rédiger un rapport négatif sur mon compte.

Habile prétexte ou réelle inquiétude, les pays frontaliers ont argumenté de l'impossibilité d'élever suffisamment vite la hauteur de la digue sur l'ensemble du périmètre pour imposer l'idée de quelques trous forés à certains endroits de la muraille de béton afin de permettre une régulation du niveau, mais il n'avait jamais été question, dans le protocole d'accord signé à ce moment-là des tractations, d'installer des usines hydrauliques pour récupérer l'énergie ainsi libérée, et c'est là que le bât blesse, parce que d'une part les ouvertures ont été ménagées dans la partie inférieure, celle de construction exclusivement helvétique, avant le secours étranger, et que d'autre part toute cette eau nous appartient, de même que l'utilisation qui pourrait en être faite. Aussi eût-il été préférable, et correct pour tout dire, de nous demander une autorisation préalable et de nous associer au bénéfice, soit sous forme de ristourne financière, soit sous forme d'électricité rétrocédée, au lieu de quoi ils ont tous agi de concert, dans notre dos, et l'affaire sera plaidée auprès de la Cour permanente internationale de justice de La Haye. Les éléments de comparaison font défaut, de même que toute jurisprudence, il faut donc faire preuve d'une certaine imagination, et d'audace, voire d'esprit offensif, avec l'espoir que nos délégués sauront se montrer, dans leurs prestations oratoires, à la hauteur des constructions juridiques et des plaidoiries que nous leur concoctons ici, dans le secret le plus absolu.

Il y aurait, par recoupement des sources d'informations, et selon les derniers repérages effectués par notre aviation militaire, une trentaine d'usines construites à nos frontières, destinées à exploiter notre eau. Elles n'ont cependant pas toutes la même ampleur, ni la même puissance. Il semble que la plus importante soit installée à Lörrach, et qu'elle résulte d'un accord franco-allemand approuvé par la Communauté européenne.

Un campement s'est installé, environ deux cents mètres plus bas, depuis hier, trois grandes tentes dressées entre les sapins. On entend des bruits, des voix, des cris, surtout le soir, ce qui a le don d'exaspérer le capitaine dont les prévisions tactiques n'avaient jamais intégré un tel cas de figure, son bunker confidentiel menacé par la proximité inattendue d'une population fuyant les plaines, le plateau, et contrainte de se réfugier toujours plus haut, là où l'on est à l'abri de l'eau pour le moment, là aussi où les vivres sont plus abondants, grâce notamment aux paysans des montagnes. Les feux allumés chaque jour en fin d'après-midi inspirent les plus grandes craintes à nos supérieurs, en particulier le capitaine, interdit de toute réaction afin de ne pas dévoiler notre position, ni même notre existence, mais, si un incendie se déclarait, les conséquences pourraient être catastrophiques. Dire qu'on n'a pas été autorisé à fumer la moindre cigarette depuis bientôt trois semaines que nous sommes enfermés ici, et qu'en bas, à un jet de pierre, ils bivouaquent, insouciants.

Il ne me manque plus que deux documents, classés « secret défense », pour boucler définitivement le dossier, sans grand espoir de faire obtenir gain de cause à mon pays, je dois l'avouer. Les arguments des nations frontalières, tout fallacieux qu'ils puissent être, engagent des notions comme la survie, le danger objectif d'une catastrophe en cas de rupture de la digue, la nécessité d'assurer un contrôle sur cette pression que nous avons d'ailleurs nous-mêmes créée, ils ne manqueront pas de souligner cette responsabilité initiale, et l'étrange effet d'autopunition que cela ne pouvait qu'induire, nous étions mal placés pour venir ensuite revendiquer quoi que ce soit d'une énergie qui est la faible contrepartie d'un péril ayant nécessité de très lourds investissements de part et d'autre, je les entends déjà, soutenus par l'ensemble des pays européens, sauf l'Angleterre peut-être, par solidarité insulaire. La communication est de plus en plus aléatoire d'un poste d'élaboration stratégique à l'autre, mais le lieutenant responsable des liaisons a bon espoir d'obtenir les documents avant la soirée, encore que j'en vienne à craindre des problèmes de chiffre, de décodage, comme la semaine dernière. Les secrets sont malgré tout bien gardés, et les militaires supposés nous aider n'ont pas toujours l'expérience requise, on pénètre dans des strates auxquelles ils n'auraient normalement jamais dû avoir accès. En attendant, je me suis plongé dans les archives relatives au Sihlsee, dont la création avait déclenché une formidable polémique, non tant pour des motifs d'environnement, auxquels on était à vrai dire encore peu sensible, mais parce que l'affrontement prenait une valeur symbolique pour la vallée d'un canton primitif, catholique, conservateur, comme Schwytz, qu'on sacrifiait à raison de plusieurs villages et de précieux champs pour répondre aux besoins énergétiques de la grande ville de Zurich, protestante, industrielle et radicale. La question s'était alors posée en des termes étonnamment actuels, de savoir si la Suisse devait ou non entrer dans le monde de la modernité, avec ses concentrations d'activités et de population, avec sa combustion accélérée et ses dimensions spectaculaires, au prix, souvent, du paysage, ou si elle devait au contraire préserver ses traditions, son rythme paisible, agricole, à l'écart des nations toutes prêtes à sombrer dans la folie du progrès. Le capitaine, avec qui nous avons eu une longue conversation à voix basse sur le terre-plein, il s'aérait en même temps que moi, m'a dit que ce pays avait toujours eu peur de la mer, tout en sachant bien qu'il en avait besoin d'une façon ou d'une autre, d'où l'existence d'une marine suisse et l'ambition, au XIXe siècle, d'annexer ou de s'allier à un port, Marseille par exemple. Je lui ai rappelé un slogan libertaire suisse de l'époque, « rasez les Alpes qu'on voie la mer », il a eu du mal à se retenir de rire. C'est que tout cela prend aujourd'hui une dimension nouvelle. D'une certaine façon, nous l'avons, enfin, notre mer. Une mer intérieure.

Rien de cela ne serait arrivé, à bien y réfléchir, sans les exaltés qui, au tournant du siècle dernier, dans un élan lyrique vite relayé à travers le pays, voulurent interpréter les sources des quatre fleuves, Rhin, Rhône, Tessin, Reuss, et leurs vallées partant dans quatre directions opposées formant ainsi une croix, oui, rien peut-être de ce qui se passe aujourd'hui n'aurait pu avoir lieu si ces exaltés n'avaient pas voulu lire le motif cruciforme inscrit dans le granit comme un signe d'élection divine, certains allant jusqu'à parler d'*homo alpinus*, et l'on sait que les idées sont parfois de dangereuses graines pour de dangereuses plantes à venir, rudérales celles-là, et bien enracinées dans les esprits patriotes, comme si les habitants d'une région, d'une nation, n'avaient de cesse de faire oublier leur statut de mortels par des fictions d'éternité. Un membre du gouvernement, à la fin des années trente, n'était-il pas allé jusqu'à évoquer les Alpes comme tombeau de la mère archaïque autour duquel la tribu jusque-là errante viendrait se recueillir et s'ancrer, cela afin de légitimer l'octroi de fonds pour l'entretien et l'encouragement du patrimoine culturel ? En fin de compte, le fantasme de la Suisse tient peut-être à ces deux mamelles, la roche alpine et les étendues lacustres. Un tissu de sommets montagneux et de lacs enchevêtrés. Eh bien, on peut dire que nous sommes, ces dernières semaines, allés au bout de notre désir.

Le campement s'est agrandi, on entend de plus en plus de bruits, de cris, lorsqu'on sort prendre l'air. Je me suis habitué au vide, au précipice, peut-être en suis-je même arrivé à maîtriser mes crises de vertige, mais il est à présent interdit de s'approcher de la balustrade de bois de sapin grossièrement équarri, de crainte d'être repérés par la population amassée là-dessous. On parle de deux mille personnes, installées dans de grands abris bâchés. Encore ont-ils de la chance de ne pas avoir de pluie, ni de boue donc, ce qui n'est pas sans risque au demeurant, et le capitaine n'arrête pas de répéter à qui veut l'entendre que l'absence d'incendie à ce jour est un véritable miracle, avec toute cette populace, il a employé le terme avec une moue dégoûtée, oui, cette populace qui fourmille en plein air et allume des feux pour d'ignobles barbecues, à croire qu'il ne se trouve personne pour les discipliner et les rappeler à d'élémentaires règles de prudence. Le pire, c'est qu'ils n'ont apparemment pas d'installations sanitaires, ou peut-être veulent-ils en restreindre l'usage aussi longtemps que possible, alors ils s'égaillent un peu partout pour faire leurs besoins, on les aperçoit, fesses blanches à l'air comme des lièvres, qui derrière un rocher ou une pierre erratique, qui contre un tronc, une souche, et en fin de journée, avec l'humidité du soir, l'odeur devient parfois pénible. Notre position doit impérativement être tenue secrète. Mais jusqu'à quand éviterons-nous qu'un civil du campement venu discrètement se soulager ne découvre le camouflage en carton-pâte et treillis qui, à l'extérieur, dissimule la lourde porte de béton conçue pour la défense rapprochée ? Je me suis longtemps demandé, dans mon jeune âge, à quelle nécessité tactique pouvaient correspondre ces éléments de fortification situés sur des hauteurs imprenables, sans rien à défendre, et voilà qu'aujourd'hui, bien malgré eux, ils démontrent leur utilité, non contre un ennemi venu d'ailleurs, mais contre nos propres concitoyens.

Dans la perspective des tractations prévues après-demain à La Haye, et auxquelles il a été question de m'envoyer avant que le département concerné ne refuse de se voir imposer un corps étranger, quelqu'un qui n'était pas de la carrière comme ils disent, des pressions diplomatiques ont été exercées, par des menaces à peine voilées, relatives aux parts de capital importantes que la Suisse ou certaines de ses entreprises et banques ou consortiums possèdent dans les installations électriques d'Amérique latine, et surtout d'Italie du Nord, où la situation est déjà rendue très difficile par la privation de notre apport traditionnel, tout ce courant venu de nos installations de plaine et que nous avons vendu pendant des années, rendant ainsi nos voisins dépendants de notre production qui a pris une brusque fin quand le niveau d'eau a monté. Tout le système, pourtant solidement protégé contre les risques militaires, est devenu inutilisable du jour au lendemain. On avait tout fait, pendant un siècle, pour exploiter et rentabiliser l'eau venant d'en haut, de la montagne sacrée, celle de la fonte des neiges et des glaciers, et voilà que, d'un seul coup, cet effort se trouve réduit à néant par un massif reflux d'une eau empêchée d'aller ailleurs. Le capitaine l'a dit, assez justement, lors d'une réunion ce matin, tout cela ressemble étrangement à un but marqué contre son camp, et nous voilà obligés de disputer une rude partie défensive pour être partis inconsidérément à l'attaque.

Mon rapport est bouclé, il a fallu attendre ensuite que l'imprimante se libère, douze pages, j'ai toujours aimé la concision, et fonder l'argumentation sur un cristal logique. Après un rappel des faits, en essayant de ne pas les rendre trop accablants par rapport à notre responsabilité, tout de même lourdement engagée au début, j'ai articulé le plaidoyer en quatre points principaux, qui laisseront ensuite de belles marges de manœuvre aux négociateurs, pour autant qu'ils aient un minimum de fantaisie, et quelques connaissances en histoire et en théorie du droit. D'abord, nos voisins, et plus largement leurs alliés, peuvent se voir reprocher un enrichissement sans cause au détriment de la Confédération helvétique. Ensuite, il y va d'une évidente atteinte à la souveraineté sur la maîtrise de nos ressources naturelles, ce qui pourrait nous valoir quelques précieux soutiens du fait de conflits similaires dans le monde, il faut toujours compter sur l'effet de solidarité, parce que toute cause peut être porteuse de jurisprudence, et la nôtre est de toute évidence la plus urgente, non tant du point de vue de la propriété de la source énergétique, mais de celui de la montée du niveau d'eau et de la détérioration qu'elle implique du pays et de ses infrastructures. Par ailleurs, on est manifestement placé devant un cas d'atteinte au droit des gens, dans la mesure où les habitants de la Suisse et leurs autorités, surtout celles-ci à vrai dire, se trouvent être les organisateurs ou les créateurs de la situation actuelle, dramatique à bien des égards, et dont les seuls effets bénéfiques, à savoir une considérable production d'électricité, leur sont radicalement oblitérés. Ce point de vue est un peu byzantin, j'en conviens, mais il suppose un rappel des étapes, méthodique, qui conduira à préciser que toutes les ouvertures ont été pratiquées dans la portion inférieure des murs de béton, celle de construction suisse, uniquement suisse, ce qui n'est de toute façon que secondaire, puisqu'il y a aussi un principe de souveraineté territoriale, l'ensemble des murailles étant sis à l'intérieur des lignes frontalières. Enfin, et on entre là dans une perspective plus morale, voire politique, le comportement arrogant et prévaricateur de nos voisins révèle une méconnaissance absolue des principes de bonne foi et de coopération internationale qui doivent exister entre nations civilisées. Je suis fier de cette conclusion, dont j'espère toutefois qu'elle aura l'aval des cercles diplomatiques concernés, et qu'elle sera bien présentée, avec le ton juste, à la fois fatigué et emphatique, presque indigné, comme une adresse au tribunal de l'Histoire.

Il y a tout de même une certaine drôlerie à ce que l'affaire de notre inondation volontaire soit jugée à La Haye, précisément dans ces Pays-Bas qui n'ont jamais cessé, au fil des siècles, de construire des digues, des murailles, mais pour se protéger de la mer, eux, et gagner des territoires cultivables, leurs fameux polders, tandis que nous aurons fait l'exact contraire, et je crains que cela puisse influer négativement sur le cours des négociations, encore que les juges ou les conciliateurs de cette cour de justice ne soient pas tous forcément hollandais, mais ils vivent là-bas, dans cette conscience des terres gagnées contre l'eau, contre le sel, et dans la peur des raz de marée, les terribles *vloed*. Alors cette histoire de détournement de fleuves les fera soit rire aux éclats, ce qui n'est pas forcément bon, soit s'emporter contre un tel non-sens qu'ils risquent de ressentir comme une insupportable provocation et la négation des efforts qui constituent toute leur patrie, fût-elle d'adoption. On pourrait leur proposer un jumelage.

Le campement s'est encore étendu, une nouvelle tente a été dressée, à trente mètres à peine de l'entrée du fort, il a donc fallu abattre la balustrade durant la nuit, de façon à ne pas attirer la curiosité, et il est dorénavant interdit de sortir. Dommage, j'avais pris goût à ces minutes de plein air, et à la rêverie presque bucolique dont elles étaient l'occasion. De plus, j'ai fini mon rapport, la mission est arrivée à son terme. Et j'ai lu tous les livres de la maigre bibliothèque réservée aux officiers. Mais le plan d'évacuation ne peut être effectué pour l'instant, nous sommes confinés jusqu'à nouvel ordre, car les rumeurs les plus folles semblent circuler parmi la population en détresse, les vivres commencent à manquer, on suspecte les autorités civiles et militaires d'avoir constitué des réserves dans la roche excavée, certains vont jusqu'à affirmer l'existence de tunnels longs de plusieurs dizaines de kilomètres reliant directement les différentes pointes stratégiques du massif alpin suisse, et les slogans vont bon train. Tout peut arriver dans ces conditions, notamment une prise d'assaut. Il suffirait qu'une des entrées de fortification soit découverte pour qu'explose une rébellion populaire. Nous vivons ainsi dans l'angoisse permanente, et le moindre bruit inhabituel nous fait aussitôt sursauter. Un tour de garde a été organisé, bien inutile au demeurant, puisque personne ne réussit à fermer l'œil, et l'on perd totalement la notion du jour, de la nuit, des heures, à être ainsi enfermé sans savoir ce que nous devons attendre ou espérer.

La nouvelle est tombée en fin d'après-midi, nous sommes le 28 avril, si l'on en croit du moins le déchiffrement de la date, mais tout cela semble tellement incroyable que nous avons spontanément cru à une erreur, voire à une mauvaise plaisanterie, encore que ce ne soit pas le genre de nos autorités, ni de l'Administration, même en temps normal. Non, ce n'était pas possible. Ils n'allaient pas nous faire un pareil coup. Et pourtant, les informations ont été minutieusement recoupées, et les observations aériennes, avec photographies et documents filmés, sont venues les confirmer, nos voisins ont passé un accord entre eux, et ils ont démarré le vaste chantier d'une seconde enceinte, à une dizaine de mètres de la nôtre, dont l'édification semble aller bon train, on parle d'une hauteur atteignant déjà une dizaine de mètres sur certains tronçons. À ce rythme, nos experts ont calculé que la nouvelle muraille, d'apparence plus solide, plus massive, dépasserait l'ancienne dans huit jours, c'est-à-dire le temps exact de débordement de notre pays devenu un vaste lac artificiel si l'on décidait demain à La Haye de fermer les vannes des multiples usines électriques installées à la bordure de nos frontières. De toute façon, l'enjeu du procès semble largement dépassé, et des sources émanant des services de renseignement indiquent une ferme volonté, aussi bien en France, en Allemagne, en Autriche, en Italie, que dans les autres pays européens, d'en finir une bonne fois avec la Suisse, ou plutôt avec les Suisses, et de les noyer définitivement dans cette eau qu'ils veulent si farouchement garder pour eux. Les survivants, car il y en aura plus qu'on ne croit, accompliront enfin le vieux rêve du peuple élu parmi les rochers, avec la croix inscrite dans le granit ayant échappé à l'immersion. Une réserve mythologique, qu'on viendra visiter en canoë, ou par hélicoptère, une fois que les querelles se seront apaisées, que la vie aura repris son cours régulier, celui des fleuves immuables. En attendant, il faut se remettre à la tâche, nos autorités n'ont pas perdu tout espoir, on me demande dans l'urgence un plaidoyer appliqué aux nouvelles données, dont l'enjeu n'est plus économique ni financier, mais relève directement des droits de l'homme, et du

« crime contre l'humanité », le concept était écrit noir sur blanc dans le message d'orientation envoyé par le chef du gouvernement. Je bénéficie à cet effet de l'ordinateur pour moi tout seul, c'est déjà une nette amélioration.

Nous arrivons au bout de nos réserves d'eau, tout paradoxal que cela puisse paraître dans la situation actuelle, et de nourriture. La décision a été prise de quitter le fort durant la nuit, et de nous fondre, les douze occupants du lieu, dans la population installée en contrebas, ils sont près de quatre mille, à ce qu'on nous a rapporté, nous n'attirerons pas trop l'attention. Le capitaine nous a malgré tout fait prêter serment de mutisme absolu sur nos activités durant ces dernières semaines, et sur les installations qui nous ont abrités. Un peu plus tard, il est venu bavarder un moment, pour me dire qu'il avait beaucoup apprécié mon dernier argumentaire, il avait lu les six pages avec enthousiasme, c'était vraiment dommage qu'on n'ait pas pu trouver le moyen d'expédier le texte à temps. Il l'a enfermé dans le coffre-fort, pour les générations futures. Pour l'Histoire, a-t-il ajouté en souriant ironiquement. Puis il m'a donné l'accolade, avec solennité, et il m'a glissé à voix basse, avec le même sourire, que ce qui l'inquiétait le plus, dans l'immédiat, c'était de ne pas savoir nager.

Extrait de *Même les oiseaux*,

Claude Luezior-Dessibourg

Granules

C'était génial, et comme toutes les choses géniales, pas si compliqué. On en avait assez des fruits qui mûrissaient trop vite, des dents cariées, des frigos qui tombaient en panne, des courses qui esquintaient la nuque et le dos, des cartons de ceci, des cageots de cela, des caves au bout des escaliers, des bouteilles à recycler, des déchets à trier !

Bien entendu, les gens avaient rêvé de ventes par télématique, mais les gourous de ce marché-là n'avaient pas encore su imposer leur religion.

À Pilval, on avait enfin trouvé la solution d'avenir : mieux que les sachets déshydratés des cosmonautes, mieux que les ampoules friables et les suppositoires qui fondaient sans élégance, mieux que les sprays qui se bouchaient et les infusions qui ne coulaient pas, on avait inventé les *granules à résorption ultra rapide* : les *g.r.u.r.s.*

Qui étaient bien dans l'air du temps !

Charmants, divers, ces *grurs* : d'un blanc laiteux et facilement solubles au fond d'un biberon pour les nourrissons, d'un vert menthe pour les enfants, vert pomme pour les écologistes, bistre délavé pour les vieillards et bois de rose pour les vieillardes.

Cela ne s'était pas fait d'un coup, bien entendu. Les *grurs* avaient leur histoire. Petit à petit, les chimistes avaient, en effet, pris le pouvoir des cuisiniers. Bien entendu, ces derniers avaient fait de la résistance en vantant leurs potées traditionnelles ou leurs mignardises à peine cuites. À leur tour, les pâtissiers ulcérés avaient relevé les bienfaits des éclairs et les vertus du chocolat. Mais tous ces barons du régime et du feuilleté s'étaient embrouillés dans leurs recettes compliquées ; finalement, la sauce à la crème avait tranché.

Au fond des campagnes, certains foyers d'irréductibles avaient longtemps persisté, mitonnant des ragoûts de grand-mère, des beignets hypercaloriques et des pâtés en croûte. Dans leurs jardins, quelques paysannes avaient encore tiré çà et là de maigres carottes ou le sourire béat d'une courge destinée à une fête de fin d'automne.

Mais la vague du modernisme avait tout emporté. Les supermarchés de Pilval, automatisés, code-barrés, surgelés, stérilisés, avaient peu à peu remplacé le roquefort par du fromage à base de lait communautaire ; le sandwich sous plastique avait gagné contre l'éphémère baguette « qui séchait en une journée ». Dans les conclusions d'un sondage pour l'institut *Hurryup*, une majorité de consommateurs avait trouvé que la tomate transgénique était parfaite : son manque de goût était finalement au goût de tous.

De plus, on parlait une sorte d'espéranto franglais, scandant le « snack », le « mc » et le « quick ».

Comme des bacilles, les tubes en matériaux composites s'étaient multipliés ; on avait fait allégeance aux emballages multicouches et recyclables. Les sachets avaient pris le pas sur les patates ; le micro-ondes, sur la flamme du Bon Dieu. Phénomène réjouissant, le volume global des achats s'était insensiblement réduit, contrairement à la consommation obèse observée à la fin du XXe siècle.

Dans cette vallée des hautes technologies, l'industrie produisit ainsi plus *concentré*, par peur des déchets taxés ; dans un premier temps, elle réduisit tout ce qu'elle pouvait en purées et en lyophilisats. Quant aux fruits, dont les gènes de maturation et de moisissure avaient été éradiqués une fois pour toutes, ils devinrent impérissables. Les rayons gamma donnèrent leur coup de pouce à cette ingénierie. Soixante laboratoires mirent au point des pommes sans pépins, des pêches presque sans noyau. On fabriqua avec des algues une sorte de pulpe qui sentait finalement la fraise grâce aux arômes de synthèse. La science avait fait un progrès immense et les vertèbres lombaires des consommatrices profitèrent de cette évolution réjouissante.

Les granules eux-mêmes furent le point d'orgue à cette tendance, le trait final au verbiage alimentaire.

Ainsi la salade ne posa plus de problèmes aux bambins et la dynamique des familles, lors des repas du soir, fut fort heureusement transformée. Plus de doigts huileux à essuyer sur les pantalons, plus de négociations, plus de mère-grand à qui dédier une feuille supplémentaire : c'était devenu beaucoup plus simple ! On avait réduit l'équation de la gourmandise à une poignée de pilules recelant tout ce que les pommées et les frisées d'autrefois contenaient de plus précieux.

N'importe qui pouvait croquer sa dose de *grurs* devant la télévision, comme des cacahuètes, avec un grand verre de soda reconstitué : le rêve ! De fait, on était dans une vallée qui était totalement dépendante d'écrans, de jeux à manettes japonaises, de souris de tout poil, de disques durs et de programmes un peu mous, d'un entrelacs de broches et de fiches. Et l'on se rassurait candidement, à petits coups de pilules nutritives.

Jusqu'au jour où un plaisantin s'amusa à dessiner des feuilles d'épinard sur un important lot de *grurs*. Ce qui rappela tant de mauvais souvenirs aux enfants et surtout à leurs parents, que cet individu-là fut d'emblée disgracié et mis au chômage technique.

Max Malar : un nom sans doute prédestiné et vis-à-vis duquel le chef du personnel de la Food Limited aurait dû se méfier ! L'on sait maintenant que ce dernier paya cher son angélisme et finit lui-même par être licencié. Mais reprenons l'affaire…

Représentez-vous tout d'abord un mastodonte de l'agroalimentaire gérant les gènes du maïs transculturel et ceux du soja sans tache.

La Food Limited, pratiquant l'intégration verticale, possédait des terres à perte de vue, des agriculteurs, des cueilleuses, des cargos, des marins, des femmes à marins, des débarcadères. Dès la production, le siège central planifiait tout. On connaissait depuis longtemps les quantités à produire, l'insecticide à épandre, quel genre de container il fallait apprêter pour la chaîne du froid, quel ouvrier pour quelle sueur. Mais tout cela faisait déjà partie du passé.

Imaginez la multinationale arrivant à mettre en tablettes d'un quart de pouce les goûts principaux de la terre. Diététiciens et biochimistes mélangeaient juste ce qu'il fallait d'hydrates de carbone, de lipides bien crémeux et de protéines charnelles à une pincée d'oligoéléments et de vitamines. Avec trois ou quatre pellicules réglant la mobilité gastrique, ainsi qu'une couche spéciale pour courtiser les enzymes du foie et du pancréas. De quoi éviter tout reflux et bien entendu toute constipation. Pour la fonte en bouche, les *grurs* avaient des goûts de force I à V, de quoi amadouer le nerf olfactif et un semis de papilles.

Géniales, ces pastilles, et de plus, bonnes à tout faire ! Fini le gel des cultures, fini les criquets et les organisations mondialisantes, les grèves des dockers, fini la mafia, les bouchons des transporteurs, les stocks et les supermarchés sans fin.

Un grand verre d'eau en sus de granules magiques et l'on en avait pour sa faim et sa soif, goûts et odeurs compris. De plus, le consommateur n'était pas abandonné à lui-même ; son besoin inné de mastication était remplacé par des chewing-gums entre les repas et ses envies de grignotage pouvaient être complétées par des *grurs* violacés pour un sentiment de bien-être et de satiété.

Dans ce contexte policé, l'insolent dessinateur d'épinards, ce... Max Malar, qui avait encore les restes d'une étrange civilisation dans ses tripes, proposa, comme par dérision, une pilule pour la création poétique. Ce fut un tollé : on jugea que son idée était antiscientifique, que ses mots eux-mêmes étaient dangereux.

Pendant les millénaires précédents, on avait assez souffert des expériences d'artistes, de leurs fresques mal séchées, de leurs frasques à répétition, de leurs à-peu-près, de leurs œuvres impubliables ou difficiles à cataloguer.

On en avait par-dessus la tête des imprésarios, des chapelains littéraires, des donneurs de conseils, des censeurs et des teneurs de rubriques. Non, il fallait définitivement stériliser ces gens-là, leur grignoter quelques gènes avec des ciseaux chimiques et des virus bien placés. Un président de commission *ad hoc* proposa même une pilule antiartiste et l'on se mit à disséquer sérieusement le fonctionnement du cerveau droit.

En effet, on savait que ce côté-là des hémisphères était préférentiellement celui des intuitions, du baroque, de la fantaisie, de l'artiste en chaque être humain. Mais il ne fallait surtout pas trop le développer, sous peine d'hallucinations et de création débridée. On commençait d'ailleurs à sélectionner la race, privilégiant ceux-là mêmes qui avaient un gros cerveau gauche : les forts en gueule, les doués de la tangente et de l'asymptote, tous ceux qui ressemblaient à ces réseaux d'ordinateurs qu'on connectait à bout de bras. Évidemment, une ou deux brebis galeuses échappaient encore à la règle.

Grâce à ses relations, Max Malar ne fut toutefois pas recalé. Mais qui était-il donc ? On ne savait pas grand-chose de ses origines finalement, si ce n'est qu'il était né dans un avion. Ce qu'il avouait parfois en rigolant. Personne ne trouvait d'ailleurs cela rigolo, suspectant là un destin plutôt douteux… Un psychiatre ergota sur le thème de la déchirure, d'une ambiguïté entre ciel et terre. Tout le monde trouva que cette explication était un peu illuminée, mais on laissa dire, ne voulant pas d'emblée se mettre à dos la confrérie.

Ce Max avait grandi dans un milieu de serviteurs de l'État. Sa mère enjolivait des participes passés sur des tableaux lycéens, tentant de survivre parmi des gaillards hilares qui avaient juré d'estourbir les quelques conjugaisons encore égarées dans leur langage.

Son père était en politique comme un piranha dans l'eau. Seul, il n'était pas difficile de le faire taire ; en bande, en association, en parti, ce type de personnage était redoutable, meneur d'hommes, moqueur, adorant la polémique. Max était donc assez bien protégé.

Un peu lettreux, un peu mutant, il avait gardé l'imaginaire des grands enfants. On eût dit qu'il faisait une rechute d'adolescence tous les cinq ans. La mèche en volute, plume à la main, ce fils de bourgeois n'avait cessé d'explorer l'espace mental du poète, allongeant sur papier les dimensions flexibles du mot, faisant roucouler les images dans leur niche, bouturant quelques soleils sur les ombres de la vie.

Pour finir dans les *grurs* ! On lui avait fait suivre des études supérieures en chimie organique, bien que les sciences ne fussent pas sa vocation première. Il avait redouté les équations et les électrons en vadrouille, n'avait jamais pu s'acclimater aux douceurs mièvres des parenthèses ni au √ victorieux des racines carrées. Bien que gérant avec une certaine élégance les troupeaux de Mendeleïev, Max se sentait plutôt berger d'hommes, de sentiments, de relations.

En raison de ses compétences professionnelles acquises avec un mélange de docilité et de détermination, il s'était vu confier, à quarante ans seulement, la haute main sur un poste clé : celui de la galénique. Une horde d'ingénieurs chimistes y trituraient quelques douzaines de granules types.

Les *grurs*, une fois mis au point, étaient produits à des millions d'exemplaires sous la responsabilité d'*Ange*, l'épouse de Max. En d'autres termes – et cela, le chef du personnel ne s'en était pas rendu compte –, tout un pan de la fabrication des *grurs* était sous la houlette des Malar. Le couple avait la mainmise sur les pilules à pellicule brune : les plus indispensables, les plus demandées.

Max n'aurait rien pu faire sans la complicité active d'Ange. Tous deux faisaient une paire admirable et folle. Vous dites les Bonnie and Clyde du granule ? Pas tout à fait. Et pourtant…

Ange était une gamine. S'approchant de la quarantaine, elle aurait pu porter un de ces chignons vite relevés sur une nuque où s'égaraient parfois de tendres morsures, mais elle avait les cheveux mi-courts et préférait le rituel des boucles à démêler entre les doigts ; celles qu'elle agaçait entre deux pulpes, juste pour marier un peu de lumière blonde à l'écarquillement d'un regard.

Dans cette gigantesque entreprise, elle était responsable des lignes de production. Les granules y étaient pesés, estampillés, giclés d'une dernière couche protectrice, mis en alvéoles, telles des nymphes chez les abeilles. Le tout, dans un espace presque stérile, où des ouvrières encagoulées ressemblaient à des zombies fripés sous leur harnachement de papier. Ensuite intervenaient les plieuses, les étiqueteuses et le cérémonial de l'expédition.

Max et Ange Malar : un ménage assez classique finalement, bien éduqué, moulé dans le coquillage social de l'époque. Le troisième millénaire n'avait pas si mal débuté, produisant ses technocrates, ses chefs de production, ses granules arc-en-ciel, des petites mères des peuples, une myriade d'actionnaires et des ordinateurs consolant à coup de gigabits des consommateurs résignés. Avec, çà et là parfois, une idée farfelue, vite censurée. Le tout ronronnant comme il fallait. On avait remplacé les agapes par des shows télévisés où l'on se passionnait pour les superflics, les superjuges et les microprocès décorés par une pommade que l'on nommait alors *justice*.

L'histoire propre du couple avait en fait commencé au seuil des années 2000, avec la rencontre de la *Kukman*, guérisseuse aux longues nattes et au discours inoxydable. Elle prétendait guérir nombre de maladies, soulageant de fait certaines d'entre elles par la force de sa conviction et la magie naturellement contenue dans tout dialogue. À son contact, les gens redécouvraient au tréfonds d'eux-mêmes une énergie qu'ils croyaient perdue. La sorcière au grand âge, à laquelle on donnait toutes sortes d'excuses en cas de défaillance, avait construit un système précurseur aux granules : celui des petites graines. L'élan primitif de la nature se cachait en effet dans le secret de la semence.

Principe que les gens très instruits, mais aussi les simples et les terreux comprenaient aisément, tant il était proche d'un instinct vital. La Kukman était une femme modeste, mais régnait en maîtresse exigeante sur cette doctrine que beaucoup partageaient sous cape, parallèlement au langage des thérapeutes officiels. On lui rendait hommage non seulement en achetant ses opuscules et ses recettes merveilleuses, mais en entretenant à feu doux une rumeur de sous-bois et d'arrière-cour, qui comptait dans les foules presque autant que les avis autorisés.

De cette femme ébouriffée au clin d'œil sympathique, Ange avait ainsi appris la sagesse des graines, et par là même, un brin de l'histoire des granules. Une manière d'être à la fois à contre-courant et dans le fleuve principal.

En fait, graines et granules, malgré leur apparence semblable et leur possible filiation, étaient antinomiques.

Les vertus innées des germes dépassaient largement celles des pilules artificiellement bourrées de vitamines. D'un côté, l'esprit des ancêtres vivait dans les graines ; de l'autre, les biochimistes avaient ordonnancé les couches multiples des *grurs*. Ces derniers mettaient le citoyen dans un confort irréel, dans un lissage de sensations ; ils stérilisaient la pensée, la diluaient dans le rose bonbon. Malgré leurs ressemblances avec les petites graines, les *grurs* étaient devenus, aux yeux de la Kukman, la semence du diable.

Ange partagea insensiblement la conviction de son aînée, bien qu'elle travaillât avec Max, comme cadre supérieur à la Food Limited.

Avec la Kukman, la jeune femme avait le sentiment d'avoir séparé le bon grain de l'ivraie. Elle avait retrouvé une vie sans rapport aux conventions, à ce qui se mangeait, à ce qui se faisait. Bien entendu, cette pensée lui posait problème, quant à sa propre activité professionnelle.

En catimini, elle avait commencé à partager avec Max un germe, un vrai, puis deux. Ceux-ci provenaient d'un trafic de banlieue : parmi quelques cartouches de cigarettes prohibées et la demi-dose d'un aphrodisiaque, on vendait à la sauvette une fraise ou une noisette, une poignée de graines, parfois. Pour un prix d'or, avec tous les dangers du faux, de la surdose, de l'incompatibilité avec les *grurs* habituels, avec le frisson de se voir épinglé par les omniprésentes brigades sanitaires qui avaient jusqu'ici presque entièrement réussi à éradiquer la denrée fraîche, hautement périssable et donc potentiellement contaminée.

Tels des étudiants en maraude allant acheter quelque ouvrage libertin, Ange et son homme eurent un jour l'occasion d'acquérir un citron en contrebande. Un de ces petits agrumes flamboyant de jaune comme un morceau de lumière, léger telle une main d'enfant. Par discrétion, les rideaux de la cuisine furent tirés : le fruit de tous les désirs sécrétait assez de couleur pour éclairer à lui seul toute la pièce. Ils le firent rouler du doigt sur la table, tout d'abord respectueusement : le citron prit une allure dandinante qui n'allait pas sans rappeler une botte de paille faisant la culbute dans l'or des moissons.

On le tâta : presque rond, désirable. Il venait de loin, de très loin, d'une île, probablement. Plus tendre qu'une chair d'ange.

Sa peau exhalait un parfum de sieste et d'aventure. Une étiquette collée sur son flanc dessinait un pays très loin qu'on appelait la France, une étrange contrée au-delà de l'océan et qui produisait encore un peu de vraie nourriture, bien que les stades I et II de la civilisation postmoderne y fussent déjà engagés. Bien que le *fast-food* eût déjà fait de grands progrès en direction du *fast-grur*. Tous les indicateurs de la bourse montraient d'ailleurs les mêmes signes réjouissants pour ce pays en voie de standardisation.

Le citron était sur la table. L'approche de la pulpe subtile devait se terminer dans le jus, dans le délice. On y communia, comme à la Cène : ce fut celle des papilles, des muqueuses et des larmes qui revenaient aux yeux. Des souvenirs d'enfance sans doute ; le palais avait repris son nom de fête.

Troublés, Max et Ange se regardèrent : ils avaient partagé le fruit défendu.

Tous deux eurent une petite chaleur, là, près du plexus solaire, à l'endroit que l'on avait appelé estomac et qui s'était, depuis longtemps, rétréci ! Tel un animalcule douloureux, l'acidité coula le long de l'œsophage pour mariner, s'amplifier, plonger dans les entrailles et se perdre plus bas. Reliquaire de l'ulcère ou de la crise de foie, souvenir momifié dans les dictionnaires de médecine, bile jaunie, la chaleur les tarauda l'un et l'autre, afin de signer leur condition fraternelle. Ils avaient presque oublié ; au liquide doré, ils furent reconnaissants.

Plus tard, la tentation eut le goût enfantin d'un morceau de chocolat. Le carré avait été négocié au prix de la sueur. Sans papier d'alu (car l'aluminium était exclusivement employé pour l'emballage des *grurs*), la précieuse nourriture avait un peu fondu, peut-être dans la main d'un métèque, d'un affamé ou d'un drogué du sucré, mais sa texture et son moelleux avaient, malgré tout, été préservés. Max et Ange se passèrent le morceau, luisant ébène. Le humer ne servait à rien : contrairement à son cousin de la vigne, le chocolat n'avait pas de tête.

La pâte de cacao était une ancienne religion, avec ses rites de communion exquise et de langue en extase. On ressentait encore à son égard la résurrection des papilles, l'arrière-gorge teintée de plaisir, les molaires croquant leur dernière noisette, les doigts qu'on se devait de sucer, le bon goût sans raison et sans régime. Reliquaires magiques de la gourmandise ! Le chocolat avait été l'un des derniers aliments à être censuré au nom du foie, de la bile, du cholestérol et des *grurs*. Des incorruptibles *grurs*. Pour lesquels les technocrates avaient dû faire une seule et dernière concession : afin de consoler les irréductibles, on avait fabriqué des *grurs* brun foncé, piquetés de bulles, comme des bouts de noix légèrement croquants, en souvenir du chocolat. Dérisoire attitude.

Celui dans la main des complices était un vrai morceau à faire des taches, des empreintes, des preuves. Avec un goût mélancolique à donner une haleine pendant trois jours. Bien que ce ne fût qu'un carré, deux peut-être.

Ange et Max goûtèrent. Puis ils goûtèrent leurs lèvres, en souvenir du chocolat. Leur abdomen éberlué leur fit des signes : il fallait faire quelque chose. C'était la réinvention du péché par Adam et Ève, la condition étrange de pèlerins défroqués ! Peut-être la gourmandise était-elle salvatrice de la grisaille paradisiaque et du *grur* stérile ! Bonnie et Clyde étaient-ils des saints et le jardin d'Éden un désert ?

« Il faut faire quelque chose ! » Là naquit le complot. Mais il n'y a pas de complot sans arme.

Petit à petit germa dans leurs têtes un espace de création. Tous deux mirent au point leur projet : celui d'incorporer progressivement une pâte de chocolat dans les granules faux brun. Puisque le goût, la couleur et la texture de cette nourriture divine avaient été savamment imités, l'introduction très progressive de la pâte de cacao dans les *grurs* ne devait pas trop poser problème.

Encore fallait-il imaginer un tour de passe-passe pour réussir cette substitution : délire d'empoisonneur ! Mais puisque Max et Ange étaient idéalement placés...

L'intention était pure, bien entendu : faire redécouvrir aux autres, et à leur corps défendant, des substances oubliées, procédant ainsi à un retour aux sources, à la redécouverte de la graine primitive. Dans la plus belle tradition prônée par la Kukman et par la nature elle-même. On se devait d'essayer ! Le monde n'avait été changé que par les résistants et les grands obstinés. Alors, une mutation nouvelle, même si elle était celle d'un retour aux sources, était utile et nécessaire.

Encore fallait-il trouver la pâte de chocolat en quantité suffisante, la transporter contre son cœur (en fait, il ne s'agissait au début que de quelques grammes, l'escroquerie initiale n'étant qu'homéopathique). Bricoler, malaxer, dérégler puis réajuster les machines, dans le dos des ingénieurs et des techniciens, tromper la vigilance des gardes et des subordonnés : mission presque impossible. Et pourtant, Ange et Max avaient, à eux deux, assimilé toutes ces phases technologiques dans leurs études et leur expérience professionnelle. Avec un peu de culot et la bénédiction de leur amie sorcière, la chose était possible. Frasque ou farce, complot pour graines cacaotées et faux *grurs* : une belle aventure d'écervelés !

Finalement, cela ne se révéla pas si difficile : tôt le matin, dans le bourdon des machines, quand la vigilance des uns était suspendue à la première tasse d'eau caféinée et quand la respiration du travail était encore celle de l'ébrouement, l'addition de quelques pincées de chocolat au prix d'une purge proportionnelle de pâte à *grurs* fut relativement aisée.

La pesée ne remarqua aucune différence, les autres paramètres n'avouant pas le sacrilège. Les malaxeuses façonnèrent quelque chose de comestible, de dévorable, de docile. Coupeuses et plieuses jouèrent à la guillotine. D'un coup de massicot, des cartons furent taillés ; sans relâche, un rouleau de papier argenté, large comme un tapis, nourrit dix lignes simultanées qui façonnèrent des carrés devenant peu à peu des alvéoles à *grurs*. Les plaques faméliques des granules furent aspirées, enfouies en paquets promptement sertis et la gesticulation mécanique poursuivit son théâtre saccadé. Les plus petits emballages furent avalés par de plus gros poissons, comme dans la vie, comme toujours. Et puis survint l'étiquetage en rouge ou bleu, avec un code-barres fier comme un drapeau, le fameux logo de la fabrique, l'autorisation ministérielle, un sceau plein de bonnes intentions et quelques slogans de bien-être…

Tout cela, pour des faux *grurs*.

Quant aux conséquences pratiques sur les consommateurs, elles furent plus rapides et plus graves qu'on n'aurait pu l'imaginer. Cela commença par des sensations minuscules, inqualifiables, que personne ne reconnut de prime abord. Phénomène de manque peut-être, atrophie gastrique ou sécrétion de bile noire ? Certains se sentirent accablés, d'autres gesticulèrent. Quelques inquiètes harcelèrent les bons docteurs encore de service. Les questions étaient angéliques et pressantes. On avait dans la bouche comme un goût, un petit goût de... Mais puisque les *grurs* bruns avaient conservé l'arôme synthétique du chocolat, l'on ne trouva pas la fatidique réponse. Petits malaises et longues tirades. Était-ce bien des malaises ? On avait plutôt l'impression que les langues se déliaient un peu, que les papilles se réveillaient...

Des grincheuses trouvèrent de nouveaux motifs pour se plaindre, heureuses d'avoir enfin déterré leurs cauchemars de poche. Elles trouvaient en effet délicieux de pouvoir à nouveau parler de bobos à des oreilles compatissantes. Car les thérapeutes avaient presque disparu, faute de maladies. Et avec eux, les potions qui sentaient le camphre, les salles d'attente bondées où l'on mesurait ses propres quintes à celles des autres, où l'on jaugeait la mine un peu grise de la dame d'à côté, qui prétendait être l'urgence du jour. Il n'y avait plus cette main alliée, ni ce regard plein de compassion, ni cette blouse bien blanche qui bloquait, pour longtemps encore, l'entrée fatidique au paradis. On avait ainsi perdu les délices du colloque singulier, dans lequel tout ou presque pouvait se dire, sans reproche et sans lois, si ce n'est celles de la nature. Avec respect et fraternité.

Autrefois, le druide semblait tout-puissant lors du diagnostic, un peu plus humain quand on était en voie de guérison, et toujours diabolique lorsque apparaissait son nom sur une facture. En un mot, les pleureuses regrettaient ce temps-là. Mais l'espoir renaissait à nouveau : elles pressentaient vaguement dans leur corps un retour aux bonnes plaintes d'autrefois.

Max et Ange augmentèrent la dose. Autour d'eux, on redevenait pluriel, tout en étant moins indifférent, moins insensible. La chimie se dissipait un peu, et avec elle des airs de bromure et d'anesthésiant, sans doute en quantités surdosées dans les *grurs* originaux.

La Kukman gloussait d'aise, approuvant de son menton poilu la germination nouvelle : autour d'elle, les gens recommençaient à vivre, à se parler, à rouscailler. On redécouvrait délicieusement le sentiment de la faim, de la soif légère, de l'appétit et de l'eau à la bouche.

Bien entendu, certains réagirent plus fortement et eurent des symptômes étranges. Les papilles furent confondues avec des boutons sur la langue. Il ne fallait pas oublier que les *grurs* étaient à *résorption ultra rapide* et que même des doses homéopathiques pouvaient donner, cas échéant, des signes relatifs de surdosage. Les experts traitèrent ces gens-là avec des contre-granules. D'autres thérapeutes, plus arrogants, sortirent de vagues souvenirs évoquant la possibilité d'une saignée ou d'une purge. Finalement, les gens s'habituèrent quelque peu à ces maux angéliques.

Malgré tout, la question était devenue sensible : fallait-il gommer les saisons, éponger les sentiments, anesthésier le peuple dans un bien-être sûr ? Dormir ou du moins somnoler pouvait être agréable… Être assuré d'une vie sans symptôme était-il un leurre ?

Avec la diététique, les *grurs* et les antitout, on avait augmenté l'espérance de vie, mais pas l'espérance. La longévité signifiait pour une bonne partie des gens un quatrième âge que l'on passait à attendre. À attendre quoi ? Personne n'avait de réponse à ces dilemmes.

Ce confort artificiel avait en tout cas un prix que l'on payait aux censeurs. Des lois multiples naissaient dans les esprits procéduriers et fonctionnaires. On avait supprimé tout ce qui était dangereux : le sport, l'art bien sûr, les longs déplacements individuels, l'herbe à Nicot, la plante à Bacchus, le cholestérol des ruminants, les idées folles des rumineurs…

On avait ainsi perdu les congés maladie, les certificats et les petites excuses qui faisaient enrager les patrons, les voisines à qui se plaindre, les bonnes âmes et les saules pleureurs, car toute lamentation était décidément devenue indécente.

Un jour, il fallut bien que l'irraisonnable galvanisât l'impatience du couple. Ce fut là leur perte. En lieu et place d'une stratégie à long terme et d'alliés progressivement acquis à leur cause, ils forcèrent sur le chocolat. Curieusement, la demande des consommateurs augmenta nettement, ce qui fit surchauffer la chaîne de production. Et c'est là que le système coinça, s'enraya ou plutôt fondit... À cause de la chaleur précisément.

Les granules ne tinrent pas le coup : en dépit de leur pellicule et d'un malaxage impeccable, les *faux grurs en vrai chocolat* devinrent poisseux et leur forme se fit piteuse. Les ouvrières se souvinrent d'œufs de Pâques sous le soleil d'avril.

L'enquête fut brève : des lingots de chocolat noir furent vite découverts au domicile de Max et de son démon.

Ils se virent inculpés *d'empoisonnement de la population*. Toutefois, un juge qui avait recouvré sa bonne humeur grâce aux vertus antidépressives du cacao, corrigea l'acte d'accusation en mentionnant *tentative d'empoisonnement*... qu'un substitut changea en *recel et emploi de substances frauduleuses*. Que le greffier écrivit sur son classeur *affaire chocolat*.

Car c'était bien une *affaire*. Et comme toutes les choses géniales, elle était à la fois simple et compliquée.

Sur-le-champ, on mit Max en prison. Il fallait bien donner du travail aux médecins qu'on avait recyclés en surveillants. Gardien de la santé ou gardien tout court, le concept n'était-il finalement semblable ? Mais l'oisiveté et ses affres les guettaient, même dans ces hautes fonctions, car les prisons étaient quasiment vides, à part quelques cellules occupées à la petite semaine par un plumitif ou un musicien des rues qui passait par là. Car l'absence de maux, le nivellement onctueux de la pensée, la douce anesthésie des corps et des esprits avaient diminué la criminalité en tout genre. Les *grurs* avaient bel et bien assagi l'adolescent et l'artiste, le coupable d'écriture et le violoneux au bord de son toit.

Contre toute attente, Max supporta avec philosophie son incarcération, car, au fond, il était un poète. Seule la séparation d'avec Ange fut ressentie comme un purgatoire.

En réalité, il fut cocolé par des employés en blouse verte, appelés à effectuer leur service alimentaire : un chirurgien sans scalpel et un gynécologue sans ses femmes devinrent presque d'emblée des amis. Beaucoup avaient fait de petites provisions de ces nouveaux *grurs*. Avec une once de chocolat au coin de la cervelle, le désert culturel se transforma en jardin. Et l'on vit même des agapes à l'abri des murs de la République. Plusieurs parlèrent en vers, fraternisant au nom de la fève sublime.

Un chroniqueur un peu plus imaginatif que ses confrères et qui avait ses propres réserves s'intéressa au fond du problème et le fit mousser. Qui d'autre aurait pu le faire avec un tel coup de patte ? Les autorités avaient été incapables de réagir, de détecter à temps la supercherie du chocolat à doses homéopathiques, de la solutionner. Elles étaient elles-mêmes anesthésiées par les anciens *grurs* stockés dans leur bunker et qu'elles continuaient à grignoter.

Maintenant, le peuple voulait des granulés en vrai chocolat, les gens piaillaient tels des enfants à la récréation. Certains allaient jusqu'à exiger un ou deux carrés, et même une plaque, pourquoi pas ? Et pour la soif, on avait faim de liberté !

Le phénomène s'amplifia. Le journaliste était déraisonnable, ce qui n'était guère nouveau. Mais tout le monde le devint, ce qui rendit la situation un peu folle.

En définitive, on fit appel à la Kukman que l'on n'avait pas osé inquiéter jusqu'ici. En marge de la société, elle faisait, bon an mal an, office de sage pour les grandes circonstances. On daigna écouter sa voix. Finaude, sentant le vent tourner et sans donner l'impression de vouloir prendre le pouvoir, la femme au menton poilu suggéra un vote populaire sur la question, tout en exigeant la libération immédiate de Max Malar et de son Ange. Ce qui fut fait.

On organisa donc un plébiscite, ce qui n'allait pas de soi. Un stock d'urnes fut dépoussiéré à grands frais. Pour surveiller la régularité du scrutin, une délégation de casques arc-en-ciel fut dépêchée sur place : des gaillards roux venus du Nord, qui sentaient la morue et le Viking et qui consignèrent leurs observations sur un bataillon de blocs-notes.

Les discours succédèrent aux discours : fallait-il prolonger cette civilisation du mieux-être aseptisé ou retrouver le contraste des goûts, des sentiments et des plaisirs ? La question était simple : chocolat ou granule, loup ou brebis ?

Le *grur* semblait déjà désuet, mais il avait, malgré tout, permis de moins souffrir, d'écumer la vie sans plonger dans la vague salée. Prosaïquement, il avait donné aux gens une survie à moindre frais, un quotidien sans cholestérol, tristesse ni douleur.

Le citoyen moyen était indifférent aux sacrilèges, docile parmi les névrosés, un peu plus esclave mais un peu moins fouetté.

De son côté, le chocolat était bon, mais difficile à digérer. On s'était réveillé créatif, râleur, mais se réveiller était un effort. Rebâtir toute une architecture : pourquoi donc, pour qui donc, finalement ? La tentation de s'agenouiller dans l'insipide fut grande. Là-bas, un soleil de lassitude apposait ses dorures sur les dentelles sombres de la République. Le vent sembla tourner : la liberté nouvelle était devenue insupportable.

Pour ou contre Max, pour ou contre l'Ange et sa sorcière : il n'y avait plus de clivage gauche/droite mais un antagonisme non-mangeur/mangeur, chimiste-boulotteur de chocolat. Et les choses s'étaient compliquées à l'envi : les tenants du changement rejoignaient les anciens de la garde gourmande, les écologistes tendaient la main aux vieux jardiniers. C'était, tout soudain, une pagaille de goûts, de parfums et de fleurs.

On vota finalement contre la déchirure que le couple infernal avait inventée, contre les discussions et les doutes, les loups, les philosophes et les artistes.

Une fois pour toutes, la drogue cacaotée serait interdite aux vivants. Il fallait exiler les trafiquants, installer des détecteurs, des délateurs et des systèmes de triples contrôles à la production. Car il fallait à nouveau produire de vrais granules, synthétiquement purs, que l'on pourrait consommer à son aise, selon les directives du Parti.

En définitive, presque tous votèrent de la même manière : pour les *grurs* et contre le sacrilège des archanges.

La sorcière Kukman fut condamnée au pire des bûchers, l'indifférence. La peine était à perpétuité, sans marchandage possible.

L'aventure avait tourné court. Les gens se sentirent soulagés. Et le soleil électrique resplendit à nouveau.

Max et Ange ? Aux dernières nouvelles, ils ont émigré au-delà des mers, dans un pays étrange que l'on surnomme l'Hexagone.

Il paraît qu'ils écrivent des poèmes.

En mangeant du chocolat.

Extrait de *Venise et autres contes fantastiques*,

Sylvie Neeman Romascano

Mais aussi un cadenas, des menottes, une bille et un désir

Il dépend de celui qui passe
Que je sois tombe ou trésor
Que je parle ou me taise
Ceci ne tient qu'à toi
Ami n'entre pas sans désir
Paul Valéry
Vers gravés au frontispice
du Musée de l'Homme, à Paris

Comment vas-tu ma fille et quel bonheur de t'écrire ! Sais-tu à quoi je me suis occupée hier au soir, après le lever de lune ? J'ai compté, la tête contre la vitre, les gens pour qui je pouvais encore faire cette chose étrange que j'aime tant… écrire – oh, pas parmi mes vieux amis les fous, ceux que tu appelles les insanes, ceux que j'appelle mes doux, mes longtemps, j'ai compté les gens de près, les gens d'amour et de liesse et vous êtes quatre mon cœur, quatre à pouvoir encore lire mes cabales et mes graphèmes. Aussi pardonne-moi ma chérie si je te le dis à nouveau… tu devrais apprendre à écrire à ta petite Aria. Même si ses doigts volent sur son clavier comme des sauterelles effarouchées (on en a encore eu au dîner, l'autre jour, j'en ai assez des sauterelles, je n'en peux plus des sauterelles, je dois te l'avouer, vivement la saison des racines), même si sa petite voix a plus d'autorité sur les machines que je n'en ai jamais eu sur mes creuseurs, mes épousseteurs, mes marouilleurs, ne laisse pas se perdre ceci, qui a survécu depuis des centaines d'années dans notre famille. Mais je m'arrête là, parce que je t'entends soupirer et je veux absolument que tu lises la suite de ma lettre.

Quelle joie, ma chérie, ma lointaine, de te l'annoncer... nous avons trouvé! Nous sommes arrivés au bout de la route que ton arrière-grand-père avait tracée, au long des cent trente-six années de sa vie... souviens-toi, son regret en nous quittant, ce n'était pas tant les mains qui ne toucheront plus, les yeux qui ne verront plus, ni même de n'avoir parlé à Aria qu'à travers la douce marée de ton ventre, c'était de ne pas laisser un objet, oui, une chose comme il disait souvent, une chose unique et tangible qui aurait chanté mieux que toutes les voix l'honneur, l'exceptionnel de notre continent... les merveilleuses cages.

Mon obscure, nous avons déterré quatre objets, quatre miracles, voici une semaine à présent, mais je voulais être sûre avant de t'en parler, je voulais comprendre, reconstruire, et c'est fait, je n'ai plus aucun doute, alors écoute que je te parle d'eux, mes survivants, mes rescapés. Il y a d'abord, imposantes, lourdes, majestueuses, trois barres de métal reliées entre elles par un montant horizontal. Il y a aussi un objet cordiforme de la taille d'une main, en métal lui aussi, muni d'une sorte d'arceau fixe d'un côté, mais pouvant pivoter sur lui-même si on actionne la petite clé plantée dans son centre – toute pareille à celles que nous avons dans les maisons du souvenir – dessus un mot est écrit... antivol. Je t'expliquerai pourquoi ce mot, j'ai mis du temps, mais ça aussi je l'ai compris. Il y a encore un bracelet double, très simple, un ornement que les époux portaient aux premiers jours de leur mariage, et aussi sûrement à d'autres occasions importantes de leur vie ; une parure de promission qu'on a trouvée nombre de fois ailleurs en ce monde, ce n'est pas la plus originale de nos découvertes, je dois l'avouer, d'autant que toutes les pierreries ont disparu, il n'y a pas trace d'une incrustation, un bracelet double qui lui aussi fonctionne selon le principe ingénieux de la clé – les hommes du temps d'avant vénéraient les clés comme nous vénérons aujourd'hui le zénith, je peine à l'expliquer et ça me rend heureuse, tout aussi heureuse, vois-tu, que quand les mystères s'éclairent ! Je ne te propose pas de t'offrir ce bracelet sans adornement, tu le refilerais à une de tes amies, ainsi que tu le fais à chaque fois que je te donne quelque chose dont tu ne comprends pas la magie... Enfin, belle comme une phalène, comme une aile de demoiselle, une petite sphère qui, après un vigoureux nettoyage, s'est révélée être en verre ! Et à l'intérieur de cette transparence même, tu ne devineras jamais, une torsion de vert – oui, la couleur, souviens-t'en, on allait voir du vert quand tu étais enfant, je t'emmenais, on prenait le métro de nuit jusqu'au Grand Jardin, et là on se repaissait d'arbres, de feuilles, d'herbe, c'était beau, c'était comme de naître à nouveau et tu étais tellement étonnée, tellement charmée, tu voulais en prendre un peu à la maison, tu as donc oublié ? Dire que ta petite Aria n'aura pas même connu ça... Mais arrêtons là la nostalgie, parce que je ne suis pas loin de penser que ces hommes qui me fascinent avaient eux aussi cette propension à soupirer sur le temps fini : qui sait ? Elle est si belle, si pleine de ces verts mêlés, ma douce sphère transparente, je crois que c'est un bétyle, je me le ferais bien incruster sur le front, mais je sais que tu trouverais que ce n'est pas de mon âge... J'attendrai donc encore un peu, je ne veux pas que tu rougisses de ta mère.

Tu me diras que tout ce que je t'ai énuméré jusqu'ici ne prouve rien, au sujet des cages à écrivains de ton arrière-grand-père, mais j'y viens, mon impatiente, ma douteuse... car vois-tu, et c'est là la merveille, des mots sont gravés sur la barre transversale, des mots lisibles – que, soit dit en passant, ta petite Aria aurait pris pour de simples décorations, des agréments, des fioritures ! comme celles qui décorent ses dalmatiques, ses prétextes, ses drapages, mais pourquoi donc la laisses-tu s'habiller ainsi ? – des mots écrits de main d'homme, des mélodies entières, que ta maman et ce vieux Karim ont patiemment libérées des poussières et des attentes qui les dissimulaient. Et sais-tu ce que nous avons lu ? Écoute, voilà les mots... *6 mai 2003, premier jour. Seule certitude, j'écrirai. Sebastian*. Et plus loin... *15 avril 2018, c'est fini, demain mon âme volera loin de ces barreaux.*

N'est-ce pas poignant ? N'entends-tu pas comme moi le bonheur de cet homme, ce 6 mai de l'an 2003, cet homme que l'on vient de sauver, qui a finalement la place qu'il mérite, au cœur des grandes cages, à l'abri du dehors, et cette détresse presque insoutenable au moment où il sait que l'époque bénie est terminée, quinze années après ? rien que de te l'écrire, mes yeux me brûlent ! quinze années de tranquillité, ça ne devait pas être n'importe qui, ce Sebastian, pour avoir droit à tant d'égards, souviens-toi, ton arrière-grand-père parlait de séjours de quelques mois, une année, voire deux, mais quinze ans ! Quel génie, quel talentueux ce devait être ! Et dire que je touche le métal qu'il a dû bénir lune après lune, je ne peux m'en remettre...

J'ai encore en mémoire ce que ton arrière-grand-père dactylait en 3991, ou 3992, je ne suis plus très sûre... *Tout laisse à penser qu'ils étaient nombreux à le souhaiter, mais bien peu à y accéder ; les cages à écrivains, qui devaient assurément se trouver au milieu des centres qu'on disait alors urbains, ces cages étaient des lieux de sûreté et de bonheur serein, où l'on ne risquait rien des dangers du dehors, où la vie s'écoulait, paisible, hors de portée des bêtes féroces, avec la nourriture et l'eau offertes chaque matin par de vieilles vierges enfoulardées, dont on a retrouvé trace dans certaines peintures dites « au chat », car il n'était pas rare qu'un de ces animaux, ancêtres de notre lynx bien-aimé, se faufile dans ces scènes peintes.* Entends-tu ? Ton grand-père était non seulement un scientifique, mais aussi un poète... Il concluait ainsi... *une société qui a su pareillement protéger ses écrivains, c'est une société au sommet de sa gloire – rien à voir avec notre déchéance, notre allégeance, nous qui sommes disposés à toutes les bassesses, toutes les guerres pour de l'eau ou du riz.*

Et sais-tu ce qu'on leur demandait, à ces nantis, en contrepartie ? Bien peu de choses, en somme, juste dire le monde tel qu'il allait, les jours et les nuits – oh j'aurais tant voulu connaître leurs jours, la pleine lumière de ce soleil dont on ne fait plus, aujourd'hui, que deviner la présence, le plein fouet de ses rayons, pas cette stupide chaleur moite qui nous fait suer comme des moisissons dans une casserole... Et les gens passaient devant les cages sans même un regard, ils avaient l'habitude, ils ne se rendaient pas compte que sous leurs yeux se déroulaient la civilisation et son cortège ; ceux qui s'arrêtaient un instant, c'étaient les simples, les doux, de drôles de zèbres, en somme, figés là à contempler s'écrire le monde. Ces hommes d'alors étaient si peu vivants, ma chérie, qu'il leur fallait bien des paroles écrites pour les rassurer, leur prouver leur propre réalité, et à ce motif-là on offrait aux écrivains l'asile, tu ne connais pas ce terme, c'est bien compréhensible, un mot qu'on ne dit plus mon cœur, c'est comme un corps qu'on ne touche plus, il s'efface peu à peu, cela signifiait simplement qu'on donnait un abri, de quoi vivre et être heureux – heureux, ça existe toujours, non ?

Quel soulagement, ma chérie, quand après septante-huit années de recherches on parvient à trouver, à comprendre ; j'étais si contente de moi, l'autre matin, que j'ai failli oublier de prendre mes seize cachets, mais Karim veillait, il me les a mis un à un dans la bouche, c'est vrai qu'il y trouve son intérêt, mais de ça aussi tu n'aimes pas que je parle, je n'aimais pas non plus, à ton âge, les choses se répètent, tu vois, inlassablement.

Et l'objet qui tient comme un cœur dans le creux d'une main, celui avec la clé, celui dont l'arceau pivote selon qu'on cherche à l'ouvrir ou à le fermer ? J'ai eu plus de difficultés, je dois l'avouer, car je voulais appliquer nos principes, nos malheureuses infirmités à ces hommes lointains (tu sais bien que je ne randomise ni ne ratiocine, du moins m'y efforce !) ; alors que la réalité saute aux yeux... ceux-là savaient voler, ils connaissaient – parce qu'ils les voyaient, les côtoyaient, parce que tout simplement les oiseaux existaient encore à cette époque bénie – ils connaissaient les lois de l'apesanteur, ils les avaient vaincues. Et quand un écrivain sortait, avec toute la réticence qu'on imagine, de sa cage, quand ce besoin de s'élever – souviens-toi, mon âme volera, disait Sebastian – devenait trop impérieux, de braves gens lui offraient un bracelet double, avec une chaîne, et l'emmenaient ailleurs, à la recherche d'autres barreaux, non sans avoir pris la précaution de lui joindre un antivol – mais oui, tu comprends tout comme moi à présent, pour qu'il ne s'envole pas, ils y tenaient, à leurs écrivains, plus que tu ne peux te le figurer ; tu vois, les explications étaient là, sous nos yeux, mais nous on regardait ailleurs.

Tu me connais, ma fille, je pense déjà à l'avenir, et je sais quelle sera ma prochaine recherche, ma prochaine errance ; je me dois de trouver pour quelle raison les écrivains ont disparu... victimes d'un séisme, d'un cataclysme, d'un brusque changement climatique ? Il semblerait que ce furent des gens de grande sensibilité – au chaud, au froid, à la lumière, oui, peut-être trop de lumière ? Ou bien ont-ils dû affronter une disette, une famine spirituelle ? Se sont-ils reproduits entre eux, ouvrant ainsi la porte à diverses tares, à des stérilités inconnues jusqu'alors ? Mais peut-être les femmes ont-elles voulu s'approprier les mêmes privilèges, et plus personne ne faisait la vaisselle, et alors les rats, les acridiens ont envahi les cages, avec les maladies que l'on sait… Je vais chercher, mon cœur, et je trouverai, je comprendrai. C'est là ma fierté, ma raison d'avancer encore, à présent que tu ne vis plus auprès de nous. Embrasse ta petite Aria, dis-lui que je viendrai vous trouver, que vous me manquez, mais que cette terre me manquerait plus encore si je devais quitter tous ses mystères pour un monde trop neuf à mes vieux yeux.

Je dois te laisser à présent, ma douce ; te souviens-tu de ces mots gravés que ton arrière-grand-père avait exhumés au début de sa carrière ? Il pensait que ces paroles accueillaient le visiteur à l'entrée d'un musée, un de ces lieux où, les hommes avaient alors la naïveté de le croire, les muses se réunissaient autour d'un thé pour parler des arts et des étoiles, de la musique et de la danse. Comme si les muses n'avaient que ça à faire… Le texte finissait ainsi… *Ami n'entre pas sans désir*. Moi, vois-tu ma soyeuse, je ne partirai pas sans désir.

Ta maman

Extrait de *Écrire au futur antérieur*,

François Rouiller

Délocalisation

POUR la troisième fois, le même panneau indicateur surgit du brouillard, planté au bord de la même route gelée. « Les Raimeux », afficha-t-il, obstiné.

Tony Chanfavre consulta sa carte en jurant. Il n'avait, selon son habitude, cessé de pester depuis son départ, trois heures plus tôt. Chanfavre appartenait à cette catégorie de râleurs impénitents venus au monde avec la mission permanente de vouer à tous les diables bêtes, hommes et paysages. Mais ici, devant ce stupide écriteau, sa provision de jurons était épuisée. Son agacement n'avait plus de commune mesure avec sa mauvaise humeur coutumière. Il avait atteint un degré d'échauffement irréversible, où, de simples contrariétés, les aléas de l'existence devenaient les indices d'un complot universel. Pour Chanfavre, l'insistance avec laquelle ce panneau réapparaissait sur sa route était une preuve, une signature accablante : le monde et ses habitants, tous ligués, travaillaient à sa perte.

Ils savaient, conclut-il avec aigreur.

« Ils », en l'occurrence, n'englobait pas l'ensemble des conspirateurs acharnés contre lui. Dans ce pronom, s'incarnait une faction bien précise de conjurés, la plus nuisible aux yeux du journaliste. À savoir Jérôme Gagnebel, son négrier de rédacteur en chef et sa teigne d'assistante, l'insupportable Marcelline Desgonds Deffer.

Pourquoi, sinon par vice, m'ont-ils tout exprès envoyé ici, un matin de février ? Pourquoi le mois le plus glacial et le plus embrumé de ce putain d'hiver dans ce putain d'arrière-pays, au volant de cette tire à bout de souffle, aux pneus mortellement élimés. Sans GPS, bien sûr. Juste avec cette carte au 1/200 000 du siècle passé.

Ils savaient que je me perdrais. Ils-le-savaient !

Il s'abstenait bien sûr de se compter lui-même parmi les responsables de sa mésaventure. S'il avait pris la précaution de charger son itinéraire sur son mémoc, il n'en serait pas là, à arroser la contrée de ses imprécations. Mais cet oubli, au fond, lui rendait service. Il lui donnait une fois encore l'occasion de se poser en victime et de maudire les plus opiniâtres de ses bourreaux.

Un instant Chanfavre les imagina, tous deux riant à ses dépens sous les néons de la cafétéria. Le visqueux Gagnebel, son veston de tweed tendu sur sa bedaine tressautante, un expresso fumant suspendu devant sa bouche lippue. Et cette garce de Desgonds Deffer, minaudant sur son tabouret, veillant à ce que sa gorge rougissante et l'écart de ses jambes bronzées offrent l'angle de plongée le plus avantageux aux œillades de son vis-à-vis.

Et tout ça pour quoi ? pesta le journaliste. Pour un reportage à la con. Pour interviewer une ex-championne enterrée dans un trou perdu dont personne n'aurait l'idée de se soucier si ce salaud de Gagnebel ne cherchait pas tous les prétextes pour m'envoyer battre la campagne loin de ses petites intrigues.

« Tiens, voilà un sujet pour toi, avait-il décidé, péremptoire. Personne n'a su pourquoi Marie-Lena Stumpfer s'est retirée de la compétition. Cette fille avait un don, un charisme. Elle a tenu en haleine nos lecteurs pendant des mois. Et puis un jour, flop, plus rien. Disparue. Voici trois ans que le monde est sans nouvelles. Les gens ont besoin de comprendre.

— La môme Stumpfer » avait objecté Chanfavre, le cou déjà rétracté entre les épaules, sachant d'avance que ses arguments ne seraient pas entendus. « Qui s'en souvient encore ? Quel rapport avec l'actualité ?

— Mon cher, avait rétorqué le rédac'chef, avec son air sentencieux des mauvais jours, le vrai journaliste ne suit pas l'actualité ; il la crée.

Fais ton boulot, Tony. Mène ton enquête. Démerde-toi pour retrouver Marie-Lena, explique-nous son choix, raconte-nous sa nouvelle vie. Parle à sa mère, à son petit ami, au maire, au curé. Ramène-nous des témoignages, des photos nostalgiques, des anecdotes pleines d'émotion.

— Enfin, Tony, avait tranché l'assistante de rédaction devant sa mine sceptique, on ne va pas t'apprendre ton métier. Tu nous as livré des papiers magistraux sur des sujets beaucoup moins stimulants. Le sport, ça ne te branche pas ?

— Pas ce sport-là, Marcelline. »

Tony Chanfavre se rappelait parfaitement le ton de sa réponse. Comment sa voix avait grincé en prononçant « ce sport-là », puis le soupir de mépris avec lequel il avait soufflé « Marcelline ». Dans cette phrase, il n'avait pas seulement exhalé son ressentiment pour le rôle de fouille-merde de second ordre qu'on le forçait à jouer depuis des mois. Il avait aussi rappelé à son interlocutrice une haine plus ancienne, conçue du temps où elle n'était pas encore la triple garce à la botte de Gagnebel.

Car Chanfavre avait aussi ce défaut-là : il en voulait à jamais à toutes les femmes qui lui résistaient. Peu lui importait que les fesses blanches de Marcelline lustrent maintenant les fauteuils de cuir du bureau rédactionnel sous la poussée ahanante de son occupant en chef. Ce qui mettait Chanfavre hors de lui, c'était la vanité du combat qu'il avait lui-même mené pour obtenir les faveurs de la belle assistante. Rien que le souvenir de ses mimiques offusquées, quand elle dérobait ses mèches platinées à ses doigts entreprenants ou s'écartait de lui dans les couloirs, lui donnait des envies de meurtre.

Sans parler de cette gifle sonore, qu'il avait reçue en récompense d'une palpation désinvolte lors d'un souper de fin d'année.

Ce dernier épisode avait mis un terme cuisant aux assiduités du journaliste. Depuis, le nom de Marcelline s'était ajouté à la liste déjà longue de ses ennemies personnelles. Et, à subir quotidiennement les manigances de la jeune femme, il ne doutait pas que cette hostilité fût réciproque.

Voici le genre d'inimitiés tenaces qui valaient à Tony Chanfavre d'aligner des colonnes de mots indigents sur des sujets rébarbatifs, en dernière page d'un tabloïd distribué aux foyers les plus ignares de la nation.

Et aujourd'hui, de se retrouver pour la troisième fois au pied du même panneau indicateur, sur fond de cambrouse encrassée de brume et de purin gelé.

S'il lui était resté quelque humour, la scène lui fût apparue comme une belle métaphore de sa vie affective : n'était-il pas condamné à tourner en rond, affrontant toujours les mêmes échecs, aux mêmes tournants ? Mais il y avait belle lurette que l'amertume du journaliste n'empruntait plus la voie de l'autodérision. Toute nouvelle frustration allait simplement grossir la somme de ses déboires et attiser le feu de sa rancœur. En lui, ne grandissait désormais que la rage. Une rage sourde, tenace, chaque jour plus impérieuse.

La carte s'était déchirée entre ses doigts. Au lieu dit « Les Raimeux », s'ouvrait maintenant une faille abyssale. Chanfavre acheva d'écarter les lambeaux de papier, ouvrit la portière et les jeta au sol, avant de les piétiner avec fureur, sans quitter son siège. Il prit une joie malsaine à voir routes et villages se fondre dans la boue neigeuse, Atlantide miniature engloutie par une mer de vase.

Passée cette éruption, il laissa retomber ses pensées au niveau de son humeur antérieure. Soit, sur l'échelle de son irritation chronique, entre mauvais poil et grise mine. Il empocha son mémoc, resserra son écharpe sur sa barbe frileuse et hissa ses cent huit kilos hors du véhicule, qu'il abandonna au bord du talus.

Un toit de ferme émergeait du brouillard, en contrebas. Chanfavre s'engagea sur l'allée défoncée qui menait au bâtiment, levant haut ses bottines de citadin pour éviter ornières et bouses congelées. Un vieillard en salopettes et veste polaire le regardait approcher, une pelle crottée à la main.

Un vrai pithécanthrope, apprécia le journaliste. Lèvre pendante, groin de babouin. Le faciès-type de dégénéré qu'on s'attend à débusquer dans un bled pareil. J'aurai de la chance si j'en tire plus de trois mots audibles.

« Le chalet Stumpfer, lui lança-t-il hargneusement, vous connaissez ? On m'avait dit de prendre à droite, à la sortie des Raimeux. Mais j'ai dû me tromper de route et je suis revenu à mon point de départ.

— Vous faites tous ça, répondit l'indigène, prenant un appui périlleux sur sa pelle. Personne ne comprend que le panneau marque à la fois le début et la fin du hameau. Il n'y a que six habitations aux Raimeux, toutes à flanc de coteau. »

Chanfavre se retint de lui communiquer une opinion bien sentie des itinéraires champêtres de la région.

« C'est à deux pas, reprit le vieux. Pas la peine de remonter dans votre engin. Coupez par cette pâture en suivant le ruisseau et vous y serez en moins de trois minutes. »

Le journaliste plongea dans le brouillard, suivant la direction indiquée. Il s'abstint de tout geste de reconnaissance à l'adresse du fermier. À quoi bon s'abaisser à de vaines politesses ? Il n'avait plus rien à tirer de cet avorton.

En fait de ruisseau, Tony Chanfavre ne trouva qu'un fossé marécageux envahi par la glace. Il longea tant bien que mal cette tranchée, manquant plusieurs fois s'y étaler. Enfin, ses bottines crottées jusqu'aux chaussettes, il vit apparaître en face de lui un pâté de bâtiments hétéroclites : un hangar, une étable, deux immeubles décrépis. Estompée en arrière-plan, se profilait une construction de bois. Vraisemblablement ce foutu chalet, conclut le journaliste, moins par élimination que par manque de patience.

Sous l'angle où le découvrit Chanfavre, l'édifice ne présentait qu'une façade de sapin noirci par les ans, précédée au rez-de-chaussée par une étroite galerie. À l'étage, la paroi était percée de petites fenêtres, aux cadres peints et festonnés. D'un kitch indécent, estima le journaliste. Sans doute au goût des habitants du lieu, dont il lui tardait de moins en moins de faire connaissance.

En approchant du chalet, ses pieds s'enfoncèrent dans un sol meuble. Il réalisa qu'il marchait au milieu d'une plate-bande et que ses semelles écrasaient les fleurs tronquées qu'on y avait laissé hiverner. Chaque touffe était protégée d'une collerette de paille, d'un ridicule achevé. Plutôt que de contourner la plantation, il s'appliqua à labourer le terreau de la pointe de ses chaussures, déterrant avec méthode une douzaine de pousses et offrant bulbes et racines à la morsure du gel.

Il finit par arracher ses pieds de la glèbe, non sans une dernière ruade qui décapita un nain de terre cuite posté à l'angle du carreau. Il s'engagea sous la galerie, gravit pesamment les trois marches qui menaient à une étroite porte vitrée. Résistant à l'envie de desceller la sonnette de laiton suspendue au linteau en la secouant avec la brutalité requise, il se contenta de marteler le carreau. Opération qu'il renouvela dix secondes plus tard, pour bien signifier son irascibilité à toute la maisonnée.

Il allait infliger à la vitre une nouvelle salve de coups de poing quand le battant s'ouvrit. Une femme replète parut dans l'encadrement, coiffée d'un chignon torsadé. Elle souriait avec une aménité que le journaliste jugea singulièrement bovine. Sa peau avait la teinte et le suintement d'une motte de saindoux abandonnée à côté d'un radiateur.

« Ah, fit-elle mollement, c'est vous qui avez téléphoné ce matin. Le monsieur du journal, c'est ça ?

— C'est ça, maugréa Chanfavre, entrant sans s'essuyer les pieds.

— C'est gentil de vous être rappelé notre Marilé. Vous savez, des gens de la presse ou de la télé, on n'en voit plus tellement par ici. Ce n'est pas comme il y a quatre ans, quand il en débarquait tous les jours par cars entiers. Le jardin était plein de câbles, de caméras, de projecteurs. On ne savait plus où poser les pieds. Et la nuit, la maison était illuminée comme en plein midi. »

Cet accueil bavard dépassait en désagrément tout ce que Tony Chanfavre avait appréhendé. La matrone lui barrait le passage de son opulente rondeur, réduisant leur volume d'air commun à un segment de corridor. Non contente de lui imposer son caquetage horripilant, son encombrante personne dégageait dans l'étroit passage un florilège de senteurs corporelles et cuisinières : relents d'aisselles moites, de chou trop cuit et de petits-beurre rances.

Et à cette agression olfactive, s'ajoutait celle du décor ambiant. De chaque côté du journaliste, les murs supportaient un fatras de chromos jaunis, de cartes postales, de calendriers New Age éculés et d'angelots en pâmoison. Un festival d'horreurs criardes enchâssées comme des ex-voto.

C'en était trop pour les yeux et les narines de Tony Chanfavre. Incapable de retenir son souffle plus longtemps, il avança sur la mégère, tête basse, comme un sanglier enfumé dans sa tanière.

Devant la charge, la grosse femme battit en retraite.

« Vaut mieux que vous le sachiez tout de suite, accéléra-t-elle, l'œil soudain craintif. Notre fille n'est pas en santé, ces temps-ci. Faudra pas vous étonner.

— On verra bien, fit Chanfavre en sortant son mémoc de sa poche. On peut se poser là ? »

Ils étaient entrés dans une pièce plus vaste, meublée d'une table et de quatre chaises. Une salle à manger, selon toute vraisemblance. L'air, quoique lourd de vieilles odeurs, y semblait respirable.

« On sera mieux au salon, proposa la maîtresse de maison.

— Bah, lâcha le journaliste, peu désireux de pousser plus loin son exploration des lieux, je me trouve très bien ici. »

Il tira un siège et s'y affala, posant le mémoc devant lui. Sur une hideuse toile cirée ornée de cerises vermeilles aux queues entrelacées.

« Votre fille peut se déplacer jusqu'ici, non ? crut-il bon d'ajouter devant l'expression hébétée de son hôtesse.

— Je… je vais voir. »

Elle fit mine de quitter la pièce. Mais juste avant de franchir le seuil, elle se retourna, l'air toujours plus inquiet.

« Je vous avertis, Monsieur, Marilé est ailleurs, prise dans ses pensées. Quelque part où personne ne peut l'atteindre. Paraît que ça fait partie de sa dépression, à ce que disent les médecins.

— Amenez-la, je verrai bien. »

Elle quêta une suite à sa réponse, plus consistante, plus généreuse. Mais c'était trop espérer de lui. Il en resta là, jouant en silence avec les commandes de son mémoc, jusqu'à ce qu'elle fût sortie.

Dès qu'il la sentit hors de vue, il enclencha l'appareil et risqua alentour un œil circonspect. À la différence du corridor d'entrée, la pièce n'hébergeait pas de pastels bariolés ni de mosaïques de coquillages ou autres répugnants bibelots. Juste quelques photos punaisées çà et là, reflets de vies insipides où curieusement, ne posaient que des fillettes rubicondes chaperonnées par un régiment de mères, de grand-mères, de cousines et de marraines. Un univers de femmes couvant leur progéniture à l'abri des nuisances masculines.

Il laissa son mémoc effectuer une série de repérages. L'écran restituait le travelling que l'œil électronique – gros comme une tête d'épingle – captait du bout de sa tige rotative. Aucun meuble ne s'adossait aux parois, à l'exception d'une étagère vitrée dressée au fond de la pièce. Ses rayonnages ployaient sous une collection de coupes, d'assiettes d'étain, de médailles enrubannées et d'autres trophées. « Sydney 2023 », « Internationaux de Dublin 2025 », « Finale européenne 2024 », clamaient les plus gros titres de gloire exposés.

Voici donc tout le brillant passé de notre championne, ricana-t-il. Des années de victoire réduites à quelques reliques pieusement astiquées.

Il pianota sur son mémoc quelques notes courroucées.

On se souvient bien sûr de Marie-Léna Stumpfer, dite Marilé. La mémoire collective a gardé d'elle le portrait d'une petite paysanne aux joues pleines et au sourire timide, projetée en quelques mois sur le plus haut degré des podiums internationaux. Hélas, comme toujours jaloux du succès de ses ressortissants, ce pays s'est empressé de tourner la page dès que la jeune prodige a essuyé ses premiers revers. Et notre championne, déçue et désœuvrée, a été renvoyée à sa ferme natale. C'est là que nous l'avons retrouvée, pour une interview exclusive.

À l'attention des rares amnésiques, rappelons que Marilé Stumpfer a entamé sa carrière météorique en…

La table fut soudain ébranlée. La mère Stumpfer, de retour, avait déposé devant lui un énorme album. Elle se tenait toute droite en face de lui, nettement moins intimidée que lorsqu'il l'avait forcée à reculer dans le couloir. Comme si elle avait tiré d'un placard secret une provision d'audace pour affronter à nouveau son visiteur.

« Elle ne va pas tarder, prévint-elle d'une voix presque ferme. Je lui ai dit que vous étiez là. »

Il s'efforça de ne rien répondre à cette marque d'assurance, ne laissant échapper de ses lèvres qu'un « Hm-hm » qui s'acheva en grognement d'indifférence.

« Faut l'excuser, Monsieur, reprit-elle un peu radoucie. Tout lui prend tellement de temps et d'énergie, maintenant. »

Chanfavre se garda d'exprimer la moindre réaction. Même un « mouais » eût été une réplique trop affable.

« En attendant, jetez donc un coup d'œil à son livre d'or. »

Le journaliste se saisit à contrecœur de l'épais classeur et l'ouvrit au hasard. Il tomba sur une double page tapissée de photos et de coupures de presse. Un cliché montrait la jeune fille debout à sa table de compétition, les pupilles révulsées et les paumes en suspension au-dessus d'un cylindre de plomb marqué du chiffre 6. À côté d'elle, d'autres concurrentes grimaçaient d'effort derrière leurs pupitres.

« Là, dit la maîtresse de maison en plaquant un index boudiné sur la photo, c'est la Tchèque Jana Soucek. Battue en 5-3 par Marilé. Les autres n'ont pas dépassé les quarts de finale.

Mais vous feriez mieux de commencer par le début. »

Elle lui arracha l'album et le lui remit sous les yeux, ouvert d'autorité à la première page.

Une galerie de portraits de Marilé y égrenaient les étapes d'une enfance sage et bien nourrie. Marilé au bain, Marilé dans son youpala, Marilé jouant avec le chat de sa tante, Marilé et sa mère, Marilé chez la voisine, Marilé en pleurs, la bouche pleine d'une bouillie végétale.

Ici également, les figures viriles brillaient par leur absence.

Chaque image avait droit à son commentaire. Rien, des embarras gastriques aux érythèmes fessiers de la future championne, ne fut épargné au journaliste. Et impossible de sauter avant terme au chapitre suivant. Le classeur bien en main, sa gardienne contrôlait d'une poigne inflexible la consultation de ses annales.

« Regardez bien cette photo, lui dit-elle, désignant la dernière pièce du collage. Vous voyez la balle jaune, dans le verger ? »

Chanfavre acquiesça distraitement. Sur l'image, âgée d'une année environ, Marilé était parquée dans un enclos de bois clair posé au milieu d'un pré. La petite morveuse lançait un regard de chien battu à l'objectif. Le ballon jaune, quant à lui, avait atterri à une dizaine de mètres de sa prison.

Ce n'était pas une baudruche, mais un gros ballon, en plastique épais. Vraiment encombrant et lourd pour un bébé de son âge. « Et regardez la date. »

« 8 août 2006 », avait sous-titré l'imprimante au bas du tirage.

« On a replacé le ballon au moins dix fois dans le parc. Et dix fois, on l'a retrouvé dans le verger à pareille distance.

— Des débuts prometteurs, lâcha le journaliste », espérant que le compliment lui ferait lâcher prise. Mais les doigts serrés de Madame Stumpfer condamnaient toujours l'accès aux pages suivantes.

« L'été 2006, appuya-t-elle. Vous ne faites pas le rapprochement ? »

Il secoua la tête, contrarié. Il haïssait les devinettes.

« Laisse, maman, fit une voix nouvelle. Nous allons lui rafraîchir la mémoire. »

Marilé Stumpfer, que Chanfavre reconnut immédiatement, n'était pas seule. Une jeune femme tout de noir vêtue entra avec elle, collée à son flanc et accompagnant chacun de ses mouvements comme si l'ex-championne allait basculer en avant d'un instant à l'autre.

« C'est Sonia, mon autre fille, annonça sa mère. (Elle avait miaulé « Son-ii-a ».)

Depuis que Marilé est revenue chez nous, Sonia a quitté son travail à l'hôpital pour veiller à plein temps sur sa sœur.

C'est une charge, croyez-moi. Nous nous relayons nuit et jour à son chevet. Heureusement que les exploits de ma cadette nous ont laissé un peu d'argent. Sans cela, elle serait à l'asile.

— Maman, s'il te plaît, arrête tes jérémiades, supplia Sonia. Tu crois que ça intéresse notre visiteur ? »

À l'entendre, Chanfavre comprit que c'était elle qui avait ordonné « Laisse, maman » quelques secondes plus tôt. L'air complètement hagard,

Marilé semblait bien en peine d'articuler la moindre parole sensée. Et à voir les multiples précautions que prenait sa sœur pour l'asseoir à la table, caler son dos avec un oreiller, disposer ses mains bien à plat sur la nappe, et enfin prendre place à côté d'elle, sa bouche vissée à son oreille et son bras enserrant ses épaules, le journaliste réalisa que son projet d'« interview exclusive » partait en fumée.

Tant mieux, se résigna-t-il. À défaut de recueillir des souvenirs émus de la bouche même de l'ex-vedette, il pourrait inventer de toutes pièces ses répliques. Et révéler sans fard ce qu'elle était réellement devenue : une ombre, une idiote de village, un potiron humain. Effet mélo garanti. Gagnebel serait ravi. On frémirait dans les chaumières, on verserait moult larmes nostalgiques.

Puis, la malheureuse héroïne serait oubliée de plus belle. Et cette fois-ci, définitivement.

Le spectacle de ces femmes l'absorba un moment. La mère Stumpfer s'était assise à la droite de ses filles. Leurs traits étaient pareillement las et rustiques. À elles trois, elles composaient une entité symbiotique taillée dans une même viande huileuse, le même destin morose. La vieille, déjà racornie dans son jus ; la cadette, boursouflée par les neuroleptiques, le regard absent ; et l'aînée, ses mèches pendantes encadrant une moue de vierge aigrie.

Vous savez ce qui vous manque, mes chéries ? leur lança-t-il en pensée. Un homme ! Un mâle bien pourvu, qui vous écarte les cuisses à tour de rôle et vous redonne goût à la vie !

Un instant, il se vit lui-même remplir cet office. Jeter la mère sur le plancher, besogner ses vastes chairs. Puis passer sur sa fille aînée, malaxant sa maigre poitrine. Et enfin, pour le dessert, rejoindre la cadette sur son grabat. Envoyer au sol draps, coussins, bouillottes et chemises de nuit, pour ne disposer que de cette peau rose et nue désormais inhabitée, offerte à son seul plaisir.

Marilé émit un hoquet sonore. La mère et la sœur sursautèrent de concert.

« 2006, dit Sonia, soudain rappelée à la présence de leur visiteur, c'est l'année de cette fameuse expérience, à Athènes.

— Ah ouais ? fit Chanfavre, fâché que cette digression vienne interrompre le cours de ses rêveries paillardes.

— Tenez, nous avons conservé plusieurs articles sur le sujet. »

Mère et fille aînée s'emparèrent de l'album. Leurs doigts experts firent tourner les pages et s'arrêtèrent pile sur un feuillet illustré, qui se déploya sous ses yeux.

TÉLÉPORTATION QUANTIQUE ET PSYCHOKINÈSE : MÊME PHÉNOMÈNE ?

La parapsychologie, remise au goût du jour par les nombreux cas de psychokinèse (PK) signalés chez de jeunes enfants aux quatre coins de la planète, sera-t-elle bientôt accréditée par la physique ? C'est du moins ce que laisse supposer une étude récemment publiée dans la revue Nature.

Les auteurs, Henry S. Babel et John Kimberton, deux éminents professeurs britanniques, ont remarqué que la vague de phénomènes PK qui déferle sur le monde a pris naissance au lendemain d'une expérience menée à l'université d'Athènes le 1er août 2006. Il ne s'agit pas d'une coïncidence, affirment les chercheurs, qui ont fait la preuve de leurs compétences scientifiques dans de nombreux autres travaux, mais d'un rapport de cause à effet.

Rappelons que l'expérience d'Athènes a concrétisé pour la première fois la téléportation quantique d'un atome d'hydrogène. On n'avait jusqu'alors réussi cette transmission instantanée qu'avec de plus petites particules, comme des photons.

En réussissant l'exploit de téléporter un atome entier, remarquent les deux scientifiques anglais, l'équipe d'Athènes a introduit dans notre univers une propriété jusqu'ici confinée au champ infinitésimal de la physique quantique. Une parcelle de matière a été arrachée de son environnement ordinaire pour se reconstituer miraculeusement, dix mètres plus loin. Du jamais vu dans le cosmos.

L'expérience grecque, avancent Babel et Kimberton, aurait en quelque sorte imposé à Dame Nature un comportement inédit. Cette violation du continuum espace-temps constituerait un cas de jurisprudence extraordinaire dans l'histoire de la physique. Une exception dont les lois universelles seraient désormais obligées de tenir compte. Comme si, l'homme étant parvenu à biaiser le règlement, la réalité matérielle qui y est soumise se devait de lui emboîter le pas, autorisant toutes sortes de prodiges jusqu'ici réprouvés.

D'où, toujours selon les deux chercheurs, cette pléthore de talents surgis de nulle part ; ces bébés qui font léviter des balles de ping-pong ; ces craies qui écrivent toutes seules au tableau noir ; ces écolières sortant des règles métalliques de leur cartable sans en dénouer les attaches.

La prouesse athénienne a inauguré une nouvelle ère, affirment les deux Anglais. Ce jour-là, l'esprit a gagné le droit de commander directement à la matière, sans la médiation des muscles ou d'autres grossiers instruments.

Remarquons toutefois que l'hypothèse élaborée par Babel et son compère, si séduisante soit-elle, ne résout pas toutes les énigmes liées à la vague PK. Rien, dans leur article, n'explique par exemple pourquoi ces dons paranormaux ne sont apparus que chez des fillettes, jamais chez des adultes ou des sujets de sexe masculin.

Les deux savants avouent également leur perplexité en constatant que les facultés PK ne s'exercent que sur des corps simples et inertes. « Peut-être que le cerveau ne peut appréhender que des objets constitués de la répétition d'un même schéma moléculaire, avancent-ils. Un cristal, un liquide ou un métal purs, cibles préférées des sujets PK, présentent ce type de structure élémentaire. S'il s'agit de désintégrer, pour le reconstruire ensuite, un corps inhomogène, le nombre de combinaisons à mémoriser dépasse tout bonnement les capacités du cortex. »

Chanfavre interrompit sa lecture et repoussa l'album avec un balancement de mâchoire dubitatif. Il fit glisser le gros volume loin de lui, jusqu'à ce qu'il vienne se caler entre les coudes de ses propriétaires.

« Je croyais qu'il était abusif de parler de "téléportation" en physique quantique, déclara-t-il pour paraître au parfum. Si je ne fais erreur, ce ne sont pas les corpuscules eux-mêmes qu'on déplace dans ces expériences, mais leurs propriétés.

— Je vois que vous avez potassé le sujet, opina la fille aînée. Ce que vous dites est exact pour les particules élémentaires, qui se plient aux lois quantiques. Mais quand on s'attaque à des corps plus gros, la téléportation devient réelle. Toute leur masse est entraînée dans l'opération. Dans l'infiniment petit, un même phénomène peut apparaître simultanément à deux endroits distincts. Quand on téléporte un photon, son identité propre coexiste sans problème dans la particule d'origine ET dans sa copie.

Mais à l'échelle supérieure, cette ubiquité n'est plus tolérée. Dès qu'on atteint la taille d'un atome, la nature exige que les choses soient uniques et à leur place. Si on parvient à exporter en un autre lieu toutes les propriétés d'un morceau de matière, celui-ci ne peut plus demeurer à son emplacement d'origine. Il est comme aspiré par sa nouvelle réalité. Son existence antérieure est annihilée, et toute sa masse se reconstitue intégralement en cet autre lieu. On accomplit bien, au sens propre, une téléportation. »

Chanfavre sentit qu'il avait fait fausse route. Son interlocutrice, qui semblait tenir prêt tout un échafaudage de théories pour transformer le passé de sa sœur en épopée scientifique, mettrait en déroute sa piètre érudition en moins de quelques répliques. Il préféra couper court à cette joute trop savante.

« Je sais tout cela, bluffa-t-il. On a ergoté là-dessus pendant des années. Des centaines de traités ont été pondus sur le sujet. Je ne me vois pas réchauffer ces élucubrations.

Et puis, nos lecteurs n'y comprendraient rien. Ce ne sont pas des intellos, vous savez.

— Il faut qu'ils comprennent, pourtant, intervint la mère. Écoutez au moins Sonia. Elle a son idée sur la question.

— C'est très simple, reprit l'intéressée, avec une fièvre professorale. À Athènes, avec leur téléporteur atomique, les savants ont ouvert une sorte de brèche. Comme une faille dans la réalité. Le problème, c'est qu'une fois la trouée faite, plus rien ne peut la colmater. Les bizarreries paranormales – la télékinésie et tout le reste – s'y engouffrent à la pelle.

Mais ce que personne n'a encore réalisé, c'est que le processus s'emballe. Il y aura de plus en plus d'enfants PK, aux dons de plus en plus performants. Non seulement la membrane isolant l'esprit de la matière est définitivement percée, mais le trou s'élargit aussi à la vitesse grand V. Ce truc quantique pousse comme un cancer, se ramifie, procure des pouvoirs toujours plus dangereux.

Nous ne sommes pas prêts, continuait Sonia. Il faut arrêter ces concours, ces prix, ces compétitions télévisées. Tout ce cirque ne fait que renforcer le chaos. Nos pauvres cervelles n'y résistent pas.

La preuve : Marilé était une des premières PK ; regardez-la, aujourd'hui. »

Sonia avait débité sa démonstration d'un seul souffle. Elle reprit haleine en toussotant entre les pages de l'album, courbée sur la nappe. Omoplates saillantes, ses coudes dressés comme deux ailes déplumées, elle ressemblait à une corneille au bord de l'asphyxie.

Marilé, privée de l'accolade de sa sœur, s'affaissa en avant elle aussi, ses bras retombant sans vie de chaque côté de son siège. Le haut de ses seins replets amortit la rencontre de son buste et du plateau de la table, empêchant que sa tête bascule complètement. Et elle resta là, suspendue dans sa chute, le regard toujours aussi vide, un filet de salive au coin des lèvres.

Discrètement, Chanfavre orienta son mémoc pour que l'œil de l'appareil cadre les deux visages penchés vers lui. Quand il les vit apparaître en gros plan sur son écran, il appuya sur le déclencheur. Après une courte rafale de prises de vue, il désactiva le zoom et numérisa plusieurs fois toute la famille, mère et trophées compris.

L'opération lui prit à peine quelques secondes. Personne, en face, ne parut s'inquiéter de la course distraite de ses doigts sur les touches.

Le mémoc restituait maintenant ses photos en diaporama plein écran. Le traitement d'images avait retouché les portraits en mode « réaliste/dramatique », option que le journaliste avait chargée par défaut dans son appareil.

Le résultat dépassait toutes ses espérances. Le programme avait rendu les trois femmes encore plus laides et pitoyables qu'elles n'étaient en réalité, ce que Chanfavre n'eût jamais cru possible. La rougeur congestionnée de la mère, l'hébétude de Marilé, l'acné dans le décolleté laiteux de Sonia : tous les détails désavantageux de la scène avaient été repixelisés et savamment mis en valeur.

Chanfavre ne put retenir un gloussement railleur.

« Ça vous fait rire ? demanda l'aînée au bout d'une quinte angoissée.

— Non, non rassurez-vous. Je pensais à autre chose.

Voyez-vous, enchaîna le journaliste, je suis comme mes lecteurs. Dès qu'on parle philosophie, je décroche.

— Philosophie ! cracha la mère Stumpfer. Et ça, fit-elle, essuyant d'un pan de tablier la bouche baveuse de sa cadette, c'est de la philosophie ? »

Chanfavre sentit que la conversation tournait au vinaigre. Il n'aurait pas demandé mieux que de planter là ces trois hystériques et leur musée de pacotille. Mais d'un autre côté, la perspective de rentrer bredouille pour affronter la fureur de Gagnebel et les sarcasmes de Marcelline lui retournait d'avance l'estomac. Il opta donc pour le moindre mal, même si ce choix lui imposait de feindre la modération, douloureuse entorse à sa nature.

« Holà, ne nous emballons pas. Je n'ai pas dit que vous racontez des salades. Je prétends seulement que, si on leur balance tout de go ce genre de discours – mécanique quantique, trou dans la réalité et autre baratin – les acheteurs de *Vécu dimanche* vont bâiller dès la troisième ligne et tourner la page.

Je les connais. Ils veulent des faits, des confessions, du concret ! Ce sont de parfaits incultes, je vous l'assure. Si on veut leur vendre un message, susciter la moindre réflexion dans leur cervelle étroite, il faut d'abord les accrocher avec des titres, des photos, des colonnes de révélations captivantes.

Ils ne mordront à l'hameçon qu'une fois entamée leur pâture dominicale.

— Vous n'avez pas une opinion très flatteuse de vos lecteurs, remarqua Sonia.

— Ce n'est pas un avis personnel. Je vous livre les conclusions de nos études de marché. »

Il reprit l'album et le feuilleta avec désinvolture.

« Vous m'avez compris, Mesdames. Du vécu, du tangible, il n'y a que ça pour vendre un sujet.

D'abord, il faut amener les gens à compatir au drame présent de Marilé. Pour ça, on va leur rappeler ses origines, son histoire. Je propose donc de commencer par un court feed-back, histoire de remettre le profane en piste : comment Marilé a développé son don ; qui l'a remarquée ; à quels championnats elle a participé ; quelles ont été ses premières victoires.

Après, on passera aux records et aux feux de la rampe ; et on finira par les défaites. »

Le journaliste suivait un scénario éprouvé. Dans le jargon des collaborateurs de *Vécu dimanche*, ce schéma de reportage portait un nom de code, théâtral à souhait : « plus dure sera la chute ». Le mémoc de Chanfavre en gardait toujours une version en mémoire. Le script préformaté s'appliquait au portrait de toute personnalité qui, oubliée du public, végétait au moment de l'interview dans l'aigre souvenir de son glorieux passé.

L'article-type débutait par des souvenirs d'enfance, illustrés de photos aux tons pastels. Pour cette introduction, les expressions-maîtresses proposées par le programme étaient « précoce », « en herbe », « prometteur » et « admiration de son entourage ». La colonne suivante était consacrée à l'ascension du héros. Y figuraient obligatoirement les mots « fulgurant » et « à l'émerveillement général ». Les filtres appliqués aux images privilégiaient les tons chauds et les lumières printanières. Venaient ensuite les deux ou trois paragraphes marquant le point culminant de la trajectoire, la remise des médailles sous les flashs crépitants. À ce stade, l'éclairage était celui du plein midi estival. Le triomphe de la star était commenté avec force « rayonnant », « éclatant », « éclipsant tous ses rivaux ». Mais déjà sonnait l'heure du déclin, tandis que sur le papier les teintes s'assombrissaient, révélant regard accablé, visage blafard, traits de plus en plus tirés. Le vocabulaire de circonstance partait de « saisi par le doute », « passage à vide » pour dégringoler au fil des lignes vers « dépression », « lente décrépitude », « succession d'échecs » et aboutir à l'implacable « fin de carrière ».

La formule fonctionnait avec un succès constant depuis le lancement de l'hebdomadaire. Elle s'appliquerait à merveille au cas Marilé Stumpfer, estima Chanfavre. L'ex-championne irait grossir les rangs des *has been* dont *Vécu dimanche* se plaisait à clamer la disgrâce. Du pain béni pour tous les ratés, charognards plutôt que lecteurs, qui se repaissaient du malheur des célébrités en épluchant le tabloïd. Finalement, que cherchaient-ils dans le spectacle de ces revers de fortune, hormis à oublier la faillite de leurs propres existences ?

« Parfait, fit-il, sans attendre les objections de ses interlocutrices. Puisqu'il semble que mademoiselle ne soit pas – euh – très disposée à répondre à mes questions, je vous demanderai de commenter à sa place les grandes étapes de sa vie. »

Son doigt tourna quelques pages du début de l'album, et s'arrêta sur une image en noir et blanc. On y voyait Marilé, à l'âge probable de cinq ou six ans, accrochée au poignet de sa mère. Deux personnages en uniforme posaient avec elles devant un édifice de béton, barrant toute la largeur de la photo. Des sommets enneigés coiffaient le bâtiment d'une couronne lointaine.

« La base du NOTAN, en Autriche, dit la mère Stumpfer. Au début, les militaires veillaient avec attention sur les enfants PK. Nous étions régulièrement convoquées pour des contrôles et des mesures. Et nous recevions aussi des indemnités.

— Ce programme est terminé aujourd'hui, continua Sonia. Quand ils ont constaté que l'effet psychokinétique était très capricieux et ne s'exerçait pas au-delà de quelques mètres, ils sont revenus à des investissements plus sûrs.

Mais c'était un mauvais calcul. Ils s'en apercevront bientôt.

— Que voulez-vous dire ?

— Rien. De la philosophie. »

Grue prétentieuse, jura mentalement le journaliste. Je vais te la resservir à mon goût, ta philosophie. Attends de voir en quels termes élogieux j'arrangerai ton portrait et celui de ton légume de sœur.

Tiens, s'imagina-t-il, je me ferai un plaisir de revenir ici avec l'épreuve de mon article et de te le fourrer sur le nez. Que m'offriras-tu alors pour que tout le pays ne découvre pas ton affreux museau de déterrée en quart de page ? Ou pour que je gomme de mon compte rendu les phrases les plus poétiques ?

Marilé, Sonia et leur mère habitent un chalet minuscule, une masure où ni la lumière ni l'air extérieurs ne semblent avoir pénétré depuis des mois. Les pièces encombrées sentent la transpiration et les fruits gâtés. Couvant sa sœur muette dans cette promiscuité délétère, l'aînée semble gagnée par la même folie. Quel spectacle affligeant que de voir ces deux êtres basculer de concert dans la crasse et la déchéance mentale ! Toutes deux vêtues d'oripeaux, prisonnières d'un logement malsain et d'une mère possessive, à peine moins démente qu'elles, elles passent leurs journées à contempler les images d'un passé révolu.

Telle est la fin tragique de Marilé Stumpfer, ex-étoile de la psychokinèse, entraînant dans son naufrage et sa mère et sa sœur. Telle est la rançon d'une gloire trop vite conquise.

Que me donneras-tu, ma belle, pour adoucir ce tableau édifiant ? Des larmes, de l'argent, un de tes chers bibelots ? N'y pense pas ! Un serviteur de la vérité ne saurait succomber à de si banales tentations.

Ah, c'est mieux ! Tu comprends vite : voici que tu découvres ton sein. Mon Dieu qu'il paraît triste, flasque, sans caractère ! Mais je te l'accorde, l'offre est plus honnête. Tope là : je retire *sordide*. Et aussi *dans la crasse*, si tu me montres la paire.

As-tu autre chose à proposer ? Quoi ? Ces fesses osseuses ? Quelle désolation ! Mais bon, je suis bon prince, j'efface *à peine moins démente qu'elles*.

Si je veux plus ? – Bien sûr ! Mais quoi ? Voyons, voyons. Marilé, peut-être. Elle est chaude, pleine, infiniment consentante. C'est ça : si tu me la laisses, je raccourcis mon œuvre d'un paragraphe entier. Et j'ôte la photo. Promis.

D'accord ? – Parfait. Marché conclu.

Il y eut un bruit de chaises brusquement traînées sur le parquet. D'une poussée, la cadette s'était dégagée des bras qui l'enserraient. Son dos s'arc-boutait par-dessus le dossier de son siège, tandis que ses dents produisaient d'effroyables grincements.

Ses anges gardiens s'employèrent hâtivement à la rasseoir à sa place, au prix de pénibles efforts pour faire ployer ses membres convulsés.

« Elle me paraît bien agitée aujourd'hui, haleta la mère Stumpfer, presque couchée sur sa benjamine.

— C'est qu'elle n'a plus l'habitude des visites », répondit Sonia.

Tony Chanfavre porta la main à son front. Une sensation désagréable lui traversait le crâne. Comme un début de vertige, ou d'étourdissement.

Le journaliste, qui était sujet à la migraine, reconnut les premiers symptômes de son mal familier. Voilà qui donnera un nouvel agrément à cette belle journée, se dit-il, tout en se maudissant de n'avoir pas emporté ses gélules contre les céphalées. D'habitude, les crises se déclaraient chez lui, au saut du lit, le plus souvent le lendemain d'une soirée bien arrosée. Alors que là, Chanfavre n'avait pas touché d'alcool depuis au moins quarante-huit heures. Le stress, accusa-t-il. Et ces foutus emmerdements professionnels. J'aurais dû prévoir que le mélange Gagnebel-Desgonds Deffer nuirait à mes neurones plus sûrement que vingt coupes de mauvais cocktails.

Ramené à la réalité, Chanfavre grogna et accéléra sa lecture. Il tomba sur les extraits d'une vidéo, agrafés dans l'album en une suite d'arrêts sur image numérisés. Les photos pâlissantes montraient une Marilé d'un âge proche de celle qui posait devant le bunker autrichien. Elle était presque nue, perchée les pieds ballants sur un trépied métallique. La caméra avait saisi son visage en contre-plongée. On y lisait une concentration féroce. La fillette fixait un long tuyau métallique, dressé devant elle.

« Regardez les dernières images, indiqua Sonia. On voit distinctement de l'eau jaillir des parois du tube. Or, il n'y avait pas d'ouverture. Le cylindre était parfaitement étanche.

Voilà le genre de test auquel l'armée soumettait les sujets PK, poursuivit la jeune femme. À chaque fois, Marilé était déshabillée, passée au scanner, isolée des jours entiers dans des enceintes blindées. Les expérimentateurs avaient la hantise des trucages et des espions. Tout cela était entouré d'un secret terrible.

— Vous accompagniez votre sœur, lorsqu'elle subissait ces expériences ?

— Souvent. Les militaires s'étaient aperçus qu'elle réalisait de meilleurs scores quand sa famille était présente.

— Si je comprends bien, ce sont les techniciens du NOTAN qui ont codifié la psychokinèse. À la base, le phénomène était spontané et prenait toutes sortes de formes. Certains enfants tordaient des cuillères, d'autres soulevaient des assiettes, votre sœur projetait des balles à l'autre bout du jardin.

Pourquoi ont-ils restreint le champ PK à la seule action d'extraire un corps enfermé dans une boîte hermétique ?

— Je croyais que vous aviez digéré des tonnes de littérature, ironisa Sonia Stumpfer. La réponse à votre question a été publiée des milliers de fois.

— L'abonné-type à *Vécu dimanche* aura oublié ces détails, grinça le journaliste. Un résumé s'impose. J'aurais plaisir à l'entendre de votre bouche.

— Au départ, soupira la jeune femme, je crois que les chercheurs avaient adopté les vues de Babel et Kimberton. Ils voulaient administrer la preuve que toute manifestation PK est une téléportation. Il n'y a rien de mécanique dans la télékinésie. Une barre d'acier ne se courbe pas sous l'effet d'une force quelconque. En réalité, chaque molécule est délocalisée de son emplacement originel pour réapparaître quelques millimètres plus loin, sans transition.

C'est la même chose pour les objets en lévitation, ou déplacés. On n'a jamais pu filmer ces mouvements. Parce qu'à un instant donné l'objet est là, sous nos yeux, et l'instant d'après, il se trouve ailleurs, sans qu'aucun temps ne se soit écoulé.

Placer une masse de métal à l'intérieur d'un coffre scellé était le moyen le plus sûr de confirmer la théorie. Si le sujet PK parvenait à l'extraire de son enceinte, preuve était faite que le lingot s'était réellement dématérialisé.

On a renouvelé le test avec des liquides, du gaz, des cristaux et même du plasma, affirma Sonia. Ça marchait à tous les coups si les cobayes étaient bien disposés. Mais seulement avec des corps inertes. Dès qu'on tentait l'expérience avec des substances biologiques, la téléportation échouait dans une majorité de cas. Et l'essai ratait systématiquement avec des plantes ou des animaux vivants.

— Bon, bon. Ça va pas être jojo de faire comprendre tout ça à ces empotés de lecteurs. Au mieux, tout cela démontre que les gamins PK ne savent pas désintégrer les matières organiques. Pas de quoi émouvoir les âmes sensibles qui liront mon papier.

— C'est vous qui m'avez lancée sur le sujet. »

Le doigt du journaliste pointait vers une nouvelle photo. Son mal de tête s'amplifiait de minute en minute.

« Là, c'est le dénommé Bistroff, n'est-ce pas ? Le premier manager de votre sœur ?

— Bischoff, rectifia Sonia. Albertus Bischoff.

— Pourquoi donc as-tu laissé cette photo ? » accusa sa mère, en abattant bruyamment sa main sur la table.

Ils avaient tous frémi sous le choc.

« Vous n'avez pas l'air de le porter dans votre cœur », grimaça Chanfavre.

L'écho du coup carillonnait encore entre ses tempes.

« Ce vieux beau a couché avec votre fille ? Ou quelque chose dans ce goût-là ?

— Qu'allez-vous imaginer ? s'empourpra la matrone en assénant à la toile cirée deux nouvelles claques outrées. Marilé n'aurait jamais…

— N'en déplaise à maman, coupa l'aînée, Albertus est incontournable. C'est lui, avec le Japonais Soseki, qui a instauré les compétitions PK.

Quand les militaires ont compris qu'ils n'arrivaient à rien avec leurs expériences, Bischoff et Soseki ont racheté leurs protocoles. Ils pensaient d'abord exploiter le filon pour des spectacles de music hall. Mais les démonstrations de PK ont vite lassé le public des cabarets. Alors ils ont eu l'idée d'un concours entre enfants doués de télékinésie, transmis à la télévision. L'émission a eu un succès mondial. Deux ans plus tard, la psychokinèse devenait une discipline olympique.

Marilé était un des premiers poulains de Bischoff. C'est avec lui qu'elle a emporté son titre de championne européenne. Malheureusement pour elle, Albertus était un esclavagiste. Il signait des contrats mirobolants mais ne distribuait que des miettes. Nous avons rompu nos accords et engagé un autre entraîneur.

Malgré tout Bischoff est resté le pionnier, le patriarche vénéré. Et aujourd'hui il continue d'intriguer dans toutes les coulisses de la PK.

— C'est un escroc, un mafioso, glissa la mère avec deux tapes supplémentaires sur la table.

— Maman prétend qu'il s'est vengé du départ de Marilé en plaçant des boîtiers truqués sur son pupitre.

Mais elle a tort. Ce n'est pas pour ça que ma sœur s'est mise à perdre.

— Parce que vous avez une autre explication ?

— Oui, philosophique. »

Toi, ma vieille, lui dit en pensée Chanfavre, tu aggraves dangereusement ton cas. Mais, sois tranquille, de toute ma provision d'adjectifs, tu auras la part la plus belle. Promis. Je n'aimerais pas me trouver dans ta minable carcasse quand tu auras entre tes doigts le savoureux portrait de famille qui mûrit sous mon crâne. Chaque terme sera pesé, affûté, à ta seule attention.

On serait tenté de voir dans la sœur aînée de Marilé une sorte d'ange gardien, de protectrice attentionnée. N'a-t-elle pas, aujourd'hui, choisi d'abandonner son métier pour passer ses journées au chevet de la jeune malade, assistant sa mère dans cette tâche charitable ?

Mais ce dévouement est trompeur. Lorsqu'on approche Sonia Stumpfer, qu'on scrute son visage sévère, qu'on écoute ses paroles sans nuances, une autre dimension de sa personne apparaît. Cet être, devine-t-on soudain, n'est que rigueur et calcul jaloux. Les traits de son visage sont fermés, ses narines pincées, ses petits yeux ternis par un regard sans compassion.

Pauvres indices, me direz-vous, pour mériter un regard si abrupt. J'en conviens. Si j'avais émis cette opinion au seul spectacle de cette face revêche, j'aurais failli à la plus élémentaire prudence journalistique. Ne voit-on pas autour de nous abondance de têtes renfrognées qui, toutes, ne trahissent pas pour autant des âmes sèches et intolérantes ?

Non, je vous l'assure, loin de moi l'idée de juger aux seules apparences. Au contraire, je souhaitais de tout cœur que la vraie Sonia Stumpfer ne ressemble pas à celle que ses traits donnaient à voir. (La photo ci-contre, prise sous une lumière plutôt flatteuse, montre assez mal cette nature ombrageuse.)

J'ai pourtant dû me résigner à affronter la vérité. De toute évidence, Sonia ne soigne pas sa sœur malade. Elle entretient son mal avec une application exclusive. En permanence flanquée de ce parasite, la malheureuse cadette est empêchée d'esquisser le moindre geste, de prononcer le moindre mot. Geôlière plutôt qu'infirmière, Sonia la tient prisonnière de ses bras étouffants et susurre à son oreille d'obscures litanies, nées de son délire de la persécution. Qui, soumis à un tel régime, parviendrait à préserver sa santé mentale ?

Survivrez-vous, mes toutes belles, à mon panégyrique ?

Car j'en suis sûr, tout le monde dans le coin est abonné à *Vécu dimanche* – « le plus lu, le plus cru », comme disent nos affiches (sans toutefois préciser si le mot « cru » est un adjectif ou un participe).

Comment, dans un tel patelin, passer ses week-ends sans notre prose réconfortante ? Comment vivre sous cette chape de brouillard sans ration hebdomadaire de ragots et de faits divers pittoresques ? La chose est impensable. J'escompte bien que toute la région visite avec moi votre foyer insalubre, et s'en offusque à l'unisson.

Mais alors, mes tendres amies, qu'adviendra-t-il de vous ? Qu'arrivera-t-il si voisins, médecins, assistants sociaux et politiciens du cru, alertés par mon papier, viennent mener leur propre enquête ? Une fois vos turpitudes étalées au grand jour, je ne donne pas cher de votre petit confort. Ni de vos rentes minables, quand vous devrez payer des avocats pour empêcher les commissions sanitaires de vous envoyer toutes à l'asile. Si on vous en laisse le temps, bien sûr.

En face du journaliste, Marilé se balançait maintenant d'avant en arrière, nuque raidie, paupières plissées comme sous l'effet d'une grande souffrance. De courts gémissements traversaient ses dents serrées, au rythme de ses oscillations.

« Je ne sais pas ce qu'elle a, s'excusa sa mère. Vous voulez que je la ramène dans sa chambre ?

— Ça ira, fit Chanfavre, sèchement. Nous avons presque terminé. »

Il tournait les pages de l'album avec une frénésie vengeresse, attisée par son mal de tête. Au hasard, son index s'arrêta pile sur une large image. C'était un agrandissement du visage de Marilé, inondé d'une sueur profuse. Au premier plan, rendue floue par la focalisation de l'objectif, une masse blanchâtre se matérialisait dans l'air surchauffé.

« Un bloc de tungstène de presque dix kilos, sous-titra Sonia. Marilé vient de le télextraire du boîtier, que vous voyez sur la droite de la photo. L'opération lui a pris moins de quatre minutes. Un de ses plus beaux records.

En PK, il y a des épreuves contre la montre et d'autres où les concurrentes se mesurent au poids déplacé. Là, Marilé a gagné sur les deux tableaux.

— Dix kilos ? sourcilla Chanfavre. Ce bloc paraît à peine plus gros que le poing.

— Le tungstène a une densité de 19,2.

— Je tâcherai de m'en souvenir. C'est le genre de vérité utile à replacer dans la conversation. »

Sonia ne releva pas le sarcasme. Elle se pencha en arrière, laissant la nuque de sa sœur prendre appui au creux de son épaule. De son autre main, elle essuya la morve qui lui coulait des narines. La mère s'empara du mouchoir et le fit rapidement disparaître dans les plis de son tablier. Les deux femmes s'employèrent ensuite à adosser l'infirme à son siège, avec force soupirs et regards contrits. Leurs gestes composaient un rituel grotesque. Un ballet de doigts fébriles et de faces dolentes, dignes d'un chemin de croix saint-sulpicien.

Je me demande même s'il ne faut pas voir dans cette relation fusionnelle, qui m'apparaît si morbide aujourd'hui, l'origine des dons de Marilé. Sans être fin psychologue, on peut imaginer que la jeune fille, couvée toute son enfance par une sœur paranoïaque, n'a eu d'autre ressource pour échapper à ce carcan familial que de développer une faculté inédite. Toutes les voies d'émancipation ordinaires lui étant interdites, elle n'a trouvé son salut que dans le paranormal, seule dimension où sa sœur ne pouvait la poursuivre.

Malheureusement, cette évasion n'a duré que quelques saisons. Le passé de Marilé pesait trop lourd sur ses jeunes épaules. Même au faîte du succès, une culpabilité insidieuse lui rappelait la dette affective qui la liait à sa sœur délaissée. Et un jour, ces remords ont été les plus forts. Déprimée, refusant une gloire qu'elle croyait usurpée, Marilé a abandonné sa carrière pour s'en retourner auprès de Sonia, trop heureuse de lui ouvrir à nouveau son giron.

Ainsi, au lieu de briller au firmament des stars, la pauvre étoile s'est éteinte, asphyxiée par le feu même qui l'avait allumée. Voici donc notre championne réduite à l'état de larve vagissante, étreinte par des bras de vampire.

« Marilé était une virtuose, reprit Sonia. Elle délocalisait toutes sortes de métaux. Pas seulement du tungstène ou du cuivre – qui reste le matériau de compétition le plus utilisé. Elle sortait des lingots d'étain, d'or et d'argent d'enceintes scellées aux parois d'acier épaisses de plusieurs centimètres.

— D'où la question que tout le monde se pose : puisqu'elle était si douée, pourquoi a-t-elle soudain perdu tant de terrain ? Au point de terminer ses derniers championnats hors palmarès ?

— Parce que ça ne l'intéressait plus », répondit Sonia.

Elle quitta son siège, fixant le journaliste d'un œil grave. Un instant, celui-ci crut que la jeune femme, lasse de ses questions, allait lui signifier son congé. Mais elle se contenta de lui tourner le dos et sortit de la pièce.

Saisi d'une soudaine impulsion, Chanfavre se leva à son tour et lui emboîta le pas. Sous l'effort, sa tête résonna d'un brusque accès de vertige.

« Où donc… ? s'étrangla la mère Stumpfer. Sonia va revenir ! »

Le journaliste ne lui prêta aucune attention, la sachant maintenant seule aux côtés de sa cadette, et donc empêchée de s'en éloigner. Sa migraine lui brouillait la vue, mais il parvint tout de même à s'orienter et rejoignit l'aînée dans l'étroite cuisine où elle avait trouvé refuge. Deux néons clignotaient au plafond, en phase d'allumage.

Sonia n'eut même pas l'air étonné de le voir subitement là, debout, les paupières plissées sous la lumière stroboscopique.

« Pourquoi êtes-vous ici, Monsieur Chanfavre ? »

Elle avait dû lire son nom sur l'étui de son mémoc. Ou peut-être l'entendre au téléphone, quand il avait appelé sa mère.

« Vous voulez dire dans votre cuisine ? »

Il n'avait aucun plan. L'idée de la suivre avait germé d'un coup, avec le vague projet de forcer son intimité, ou de recueillir quelque anecdote scabreuse.

« Je veux dire ici, chez nous. Visiblement, notre histoire n'a pour vous aucun intérêt. Que pourrez-vous bien écrire sur nous, dans votre canard ? »

Il choisit de ne pas répondre, préférant l'offenser sur un autre front.

« Vous dites "nous", "notre", histoire. Vous vous identifiez toujours à votre sœur. On dirait qu'elle vous a rendue incapable de penser par vous-même.

— C'est vrai, avoua-t-elle sombrement. Elle a envahi, dévoré nos vies. »

Le silence se fit. La tête basse, Sonia mit une casserole d'eau sur le feu, prit une théière bosselée, y laissa tomber deux sachets de Earl Grey.

« Pourquoi êtes-vous venu ? le relança-t-elle. Plus personne ne se pointe ici depuis des lustres. Qui vous a remis sur notre piste ?

— Deux connards.

— Ah. Vos patrons, je suppose ?

— Ils veulent des reportages édifiants. Du genre qui montre chaque semaine à quel point ça fait mal de tomber de la grande échelle.

— Avec nous, pas de doute. Vous tenez votre sujet dominical. »

Ils échangèrent un regard éteint. Cette connivence muette et désabusée rendit le journaliste un brin mieux disposé à l'égard de son hôtesse. Un peu plus porté à la franchise, aussi. Ce qui, pour lui, voulait dire un peu plus ouvertement cynique.

« Je fais ce qu'on me demande. Chaque semaine, je piège un nouveau pigeon mis au rebut de notre belle civilisation. Un sportif d'élite devenu tétraplégique. Un politicien rattrapé par ses magouilles. Un évêque excommunié après un coming out. *Vécu dimanche* se repaît de ce genre d'aventures.

— J'espère que nous ne déparerons pas votre tableau de chasse.

— Toujours ce " nous ". Vous n'existez donc plus, Sonia ? Êtes-vous vraiment décidée à pourrir dans ce trou ? À pleurer le restant de vos jours un passé qui ne vous appartient même pas ? »

Il s'était risqué à l'appeler par son prénom, à la tancer personnellement. Le coup était hasardeux. Sans doute allait-elle se mettre en rogne, aboyer, le jeter dehors. Mais, qui sait, peut-être qu'en forçant de ses reproches la sphère intime de Sonia, le journaliste s'arrogerait-il quelques instants l'autorité d'un de ces grands absents, ces père, frère ou époux qui avaient déserté les lieux sans y laisser de traces. Peut-être même que cette personnalité usurpée ferait suffisamment illusion pour impressionner la jeune femme.

C'était de la psychologie de bazar, mais la manœuvre sembla porter. Sa tirade bouclée, le journaliste vit que le regard de Sonia se chargeait de détresse. Ses maigres épaules s'affaissèrent, sa lèvre se mit à trembler.

« À l'hôpital, commença-t-elle, je n'étais pas infirmière, mais biologiste. J'avais le titre de chef de projet.

— Projet… de recherche ?

— Laissez-moi parler, supplia-t-elle. Je vous ai dit que les militaires avaient décidé de classer le dossier.

Qu'officiellement, l'exploitation des facultés PK relevait désormais du seul domaine public.

— C'était un mensonge ?

— Une vérité partielle. Un fonds spécial a continué de financer certaines investigations, à l'abri du battage télévisuel orchestré par Bischoff et consorts. Et ces recherches secrètes se sont poursuivies pendant des années, toujours sous l'égide des mêmes officiers. »

La curiosité de Chanfavre s'attisa, au point de lui faire oublier son mal de tête. Ce n'étaient pas tant les révélations de Sonia qui éveillaient son intérêt. Il se demandait surtout comment il avait su gagner la confiance de la jeune femme malgré toute l'animosité qu'il avait déchargée sur elle, en paroles comme en pensées.

« Marilé et moi avons été associées à un tel projet. Cette collaboration s'exerçait sous couvert de séjours hospitaliers, que de prétendus médecins prescrivaient à ma sœur surmenée. En réalité, le NOTAN exploitait en douce les talents que Marilé avait développés pour ses compétitions.

Nous avons été enrôlées toutes les deux. Elle en tant que sujet d'exception et moi, comme assistante scientifique. Au début, ma licence en biochimie n'était qu'un prétexte. Les expérimentateurs avaient simplement remarqué que ma sœur produisait de meilleurs résultats si je restais auprès d'elle. Je n'étais là qu'à titre de coach, de soutien moral.

Mais peu à peu, je me suis piquée au jeu. J'ai commencé à étudier toutes les théories estampillées PK. À commencer par les travaux de Babel et Kimberton.

Au bout de quelques mois, c'est moi qui indiquais aux chercheurs quelles voies ils avaient négligées, et comment ils pourraient améliorer leurs protocoles. On manque beaucoup d'imagination, chez les militaires.

— Et vous vous êtes retrouvée chef de projet.

— Je leur ai proposé de sortir du cadre où était confinée la psychokinèse. De travailler sur des substances complexes et organiques. J'étais sûre que les cerveaux PK pouvaient dématérialiser autre chose que des rubans de magnésium ou des litres d'eau distillée.

Marilé et ses pairs n'avaient fait qu'initier un processus. Les phénomènes PK étaient le premier symptôme de la contamination objective du réel par la pensée. Cette avancée ne pouvait que se poursuivre. Et étendre tôt ou tard les pouvoirs de l'esprit à toute la matière.

Il n'y avait pas de raison d'espérer moins. Les lois physiques avaient été biaisées par l'expérience d'Athènes et ne reviendraient plus jamais aux normes antérieures. Depuis que les savants grecs avaient réussi à téléporter leur atome d'hydrogène, les propriétés de l'infiniment petit pouvaient s'appliquer à d'autres échelles, comme celle du monde que perçoivent nos sens. Via le cerveau humain, le flou quantique grignotait la sphère du macrocosme. En théorie, nous pouvions désormais remodeler l'univers à notre convenance. Devant nous s'étendait un champ infini. »

L'ambition de ces prophéties contrastait étrangement avec la voix sans vie qui les proférait. Chanfavre sentait que Sonia y avait cru de tout son être, à cet empire mental sans bornes. Mais que, aujourd'hui, elle n'en habitait que les ruines. Les perspectives de son rêve semblaient toujours dressées devant elle, mais comme des spectres, des ombres menaçantes. Tout ce qui avait en elle vibré, espéré autrefois, n'était plus que hantise.

« Toute l'équipe, Marilé en tête, s'est enthousiasmée de mes propositions. Nous avons décidé de rouvrir le front de la téléportation du vivant, mais en douceur, cette fois-ci. Notre hypothèse était que les sujets avaient échoué sur ce terrain parce qu'on leur avait d'emblée présenté des corps trop complexes, impossibles à saisir d'un bloc par la pensée.

Ma sœur et quelques autres PK ont donc commencé à s'entraîner avec quelques centimètres cubes d'exsudats végétaux, de petites cultures tissulaires, ou des fragments organiques soigneusement homogénéisés. On demandait par exemple à nos jeunes recrues de transférer des bactéries d'un bouillon infecté dans une éprouvette scellée renfermant un liquide nutritif stérile. Puis on prélevait le contenu du tube de destination, on plaçait ces échantillons sur de la gélose et on guettait le développement de colonies.

D'abord, les traces d'ensemencement étaient rares. Mais peu à peu, le taux de contamination a grimpé. Nous n'accomplissions pas chaque jour de nouveaux prodiges, mais nos progrès étaient significatifs.

Il ne s'agissait plus d'extraire en un temps record de leur enceinte des poids de masse croissante, comme à la télévision. L'enjeu était au contraire de travailler en finesse, d'accomplir des téléportations de plus en plus compliquées. »

Une larme traversa la joue blême de Sonia, empruntant un sillon que l'amertume avait commencé à creuser au coin de ses lèvres. Chanfavre réprima un frisson horrifié. Avec cette larme, c'était le temps qu'il voyait avancer sur ce visage, les années de tristesse à venir qui allaient s'acharner sur ces traits déjà ingrats. Bientôt, réalisa le journaliste, ces commissures s'affaisseraient davantage, creusant dans la chair deux parenthèses dépitées. De nouvelles cernes souligneraient ces yeux de chien battu, des rides par dizaines lui plisseraient le cou et le front.

C'était une vision insoutenable. Et pourtant, ni la prémonition de ces outrages ni la migraine qui cognait à son front ne décidèrent le journaliste à détourner les yeux. Le désespoir de cette femme, contagieux, démesuré, occupait tout son horizon.

« Vous n'avez pas une aspirine ? Je me paie un mal de tête carabiné, ce matin. »

Elle le fixa, un instant paniquée par sa requête incongrue. Puis sa main passa devant ses yeux et ouvrit un casier, au-dessus de sa tête.

Pendant qu'elle restait là, penchée à chercher le médicament, ses cheveux frôlèrent l'épaule du journaliste. La décence eût voulu qu'il s'écartât un peu, mais il n'en fit rien. Il profita même de cette promiscuité pour tourner la tête vers elle et la dévisager sans façons. Elle pleurait toujours. De près, sa chair lui parut moins transparente, et la menace du temps ravageur qu'il avait senti peser sur elle faiblit un peu. La position de la jeune femme étirait le tissu informe qui l'habillait et révélait la présence d'un corps tangible et nerveux. Et ce corps dégageait une tiédeur odorante, presque animale.

Elle était à sa merci. Il n'avait qu'à se tourner d'un quart de tour pour refermer ses pattes d'ours sur sa frêle ossature.

Il imagina cette étreinte avec un réalisme exacerbé par la proximité physique de Sonia. Dans son fantasme il la vit d'abord qui se raidissait de surprise, reins cambrés, ongles furieusement enfoncés dans ses biceps. Puis, très doucement, un muscle après l'autre, qui se liquéfiait entre ses bras. Pour n'être enfin qu'une petite chose effondrée contre lui, sanglotant en confiance au creux de sa poitrine.

Curieusement, cette scène en restait là. Pas de dénouement sexuel à son théâtre mental, pas d'habits arrachés, pas de feulements copulatoires, pas de fesses livides soulevées à pleines mains, tandis qu'autour d'eux se renverseraient théière et vaisselle sale. Non, les choses s'arrêtaient sur cette image : lui et cette femme pleurant sur son épaule, sans mots, sans désirs. Juste deux êtres dans une cuisine, juste deux solitudes alliées.

Il n'eut pas le loisir de mettre son rêve à exécution. Déjà Sonia lui tendait un comprimé et un verre d'eau.

« Je n'aurais jamais dû l'entraîner dans cette folie, reprit-elle entre deux sanglots.

— Qu'est-ce qui a mal tourné ?

— Les tentatives de PK sur des êtres vivants.

— Quoi ? Ça n'a pas marché ?

— Au contraire. Ces expériences ont si bien réussi que Marilé n'a plus voulu entendre parler d'autre chose.

— Au point de refuser les entraînements aux compétitions publiques ?

— Au point de tout laisser tomber. Les contrats, la préparation aux J.O., les galas promotionnels, tout. Et même les tests que j'avais mis au point avec l'armée.

— Comment ont-ils pris cette défection ?

— Qui ? Les services spéciaux qui nous employaient ? Ils n'ont montré aucun état d'âme. Officiellement, nous étions radiées de leurs effectifs depuis des années. Ils nous ont simplement virées, sans indemnités de départ. J'ai appris qu'ils avaient ensuite testé mon programme sur d'autres PK. Mais que les résultats avaient été aussi décevants qu'avec ma sœur.

De toute façon, leur enveloppe budgétaire était vide. Le NOTAN n'envisageait pas de renouveler leur mandat. »

Dès qu'il eut avalé son aspirine, Sonia se saisit du verre vide et le rinça longuement sous l'eau chaude, comme si une bête malade s'y était abreuvée. Le geste agaça Chanfavre, qui le prit comme une offense personnelle. De plus, sous l'angle où il l'observait maintenant, la jeune femme penchée sur l'évier montrait à nouveau son profil buté et disgracieux. Leur minute de connivence était passée. L'ordre des choses reprenait ses droits. Le journaliste retrouvait en Sonia l'autre sexe, à jamais inaccessible, à jamais ennemi, le démon femelle familier dont les incarnations successives jalonnaient son existence.

L'accueil glacial de Sonia, ses réparties cinglantes lui revinrent en mémoire. Quel monstre, se dit-il. Dire que j'ai failli lui ouvrir mes bras, partager son chagrin, lui offrir des caresses.

Et gratuitement, encore.

« À l'hôpital, Marilé ne s'exerçait que sur des microbes.

Ce n'est qu'une fois libérée de ses engagements, de retour à la maison, qu'elle s'est mise à travailler sur des organismes plus gros. »

Chanfavre ne daigna pas exprimer la moindre marque d'attention. Sa mauvaise humeur avait repris l'avantage, sa migraine torsadait plus que jamais ses neurones. Peu lui importait que Marilé Stumpfer téléporte des enclumes ou des choux-fleurs. Ces exploits lui paraissaient désormais triviaux, insignifiants. Comme d'ailleurs le verbiage de Sonia, ses larmes, ses reniflements. Et aussi cette maison, ce pays d'arriérés, cette journée foutue, cette vie de merde.

« Tenez, jugez par vous-même. »

Sonia avait déposé devant lui une planchette épaisse, creusée de trous cylindriques régulièrement espacés. Un œuf, pointe vers le haut, dépassait de chaque orifice.

« Prenez-en un. Doucement. »

Il obtempéra, résigné. Entre ses doigts, l'œuf ne pesait presque rien. Évidé.

« Regardez bien. Vous voyez une ouverture ? Un trou par lequel on aurait pu retirer son contenu ? »

Il n'y en avait pas. La coquille était parfaitement lisse.

« C'était devenu une passion. Elle extirpait le jaune et le blanc d'un coup, et ils se reformaient à côté de la coque. Intacts, dans leur forme et leur position d'origine. »

Chanfavre se représenta cette apparition. Une bille safran en suspension dans les airs, nimbée d'une aura d'albumine. Quelle dérision !

« Alors, abrégea-t-il, votre sœur a sombré dans l'autisme.

— Pas tout de suite. Tout se passait bien avec les œufs. Elle prenait ça comme un exercice d'hygiène, un yoga mental. Ça la rendait heureuse, épanouie. Le stress des joutes était derrière elle. Elle s'était même trouvé un petit ami.

Et puis, une fois, elle est tombée sur un œuf fécondé. Elle ne s'y attendait pas. Elle a fait une crise terrible. Et tout a basculé.

— Je comprends ça, dit Chanfavre, sans la moindre trace d'empathie. Moi aussi, j'ai découvert un jour un embryon de poulet dans une omelette. Ça m'a marqué à vie. »

La vérité, c'est qu'il s'en foutait. Royalement. Cosmiquement.

Avoir mené à son comble l'échec d'une existence donnait au moins cette satisfaction : ne plus rien attendre, ni pour soi, ni pour autrui. Sonia Stumpfer, sa sœur et leurs œufs vides pouvaient sombrer. La réalité pouvait voler en éclats sous les ondes PK, la civilisation disparaître dans un Armagedon quantique. Tony Chanfavre n'en avait cure.

Pour l'instant, son programme tenait en trois points : fuir d'ici, rentrer chez lui, soigner sa migraine.

Il fit pivoter sa corpulente personne et sortit de la cuisine.

« Vous ne comprenez pas, s'époumonait Sonia dans son dos. Les PK saisissent la totalité des choses. Jusqu'à la dernière molécule. Pour délocaliser un objet, le cerveau devient l'objet, il se l'approprie. Cette identification implique que si cet objet vit, il s'approprie cette vie. Si cet objet manifeste un instinct, il devient cet instinct.

Quand l'esprit de Marilé a pénétré cet œuf embryonné, elle est passée tout entière dans le poussin. Elle est née, elle a vécu, elle est morte avec lui.

Ce n'était pas un micro-organisme. Ou quelques cellules orphelines. C'était un projet d'animal presque abouti, d'une complexité ahurissante. Elle n'avait jamais intégré autant d'information. »

La salle à manger était déserte. La mère Stumpfer avait ramené au nid son oisillon malade, emportant aussi le gros album. Chanfavre en éprouva un vif soulagement. Seul le mémoc, son antenne rétractée, l'attendait sur la table. Le journaliste le fit disparaître dans une poche de sa parka.

Puis il laissa tomber l'œuf vide sur la table. D'assez haut pour que sa coquille se brise.

« Elle n'a pas pu délocaliser l'oiseau, pleurnichait Sonia. Il était trop subtil, trop... enchevêtré. Mais une partie de la volonté de Marilé est restée prisonnière, à pourrir avec l'œuf, bloquée entre deux états.

Depuis, elle n'a plus effectué de téléportation. Ou presque : elle a extrait une tumeur, qui avait poussé dans le ventre d'un chaton ; et aussi un calcul biliaire, chez notre tante Justine. Mais c'est tout.

Son cerveau ne peut plus fonctionner à la manière d'un simple levier qui ouvre des boîtes closes où reposent des objets inertes, comme lorsqu'elle s'exerçait à téléporter des blocs de métal. Lorsqu'il entre en contact avec des êtres vivants, son pouvoir produit un écho, un trauma. Elle se heurte à une autre conscience. Et ce choc lui revient en retour.

Mais en même temps, puisque les PK appréhendent chaque atome de leur cible, elle saisit la plénitude de cette autre créature. Elle apprend tout d'elle, instantanément. Tout, jusqu'à son essence secrète. »

Chanfavre se détourna, abasourdi.

« Le drame, s'exclama Sonia, c'est que la nature n'est pas faite que d'animaux innocents. Il y a l'homme ! »

L'homme, ricana le journaliste, qui n'avait écouté que les dernières syllabes. L'homme, évidemment, pauvre frustrée !

« L'homme est partout. L'homme avec ses pensées, ses instincts, ses pulsions. Marilé ne pouvait s'en détourner. Son cerveau était maintenant grand ouvert, incapable de refouler ces informations.

C'est comme ça qu'elle a appris que son fiancé courtisait une autre fille. Et que notre père allait nous quitter. Et toutes les autres infamies qui l'ont rendue malade.

Une fois qu'on saisit l'intégralité matérielle des êtres, leur âme n'a plus de secret. Leurs intentions sont fixées dans leurs neurones, leurs convoitises sécrétées avec leurs hormones. Le corps est un livre où tout est dit.

L'effet PK se répand, et c'est irréversible. De plus en plus d'enfants accéderont à ce pouvoir. Comme Marilé, ils pénétreront la matière, la vie et enfin l'intimité d'autres cerveaux. Ils connaîtront toutes les pensées.

Et alors ? Que se passera-t-il le jour où toutes ces vérités cachées seront accessibles ? Croyez-vous sincèrement qu'il sera encore possible de vivre en couple ? En famille ? En société ? De rester sain d'esprit ? »

Sonia trépignait autour de la table, cherchant à lui couper la route. Elle haletait, gesticulait, l'arrosait de phrases débridées. Mais le journaliste, lui tournant le dos, s'était déjà engagé dans le corridor.

« Vous l'écrirez, n'est-ce pas ? Le sort des PK, c'est de se perdre. De délocaliser leur propre identité. De se fondre dans la multiplicité. D'être ici et d'être là, simultanément.

Marilé n'a plus besoin de déplacer les choses. C'est le monde qui se déplace en elle. Marilé est nous. Et nous sommes Marilé.

Comprenez-vous ça, oui ou merde ?

— Merde. »

Chanfavre fit claquer la porte, signifiant bien qu'il quittait cet antre de folles pour n'y jamais revenir.

Sur le perron, il prit une large inspiration. Mais cette bouffée d'air neuf, loin d'atténuer sa migraine, accentua la douleur qui lui vrillait le crâne. La souffrance l'obligea à fermer les yeux. Il chercha à tâtons l'appui du montant qui soutenait la galerie et s'y adossa. Incapable d'avancer, il sentit le poids de son corps ployer ses genoux chancelants et se retrouva assis sur la première marche.

Dans le corridor, Sonia reprit péniblement son souffle, la gorge irritée d'avoir tant hurlé. À l'étage, sa sœur émettait une puissante stridulation, douloureuse, interminable. La jeune femme pressa ses paumes contre ses oreilles et ferma les yeux, qu'elle avait encore saturés de larmes.

À l'instant où le cri cessa, un rayon de soleil s'introduisit par le carreau de la porte d'entrée. Sonia s'avança à sa rencontre, attirée mais sans illusions. Le brouillard aurait tôt fait d'étouffer cette clarté indécente.

Arrivée sur le perron, elle se figea, surprise. Tony Chanfavre était toujours là, assis au bas de l'escalier. Immobile, il paraissait s'abîmer dans la contemplation d'un objet qu'il tenait sur ses genoux. Sonia supposa qu'il dictait quelques observations à son mémoc.

Au travers de la brume, le soleil était éblouissant. Sonia attendit quelques secondes, le temps que ses yeux s'habituent à tant de lumière. Puis elle s'approcha du journaliste.

Il n'avait pas bougé. Elle esquissa le geste de toucher son épaule, mais sa main s'arrêta à mi-parcours. Ce n'était pas son mémoc que Tony Chanfavre fixait d'un œil abattu. C'était, entre ses paumes réunies, le contenu intégral de sa boîte crânienne – cerveau, cervelet, bulbe rachidien – tout fumant dans l'air glacé.

Délocalisation,

Première parution: *Galaxies*, N° 32, mars 2004

Georges Panchard

Comme une fumée

Ciseaux

Tout petit, déjà.

Mon plus ancien souvenir, je veux dire, mon plus ancien souvenir de ça, c'est une chose qui s'est passée quand je devais avoir trois ans. J'étais seul avec ma mère ; nous étions à la salle à manger, et elle lisait son journal ; je me souviens qu'il était posé bien à plat sur la table, et c'est très important, parce que cela veut dire qu'il n'était pas tenu devant elle, ce qui est le cas lorsqu'on le lit dans un fauteuil, les coudes posés sur les accoudoirs, et qu'alors il est érigé devant soi comme un mur de lettres et de papier qui empêche de voir ce qui se passe derrière lui.

J'étais assis sur le tapis, à trois ou quatre mètres d'elle ; j'avais autour de moi quelques jouets et peluches avec lesquels je jouais tranquillement. Je n'étais pas un enfant turbulent.

Ma mère, parfois, levait la tête et parcourait la pièce du regard, avec un petit sourire lorsqu'il se posait sur moi. Je crois qu'une ou deux fois, j'ai attiré son attention en l'appelant pour lui montrer l'une de mes peluches et lui communiquer je ne sais quelle information sur l'état d'âme ou l'activité de la chose. Elle me répondait de quelques mots passe-partout comme savent le faire les mères.

Et puis, j'ai eu une idée.

Quelques jours plus tôt, j'avais reçu une ravissante salopette de velours côtelé vert foncé, avec de gros boutons dorés. Jamais, enfant, je n'ai porté un vêtement dont je me souvienne avec une aussi parfaite clarté. J'en ai d'ailleurs une photo, qui me montre debout, riant, bras écartés, un avion de plastique dans une main, un camion de pompiers dans l'autre.

Et je venais de décider qu'il serait opportun d'y découper de larges ouvertures à la hauteur des genoux. Je me suis levé; ai-je prononcé quelques mots pour informer ma mère de mon projet, je ne m'en rappelle pas. Mais en tout cas je suis passé devant elle pour aller à la cuisine où, dressé sur la pointe des pieds, j'ai ouvert le tiroir dont j'ai extrait une paire de ciseaux, un bel objet d'une vingtaine de centimètres, avec lequel je suis revenu m'asseoir sur le tapis du salon.

J'ai vite réalisé que l'instrument était trop difficile à manipuler pour mes petites mains, et je l'ai jeté devant moi d'un geste frustré. Il n'a pas fait beaucoup de bruit en rebondissant sur le tapis. Mais tout de même.

Ensuite, je me suis souvenu qu'il y avait un autre ciseau, plus petit, dans un tiroir du secrétaire qui se trouvait dans le couloir. Je suis donc allé chercher l'objet, passant et repassant devant ma mère dont j'ai de la peine à croire qu'elle n'ait pas, une fois au moins, levé les yeux de sa lecture pendant ce temps.

Le petit ciseau se révéla parfaitement adapté tant à la taille de mes mains qu'à la tâche que je m'étais donnée. Il y a une chose dont je me souviens avec une précision, une intensité presque surnaturelles : c'est l'impression tactile que j'ai ressentie tandis que les lames coupaient le velours côtelé, cette saccade merveilleusement douce et sensuelle, la succession des côtes qui cédaient sous l'acier, chacune d'entre elles parfaitement perceptible.

Si vous avez trois ans et que vous souhaitez découper vos fringues, évitez les ciseaux trop grands. Douze centimètres de longueur totale me paraissent être une limite à ne pas franchir.

Quand j'eus fini, mes genoux étaient à l'air grâce à deux fenêtres carrées, géométriquement presque parfaites et remarquablement symétriques. J'ai célébré cet accomplissement par des cris joyeux tout en tapant sur mes rotules avec mes mains ouvertes.

Ma mère a levé la tête ; elle a souri.

Elle a repris sa lecture.

Décidément très content de moi, je me suis levé et j'ai dansé sur place, levant bien haut mes genoux découverts.

Un peu plus tard, je suis allé près de ma mère et lui ai montré le travail.

Alors elle a vu. Elle a remarqué. Elle a enregistré. Elle a hurlé.

À ce moment seulement.

Oui, c'est mon plus ancien souvenir de ça.

Et je tiens à préciser deux choses : d'abord, ma mère avait non seulement une très bonne vue, mais d'une façon générale, une excellente appréhension visuelle de son environnement. Un jour, en entrant dans sa chambre à coucher, elle a remarqué au premier coup d'œil qu'un des flacons de parfum miniatures qu'elle collectionnait manquait sur la commode, et elle en avait une bonne vingtaine (mon frère William, de deux ans mon aîné, l'avait fauché pour en faire cadeau à une fille de sa classe). Ensuite, je peux vous assurer que l'étrange myopie de cet après-midi n'avait rien à faire avec une quelconque indifférence à mon égard, un rejet plus ou moins conscient de mon existence qui l'aurait amenée à m'abstraire en pensée : je fus un enfant désiré, aimé, entouré tout autant que mon frère.

Non, le problème, c'est moi.

LACET

JE M'Y SUIS habitué très vite.

De toute façon, à l'école, ça m'arrivait tout le temps.

Comme quand on a fait cette excursion au mont Sarawan.

Les cars nous ont laissés à la station de départ du téléphérique vers onze heures du matin. Les profs nous ont rassemblés – jamais compris comment ces gars ne deviennent pas fous quand ils doivent partir en virée avec un troupeau de mômes de douze ans – et nous sommes montés jusqu'à la plate-forme de départ. Chacun a fait son commentaire en regardant les énormes roues d'acier qui tournaient à quelques mètres de nous, et l'interminable défilement du câble sur ses poulies. Les plus marioles racontaient des histoires d'accident, de classes réduites en bouillie sanglante avec les sacs à dos perdus dedans. On avait tous un peu les jetons. Jeb Fischer et Victor Fox prenaient les paris sur qui allait vomir en premier.

La cabine est arrivée et nous nous y sommes rués dès l'ouverture des portes, les places près des vitres étant les plus convoitées. Il y avait un employé à l'intérieur, un grand type moustachu qui nous considérait avec un flegme né sans doute de l'habitude. Il y a souvent des courses d'école au mont Sarawan.

Les profs nous avaient dit que l'ascension durerait une dizaine de minutes. Elle m'a paru beaucoup plus longue. Poussé par les autres, j'avais été parmi les premiers à pénétrer dans la cabine et j'avais une vue superbe. En regardant les rochers, cent mètres au-dessous de nous, j'ai regretté qu'on n'ait pas choisi une promenade en mer, et je ne devais pas être le seul. Ceux qui l'avaient ramenée avec leurs descriptions de carnages étaient soudain plus discrets.

Mais au moins, personne n'a gerbé.

La cabine est arrivée à la station supérieure et toute la horde de merdeux s'est mise à pousser vers la double porte que le moustachu venait d'ouvrir. À ce moment, j'ai vu que le lacet d'une de mes chaussures était défait. J'ai posé mon sac et je me suis mis sur un genou pour le rattacher. Il y avait un nœud que je n'arrivais pas à défaire et je me suis mis à râler, seul au milieu du plancher d'acier.

Évidemment, les autres mômes et les profs n'ont rien remarqué.

Et le grand moustachu non plus. Il se trouvait à deux mètres de moi et c'était un petit peu son boulot, mais le gugusse n'a pas réalisé que j'étais encore là. Et pendant que je continuais à m'escrimer avec le putain de nœud de cette saleté de lacet, un groupe de voyageurs est entré dans la cabine. Avant que j'aie compris ce qui se passait, celle-ci, porte dûment refermée, repartait vers la vallée, et moi avec.

Bien sûr, tout s'est arrangé. Les profs ont constaté mon absence ; les gars du téléphérique ont appelé la cabine et le grand moustachu a confirmé que, oui, maintenant qu'on le lui disait, il y avait un gosse avec un sac à dos qui avait l'air paumé, attendez, je lui demande son nom, ouais, c'est bien lui, pas de problème, il remonte avec la prochaine. Près d'une demi-heure d'attente pour toute la classe et un prodigieux concert de sifflements quand je les ai rejoints, plus une ou deux promesses de gueule cassée jamais concrétisées. En fait, je crois qu'ils réalisaient déjà, confusément, que ça tenait du handicap.

Le reste de la course a été super.

C'est peu de temps après que j'ai eu cette espèce d'entretien. Un matin, le prof m'a amené au bureau du principal, Monsieur Ritter. Celui-ci (il ressemblait à un grand-père rondouillard et bienveillant qui savait quand même nous foutre une trouille noire quand on avait trop déconné) m'a demandé si mes cours marchaient bien, comment ça se passait avec les autres élèves de ma classe, il a pris des nouvelles de William et de mes parents, puis il m'a demandé de le suivre dans une salle qui donnait sur son bureau.

« Ça ne sera pas très long, tu verras. »

Il y avait là deux hommes qui attendaient assis derrière une table ; l'un d'eux était jeune, trente ans peut-être, l'air assez cool, avec une chemise ouverte et des cheveux plutôt longs. L'autre pouvait avoir une dizaine d'années de plus ; il portait un costume foncé, une chemise blanche et une cravate rouge. Monsieur Ritter a dit :

« Voici le jeune garçon dont nous avons parlé. »

Les deux hommes sont restés sur leurs chaises ; le plus âgé a dit :

« Bonjour, Conrad. Assieds-toi, je t'en prie. Nous n'allons pas t'embêter très longtemps. »

Je me suis assis en face d'eux.

« Eh bien, je vous laisse », a dit Monsieur Ritter.

Je me rappelle que je me suis retourné pour le regarder quand il a quitté la pièce.

Mais de l'entretien avec les deux types, je n'ai pas retenu grand-chose. Ils m'ont parlé de l'incident du mont Sarawan, m'ont demandé si ce genre d'histoire m'était déjà arrivé, ce style de questions. Je ne me souviens pas si je leur ai parlé de la petite salopette verte. Le plus jeune prenait quelques notes à la main, sur un bloc. Une ou deux fois, ils se sont regardés, sans un mot. Finalement, ils m'ont dit que je pouvais rejoindre ma classe.

Avec le temps, je les ai presque oubliés.

Démocratie

C'était juste avant l'élection du maire, il y a un peu plus de deux ans. La campagne battait son plein ; les coups bas volaient de partout. Outre la critique habituelle des programmes et bilans de leurs adversaires, les candidats s'accusaient d'à peu près toutes les turpitudes et tous les crimes, avec une préférence pour le détournement de fonds publics, les abus sexuels sur mineurs et la corruption sous toutes ses formes. Leurs équipes achetaient des témoignages bidon, fabriquaient des preuves en bois. Une vraie publicité pour l'évacuation de la démocratie et l'institution d'une bonne tyrannie à l'ancienne, avec la presse aux ordres, les imprécateurs aux galères et les urnes électorales recyclées en cache-pot.

Il y avait dix-neuf candidats. Le maire sortant, Patrick Hoggart, l'homme du Parti conservateur (surnommé D & P pour Dieu et Pourcentage à cause de sa ferveur religieuse et de ses pratiques en matière d'attribution des marchés publics), était menacé dans son fief par le socio-libéral Simon Stanwick, dont le parti surfait sur la popularité du président

Rutherford. Les autres candidats étaient secondaires, voire franchement folkloriques.

L'ambiance était si dégueulasse que le risque d'attentat était pris très au sérieux. Évidemment, les conseillers en image répandaient la rumeur que leur champion faisait l'objet de menaces, ce qui pouvait lui valoir un supplément de temps d'antenne, et surtout laissait supposer a contrario que l'homme était fondamentalement vertueux. Mais certains projets d'assassinat devaient être autre chose que de l'intox, et les mesures de sécurité autour des candidats avaient été considérablement renforcées.

Un soir, aux informations de vingt heures, ils ont interrogé le responsable de la protection rapprochée de Stanwick. À un moment, le type a dit :

« Le plus important, lors d'une apparition publique, est bien sûr d'empêcher qu'un individu armé puisse s'approcher de la personnalité à protéger. C'est pourquoi nos agents ne doivent pas seulement avoir une parfaite condition physique et savoir tirer. Il s'agit aussi de posséder d'excellentes capacités d'observation, de perception. Le genre de facultés qui doivent permettre, dans une foule, de repérer celui qui est susceptible de sortir une arme, avant son geste. C'est une manière d'anticiper qui tient de l'instinct. Et croyez-moi, nos hommes sont les meilleurs. »

C'est là que tout le truc a démarré.

Moi, j'avais trente ans et je m'emmerdais. Dans la vie.

Question travail, ça se passait bien chez Hillman. Pourtant, j'étais arrivé là par hasard. En sortant de l'école vers la fin de l'adolescence, je m'étais découvert un intérêt pour la mécanique de précision, et j'avais suivi trois ans de formation dans un institut technique. Apparemment, j'étais doué pour ça. Pourtant, juste après l'obtention de mon certificat d'aptitude, j'avais décidé de faire autre chose durant quelques mois, histoire de changer d'air. Mon père connaissait un des directeurs des ventes du magasin, qui m'avait proposé de faire un stage chez eux. J'avais accepté, surtout parce que l'endroit lui-même me plaisait : le Hillman est un des plus beaux bâtiments d'Aston Cove, cinq étages de stuc, de marbre et d'ascenseurs Art Déco, une verrière superbe, des boiseries d'époque. Je m'étais retrouvé au rayon confection pour hommes. Tout à fait ce qu'il me fallait. Après quelques jours à voir des clients passer trois fois devant moi en cherchant un vendeur, le responsable du service m'avait suggéré que cette orientation n'était peut-être pas la bonne. Mais ils avaient besoin de quelqu'un à la division voyages pour remplacer un employé qui venait de les quitter ; on m'a proposé de boucher le trou, le temps qu'ils trouvent un type qui assurait. Seulement là, j'ai assuré. Au point de me retrouver engagé avec un contrat à durée illimitée, et de gagner trois fois depuis ce jour le prix annuel décerné au meilleur vendeur.

Il faut dire qu'avec les clients, je traitais uniquement par téléphone.

Je me faisais de belles primes. Juste pour situer, je m'étais offert une Sakura LS 25 (d'occasion, mais juste deux ans et pas quarante mille kilomètres au compteur). Là, je me suis vraiment fait plaisir. Évidemment, la perspective de passer les trente-cinq prochaines années à vendre des voyages à forfait par téléphone sans l'espoir d'une quelconque évolution de carrière n'est pas fondamentalement stimulante pour la plupart des gens, mais je n'étais pas carriériste. Et puis, si je devenais le meilleur vendeur du monde, je pourrais m'acheter une Levinson 400 neuve avec toutes les options. Mon matériel de mécanicien s'est retrouvé à la cave. C'est du côté de la vie privée que ça rigolait moins... Pas vraiment d'amis ; parfois, une femme ramenée d'un bar pour célibataires parce que, les circonstances aidant, elle avait pris acte de mon existence. Il m'arrivait d'avoir envie de remonter mes outils de la cave et de bricoler des mobiles ou des personnages de métal animés, ou des trucs de ce genre, mais jamais assez longtemps pour m'y mettre. Le soir, j'allais souvent me balader sur le front de mer. Plus qu'une famille ou de l'amour, il me manquait une passion, un virus, un truc à moi qui m'aurait vraiment donné l'impression de vivre.

Pistolet

Celui qui souhaite acquérir une arme à feu de manière légale à Aston Cove doit compter avec un délai de dix à quinze jours, le temps que les autorités aient délivré le permis requis, après examen des antécédents du demandeur. La seule chose que je pouvais avoir tout de suite, sans permis, c'était une arme neutralisée. Il y a un marché pour ces objets, des collectionneurs qui les veulent pour les mettre au-dessus de leur cheminée. Comme ça, on ne risque pas que quelqu'un les vole et commette un meurtre avec, ce qui peut arriver avec des armes opérationnelles. Des armuriers agréés rendent des pistolets et des fusils inutilisables en les bousillant très professionnellement, et les vendent avec un document certifiant l'opération.

On peut acheter ça comme un fer à repasser.

Ça tombait bien : je voulais une arme neutralisée.

L'armurier chez qui je me suis rendu, rue Granville, m'a proposé quatre modèles : deux revolvers, un Moore & Pierce de calibre 38 et un Barrington 357 avec un canon ventilé (superbe dans un cadre en acajou, a-t-il précisé), et deux semi-automatiques neuf millimètres, un Seemann S 14 et un Pratt Defender.

J'ai écarté les revolvers ; avec leur barillet, ils avaient un petit côté western que je trouvais un peu ringard, malgré leur puissance et leur fiabilité (j'avais lu des revues spécialisées). Le fait que l'objet que j'allais acheter fût aussi apte au tir qu'un cendrier de cristal n'y changeait rien.

Pistolet donc. J'ai choisi le Pratt parce qu'il était plus long de deux bons centimètres.

Je n'allais pas chercher la facilité.

INITIATION

LE JOUR de mes seize ans tombait un samedi, et j'avais décidé d'organiser une fête à la maison. Mes parents étaient d'accord, et ils avaient été vraiment super, partant pour le week-end afin que nous ne les ayons pas sur le dos. Nous avions une grande pièce au sous-sol, et j'avais travaillé presque tous les soirs de la semaine avec William pour décorer l'endroit.

J'avais envoyé des invitations à vingt-trois copains et copines, et je me souviens que dix-sept d'entre eux m'avaient confirmé leur venue. Dont Sabrina.

Avec les filles, je n'assurais pas. Je n'étais pas moche et je pouvais être drôle, mais c'était toujours la même chose. Si je me trouvais avec trois ou quatre autres gars de ma classe et que des filles débarquent, c'était toujours moi qu'elles saluaient en dernier, et si rien ne trahissait une quelconque volonté de m'exclure (ça n'a jamais été de l'ostracisme), leurs regards semblaient glisser sur moi sans me voir et les copains retenaient mieux leur attention, même s'ils étaient loin d'être beaux et ne racontaient que des platitudes.

Pas l'idéal pour draguer. Quelques mois plus tôt, j'avais fait l'amour pour la première fois de ma vie, avec Catherine Haskin. Ça s'était passé dans sa chambre, à l'étage, où nous étions pour réviser ensemble un cours d'histoire.

Catherine, sans être un canon, était une de ces filles que mes copains, dans leurs conversations monothématiques, qualifiaient de mettables. Qualificatif hautement justifié en ce qui la concernait, puisqu'elle semblait décidée à se faire un maximum de gars potables du collège. Coucher avec elle n'était donc pas une performance de séducteur, mais tomber, pour son dépucelage, sur une fille déjà expérimentée dont le naturel et la gentillesse mettaient pareillement à l'aise était une bénédiction. D'autant plus que, si ses parents étaient absents, je tremblais en pensant à chaque seconde que j'allais entendre sa mère crier « Je suis là ! » en poussant la porte de la maison (« Pas avant au moins six heures, je t'ai dit !... »). Grâce à Catherine, cette angoisse ne m'avait pas empêché de bander, et l'ensemble de l'opération s'était plutôt bien passé. J'avais l'impression d'être devenu un homme et elle pouvait ajouter un nom sur sa liste.

Mais si j'avais mon diplôme de fornicateur, mon problème restait entier, et mon problème s'appelait Sabrina Di Currio.

Ce qu'elle était chouette, Sabrina ! Je n'ai jamais su d'où ça lui venait, en termes de génétique, mais elle avait des allures de princesse orientale, avec une peau légèrement brune, une chevelure sombre et lourde qu'elle remettait souvent sur sa nuque ou passait d'une épaule à l'autre avec des gestes amples de femme. Et des dents blanches, et des yeux presque noirs, et des traits ravissants, merde, il ne manquait plus que les voiles et les pantalons bouffants et on l'aurait imaginée favorite d'un prince à Bagdad ou Ispahan.

En fait, le prince s'était appelé Dave Holland, un grand blond aux yeux bleus, qui était l'un des meilleurs joueurs de l'équipe de football de l'école. Elle était sortie avec lui pendant quelques mois et, l'information était officielle et largement discutée entre mâles (et chez les filles aussi, je suppose), ils s'étaient séparés depuis trois ou quatre semaines.

Comme Sabrina était dans ma classe, je m'étais dit qu'il y avait quelque chose à tenter. Elle ne semblait pas avoir remplacé son quarterback, n'avait aucune raison de refuser mon invitation, et dans l'ambiance d'une fête de ce genre, beaucoup de choses pouvaient se passer. Et puis maintenant, j'étais un baiseur.

Barrières

Le meeting de Stanwick a commencé à quinze heures. Il avait lieu à Palarosa Square, et je serais bien incapable de dire combien de personnes se trouvaient là. Dans les dix mille, peut-être. Les différents canaux de télévision en ont annoncé de trois à vingt mille, selon qu'ils avaient touché de son état-major électoral pour enfler le chiffre ou des autres candidats pour le minimiser.

Le truc, avec ces réunions dans des espaces ouverts, c'est qu'ils ne peuvent pas sécuriser le périmètre extérieur. Ce n'est pas comme dans les aéroports ou certaines salles de conférence où il y a des points d'entrée avec des portiques de détection fixes qu'on ne peut tout simplement pas contourner. C'est le plus important. Si vous n'êtes pas conscients de ça, vous ne pouvez pas comprendre ma combine. Dans un de ces lieux, je ne pourrais rien faire : le système détecte infailliblement les armes.

C'est tout différent quand les meetings ont lieu en plein air. Un type avec un pistolet-mitrailleur pourrait se trouver dans la foule. Mais s'il tentait de s'approcher de l'estrade, il trouverait ça difficile. Le périmètre intérieur est délimité par des barrières, qui se trouvent en général entre trente et cinquante mètres du pupitre derrière lequel le candidat va délivrer son laïus ; aux points de passage, des agents de sécurité à costard (plus rarement en uniforme) et oreillettes vous contrôlent avec des détecteurs manuels.

Le plus souvent, ils sont deux. Lorsque des personnes se présentent par groupes, un des types effectue le contrôle pendant que l'autre, qui possède comme lui d'excellentes capacités d'observation et de perception, qui a cette espèce d'instinct qui peut lui faire anticiper le geste d'un tueur, veille à ce que personne ne se faufile en douce sans avoir été contrôlé.

Lentement, passant de stand de tee-shirts en cabine à badges, évoluant sans trajectoire apparente entre les électeurs conquis ou à gagner et les agents de campagne distribuant leur camelote, je me suis approché d'un des points de passage. Sous mon aisselle gauche, dans l'étui que je m'étais confectionné, le Pratt Defender pesait une tonne.

Avec une dizaine d'autres personnes, je me suis présenté au passage. Il y avait un espace d'environ un mètre cinquante entre les deux barrières de bois peintes aux couleurs du Parti socio-libéral, le vert et le bleu. L'homme qui procédait au contrôle se tenait un peu en avant, son collègue, les mains croisées sur le ventre, était juste à côté du passage.

Je crevais de peur. Bien sûr, mon arme était inoffensive, mais il fallait l'examiner pour le savoir. La réaction de ces types en la trouvant serait musclée. Et si l'un d'eux gueulait « Il a un flingue ! », ça pouvait déclencher une panique, une fuite précipitée de la foule avec ses morts par piétinement, par asphyxie, et je serais tenu pour responsable de ces corps écrasés, ces yeux révulsés...

Je suis passé. À côté d'une femme dans une robe à fleurs et d'un jeune homme dans un costume bleu, tous deux dûment contrôlés trois secondes avant.

Le Pratt a soudain paru moins lourd.

Il n'y avait pas de stand de distribution de matériel électoral de ce côté de la barrière. Quelques centaines de chaises pliantes y avaient été disposées ; la plupart étaient déjà occupées, surtout les plus proches de l'estrade. J'ai tout de même trouvé une place restée libre au sixième rang, sur la gauche.

Pendant que nous attendions, un public plus nombreux s'est massé dans l'espace contrôlé, les derniers arrivés restant debout dans les allées latérales et près de la barrière.

Enfin, la directrice de campagne, impeccable dans son tailleur et son sourire, est montée sur l'estrade et a prononcé quelques paroles de bienvenue. Elle a souligné l'importance particulière de l'élection à venir pour notre ville et ses habitants, avant d'annoncer le candidat soi-même.

Stanwick a fait son apparition dans un tonnerre d'acclamations.

Son discours a duré vingt minutes environ. Durant tout ce temps, j'ai observé le manège des gardes du corps qui passaient discrètement, parcourant inlassablement la foule du regard. Deux d'entre eux étaient debout sur l'estrade. Tout au début, quand j'avais l'impression que le faisceau de leur regard était braqué sur moi, je me crispais des mâchoires au rectum, comme si j'avais encore pu penser que leur putain d'instinct allait leur faire détecter le pistolet sous ma veste. Et puis, assez vite, cela a complètement cessé.

Après l'allocution, le public s'est levé pour applaudir et j'ai suivi le mouvement.

Stanwick s'est approché du bord de l'estrade et s'est accroupi pour serrer quelques mains levées. Les deux gardes s'étaient rapprochés de lui et j'avais le sentiment de voir des étincelles à la surface de leurs costumes. Ce genre de moment doit être un cauchemar quand on fait leur travail. Passant entre gens et chaises, je me suis approché de l'estrade autant que j'ai pu.

Et brusquement, je l'ai fait. Au gré du mouvement collectif, une fluctuation s'est opérée, un couloir éphémère s'est ouvert entre Stanwick et moi, j'ai sorti le Pratt, j'ai à demi tendu le bras devant mon ventre en le braquant sur le politicien, et j'ai serré trois fois l'index sur la détente inerte en murmurant « Bang, bang, bang !… »

Je devrais être mort. Les types auraient dû me voir, me coller des balles dans le corps. Ou du moins, s'ils craignaient d'atteindre un innocent dans la foule, se jeter devant Stanwick, le coucher au sol, me ceinturer, m'écraser de leur poids.

Rien du tout.

J'ai remis l'arme morte contre mon flanc et je suis parti un peu plus tard, avec un tract et un drapeau de papier. Il n'y avait pas de contrôle à la sortie.

À la télévision, le responsable de la sécurité avait dit : « Nos hommes sont les meilleurs. » C'était peut-être vrai, allez savoir.

BUSTIER

CHARLES Taverrini, Knud Samuelson et mon frère avaient préparé un truc marrant. C'était un superbe montage en néon qu'ils ont installé autour de la porte de la pièce où avait lieu la fête. Ça proclamait « Bon anniversaire, Conrad ! » en lettres rouges, et ça clignotait. Je vous jure que ça faisait son petit effet quand on descendait l'escalier qui menait au sous-sol.

De son côté, Nicolas Sanchez m'avait apporté un tee-shirt jaune fluo sur lequel il avait écrit « Le héros du jour » en lettres noires. Le genre de truc que l'on voit à des kilomètres. Je m'étais empressé de le passer à la place de celui que je portais depuis la fin de l'après-midi.

La soirée avait bien commencé. Mes invités arrivaient avec de beaux paquets, le buffet était de première, la décoration superbe et très vite, il y a eu une ambiance du tonnerre. J'attendais Sabrina.

La déesse est arrivée alors que la plupart des invités étaient déjà là. Elle était vertigineuse dans un bustier bleu foncé qui semblait fait pour sa peau cuivrée. Son maquillage, pourtant léger, finissait de la rendre irrésistible. Elle tenait une pochette-cadeau sous son bras ; un bracelet d'or, qui représentait une feuille enroulée, brillait à son poignet.

Elle est entrée dans la pièce, et je me souviens que la chanson qui passait à ce moment-là était « Good Things, Bad Ideas », de Tuck Moran. Je me trouvais en face de la porte, là où mon frère et moi avions construit un bar avec des planches que nous avions recouvertes de papier blanc. J'étais en train de discuter avec Gabriel Dennis, Evelyn Weber et Roger Sommers.

Saluant les autres invités, Sabrina a traversé la pièce. Arrivée devant le quatuor que nous formions, elle a d'abord échangé quelques mots avec Evelyn, puis Gabriel et Roger. Elle a expliqué qu'elle avait été un peu retardée parce que sa mère, qui l'avait amenée, avait mis un quart d'heure pour retrouver ses clés de contact. Roger a sorti une plaisanterie sur les relations difficiles entres la femme et la voiture,

Sabrina lui a répondu je ne sais quelle vacherie à propos des statistiques des accidents de la circulation pondérées en fonction du sexe des conducteurs, ils ont échangé quelques idioties sur ce thème et brusquement, elle a pris conscience de ma présence, et avec une candeur hallucinante, elle a dit :

« Oh, Conrad, tu étais là aussi !… »

Les trois autres se sont tordu les côtes. Je me souviens que Gabriel a recraché du Coca sur sa chemise et son froc. Moi, je suis resté silencieux deux ou trois secondes et j'ai ri à mon tour.

Sabrina aussi s'est marrée, en même temps que moi, comme si elle venait de faire une bonne blague, mais je savais que son rire était aussi bidon, aussi forcé que le mien, parce qu'elle réalisait l'énorme gaffe qu'elle venait de commettre et qu'elle était foutrement gênée. Là-dessus, William est venu me demander où j'avais laissé les serviettes en papier, ce qui a créé une très heureuse diversion.

Bon. Je venais de réaliser, une demi-heure après le début de ma petite sauterie, que je pouvais faire une croix sur la fille dont je rêvais. J'étais pour elle, même dans une fête en mon honneur, même en vêtements fluo, ce que j'étais pour le reste du monde : transparent, inconsistant, comme une fumée.

Une seconde, j'ai voulu m'enfuir en pleurant. Je me suis vite repris en me disant qu'après tout, je ne m'étais jamais imaginé que je la mettrais dans mon lit. J'avais appris à me résigner. J'ai donc affiché la meilleure contenance possible et la fête a continué.

Vers vingt-trois heures trente, Sabrina, qui dans l'intervalle avait surtout discuté avec Roger et Louis Olsen qui la draguaient à mort, est venue vers moi et elle m'a dit :

« Conrad, je voudrais te voir seul une seconde. On peut aller dans ta chambre ? »

J'ai dit oui et nous sommes montés à l'étage. Je me demande encore ce que les mecs ont dû penser en la voyant partir avec moi. Probablement que j'allais lui montrer où étaient les toilettes.

À peine avais-je refermé la porte de ma turne derrière nous qu'elle a dit :

« Je te demande pardon, Conrad. »

D'amertume, j'ai eu presque envie de l'insulter, de la foutre dehors.

« Oh, ne t'excuse pas, j'ai l'habitude… »

J'ai baissé les yeux, juste un instant. Et j'ai vu le bustier bleu tomber à ses pieds. Relevant la tête, j'ai craché :

« Je n'ai pas besoin de ta pitié, Sabrina ! »

Elle a répondu :

« Ce n'est pas de la pitié, Conrad, je te le jure. C'est une compensation. Si tu en as envie… »

Ainsi les deux premières filles avec lesquelles j'ai couché furent-elles une gentille salope soucieuse de compléter son palmarès et une beauté faussement orientale désireuse de se faire pardonner. Je ne crois pas en Dieu, je ne crois qu'aux circonstances.

Genou

Le coup du meeting m'a laissé dans un état émotionnel incroyable. Un mélange de peur rétroactive, de fierté, de colère contre moi-même, d'incrédulité, d'euphorie.

Surtout d'euphorie.

Quand elle fut un peu retombée, j'ai commencé à mettre de l'ordre dans ma tête.

Ça rimait à quoi, tout ça ?

À m'éclater, bordel ! Ce que j'avais fait cet après-midi, c'était le truc le plus excitant que j'aie jamais connu. Et j'allais le refaire.

Je m'étais lancé sans trop de réflexion. Il m'arrive de me demander si mon vrai désir, ce jour-là, n'avait pas été de mourir sous les balles des gardes du corps. Si c'était le cas, je n'en avais aucune conscience.

En cette période électorale, les meetings se multipliaient, mais certains endroits ne se prêtaient pas à mon nouveau jeu, à cause surtout des fameux portiques de contrôle. Deux jours après avoir virtuellement tué Simon Stanwick, je me suis retrouvé dans une salle d'école du nord de la ville, à écouter les arguments d'un certain Robert Alborado, président et membre quasi-unique du Parti de la Vitalité Constructive.

Bien sûr, je m'étais fourvoyé. Il y avait à peine une cinquantaine de gugusses des deux sexes dans la salle, et le système de sécurité consistait en une voiture de police vide parquée dans la rue et la présence aux côtés d'Alborado d'un gros mec barbu en tee-shirt noir qui devait être son beau-frère ou le caissier du parti. Je suis resté jusqu'à la moitié de son laïus, c'est-à-dire près d'une heure. Finalement écœuré, je suis parti sans même prendre la peine de sortir le Pratt, sans le « Bang, bang, bang !... » qui aurait signifié la mort imaginaire de l'autre con. Personne n'a semblé me remarquer quand je me suis éclipsé, mais ça, vous l'aviez deviné.

Trois jours plus tard, je me suis rendu à Marsett Forum, où Hoggart devait parler au peuple.

Changez quelques petits détails purement pratiques – le couleur des badges et des barrières, la description des personnes à côté desquelles je me suis faufilé dans le périmètre contrôlé – et vous pouvez considérer que ça s'est passé exactement comme lors du meeting de Stanwick.

Avec juste une grosse différence à la fin.

Dans son discours, Hoggart a systématiquement dénigré la politique du Parti socio-libéral ; à l'entendre, le président Rutherford affaiblissait la nation et ouvrait la porte à tous les agents de sa destruction morale et matérielle. La rhétorique habituelle des conservateurs, poussée jusqu'à l'absurde. À croire que bientôt nos concitoyens devraient se planquer dans les toilettes pour prier un coup. Ben voyons ! Le vrai problème, c'était plutôt que la politique de Rutherford n'était pas faite sur mesure pour satisfaire aux intérêts d'un conglomérat d'entreprises et de requins susceptibles d'alimenter les caisses du parti.

Ensuite, Hoggart est descendu de l'estrade pour serrer des paluches et je me suis retrouvé à moins de dix mètres de son sourire ; j'ai guetté le mouvement de ses partisans, le reflux passager qui dégagerait une ligne de tir, j'avais la main sur la crosse du Pratt, j'ai sorti le flingue et tout a basculé.

« Arme ! »

Ce cri, et des panthères en costumes gris qui bondissaient, une d'abord, deux ou trois autres l'instant suivant, des professionnels aux perceptions aiguisées, des instinctifs. L'étourdissement quand un corps musclé m'a percuté dans son vol et ma chute. Je me suis retrouvé à quatre pattes, sonné par le genou qui m'avait touché la pommette au passage, sûr que je l'avais dans le cul, que j'allais perdre mon boulot, ou bien ma vie, que je n'aurais pas dû jouer au con.

J'avais la tête baissée, et j'ai vu le Pratt sur le sol, à trente centimètres de mon visage. Surtout ne pas bouger, ne pas le toucher, ou j'allais mourir.

Lentement, j'ai relevé la tête. J'ai crié :

« Attendez, ce n'est pas... »

Ça gueulait tellement que personne ne m'a entendu. Ils étaient à un mètre de moi. Trois ou quatre ou cinq costards enchevêtrés, et en dessous, quelque chose de vivant qu'ils maîtrisaient.

J'ai hésité, et puis je me suis enhardi, j'ai ramassé mon jouet, l'ai remis dans son étui. Je me suis relevé, ça trépignait et bousculait dans tous les sens, ma pommette meurtrie me faisait mal ; j'ai essayé de reculer, de m'éloigner de la mêlée glapissante et de ses convulsions. Ça a duré encore un peu.

Et puis, le magma a commencé à se défaire, un des gardes, se redressant, s'est extrait de cette masse grise, s'est individualisé, puis un autre, qui parlait dans un micro, et finalement, après une ou deux minutes, tout le monde s'est retrouvé debout, y compris le type qu'ils avaient submergé. Tout autour, ça ne criait plus : un immense murmure collectif balayait la place comme un vent d'orage.

Les agents de sécurité ont encore entouré l'homme pendant un moment, leurs mains expertes l'ont encore fouillé, et celui qui devait être leur chef a encore dit quelques mots dans son micro, puis il a crié :

« C'est OK. Juste un appareil photo ! »

Il a levé une main, montré l'objet.

La nouvelle s'est propagée dans la foule, exactement, je pense, comme les vagues concentriques soulevées par un caillou jeté dans l'eau. Il y avait, dans cette rumeur puissante et centrifuge, une bonne proportion de rire. Les fins observateurs en costumes gris avaient une sale mine. Dans ce boulot, on risque tout le temps de se faire tuer ou d'avoir l'air con. J'espère qu'on les paie bien.

L'épicentre de tout ce bordel était un homme qui devait avoir à peu près mon âge. Jeté au sol, à demi écrasé, les bras tordus dans le dos et palpé jusqu'à l'os par un peloton de protecteurs pour avoir voulu faire une photo de son candidat préféré : il se souviendrait de sa journée. Mais il y a une justice : dans la foulée, Hoggart, mis au courant, est venu personnellement lui présenter ses excuses devant les caméras de toutes les chaînes et au milieu d'un orage de flashes. Question photos, tous les espoirs du gus étaient dépassés.

Et pendant que le politicien lui serrait la main en se demandant si les objectifs saisissaient son meilleur profil, moi, au milieu de la foule, inexorablement furtif, j'ai sorti le Pratt et « Bang, bang, bang !... », dans son dos, trois coups comme pour Stanwick, et si j'étais venu pour tuer ce gros con, je lui aurais sectionné l'aorte, mis de la moelle dans les poumons, des fragments de vertèbres jusque dans la vessie.

C'était dommage de faire semblant.

ALBUM

LE SOIR, toutes les chaînes ont montré l'incident de Marsett Forum. Je me suis vu six ou sept fois, et sous trois angles au moins, prenant le genou de l'empaffé dans la tronche et m'écroulant sous l'impact. C'était rapide, largement caché par les autres, il fallait presque le savoir, mais de me voir ainsi m'a fait réaliser que ces meetings étaient couverts par d'innombrables caméras. Brusquement, je me suis rappelé que mon arme et mon geste d'assassin, s'ils échappaient à chacun sur l'instant, pouvaient être saisis, gravés, remarqués si quelqu'un regardait les films de l'événement.

Seulement, personne, après coup, n'avait de raison de le faire : il ne s'était rien passé.

Mais de toute façon, ça n'avait pas d'importance.

Ce qui importait, c'était le pied géant que j'avais pris, l'adrénaline ou je ne sais quelle substance libérée dans ma tête au moment du « Bang, bang, bang!... », et surtout le formidable sentiment ressenti durant des heures après l'action.

Et puis, le type m'avait donné une idée, avec son appareil.

Je pouvais continuer comme ça, faire semblant de tuer des gens très importants, très protégés, jusqu'au jour où ça tournerait mal, ou celui moins probable où je me lasserais de ce jeu. Je pouvais continuer longtemps, et ne rien garder du tout. La chimie dans ma tête, oui, bien sûr, l'excitation fabuleuse, qui se prolongeait et me saoulait des heures durant, d'accord, mais elle finissait bien par retomber.

Je suis allé à la cave, j'ai retrouvé le matériel que j'utilisais quand je me destinais à la mécanique de précision. Je suis remonté avec tout ça – j'ai dû faire deux voyages.

Ça m'a pris tout le week-end.

Le plus facile a été d'installer l'appareil photo que j'avais récupéré sur un vieux téléphone portable. Avec une mèche diamant, j'ai foré la chambre à cartouche dans laquelle l'armurier avait coulé du métal, histoire de dégager un volume pour le capteur et l'unité de stockage, et placé l'objectif au bout d'une fibre optique à deux centimètres de l'extrémité du canon. Ce qui m'a pris le plus de temps a été de modifier le mécanisme de la détente afin de pouvoir l'utiliser comme déclencheur.

Ensuite, pour gagner encore en réalisme, j'ai coulé dans le magasin juste ce qu'il fallait de plomb pour donner à l'arme le poids qu'elle aurait eu si elle avait été chargée.

Et la vie a continué.

Je me suis fait trois autres candidats avant le premier tour: Jeena Basbarian, la représentante du Parti centriste démocratique et première des viennent-ensuite, Joseph Pazinsky, du Rassemblement populaire pour la prospérité, et Philip Osterfeld, du Mouvement indépendant des réformateurs d'Aston Cove (un meeting aussi nul que celui d'Alborado).

Je me suis acheté un album, un bel objet avec une couverture de cuir noir, et j'y ai mis les photos de mes victimes, prises du canon de l'arme qui les aurait tuées si je l'avais voulu.

Au premier tour, Hoggart a fini en tête, mais avec seulement trois pour cent d'écart sur Stanwick. Ils ont continué à tenir des meetings durant la quinzaine séparant les deux tours, et je suis retourné les descendre tous les deux. Pour les photos.

Bien sûr, j'ai voté pour Stanwick.

Et on a gagné.

Poivrier

J'ai rencontré Myriam au Shalimar, un soir de mai. On était à quatre mois de l'élection présidentielle.

J'y dînais parfois lorsque j'avais travaillé tard et que j'avais bien vendu. Là, j'avais quitté mon cube vers vingt et une heures et je commençais à avoir sérieusement la dent.

Le Shalimar est un resto branché, sur Grantmore ; tout à fait la modernité d'aujourd'hui : une bonne dose de Japon, pas mal de design scandinave et quelques touches d'exubérance baroque, juste ce qu'il faut de folie calculée. La déco, c'est un métier.

En principe, c'est bourré tous les soirs, et comme d'habitude, j'avais réservé ma table par téléphone en fin d'après-midi. Jamais, lors d'un de mes appels, quelqu'un ne m'a répondu que tout était déjà pris, ce qui tend à confirmer l'axiome extrêmement drôle, mais obstinément vérifié par mes chiffres de vente, qui veut que j'en impose au bout du fil. Comme ça, naturellement.

À l'entrée, j'ai dû attendre un peu. Le personnel a placé d'abord un couple et un groupe de quatre personnes qui étaient arrivées après moi et n'avaient probablement pas cherché à me voler mon tour ; j'ai l'habitude. Finalement l'un des serveurs m'a conduit à une petite table près d'un pilier, où comme il se doit, j'ai poireauté assez longtemps avant qu'une fille m'apporte la carte et une carafe d'eau. Vingt minutes plus tard, elle a repris conscience de mon existence et j'ai pu commander ma bouffe.

Ils ont quelques spécialités que j'aime bien sur leur carte, notamment un plat de poisson, leur gigot de lotte. Si je prends ça, j'ajoute toujours un peu de poivre fraîchement moulu. Leurs poivriers, des cylindres de bois clair qu'on doit trouver dans un certain nombre de musées d'art moderne, sont remplis d'un subtil mélange de quatre ou cinq variétés qui, loin d'écraser la saveur des mets, la met parfaitement en valeur.

Le poivre, c'est un cadeau des dieux.

La fille m'a apporté mon plat et ma carafe de vin blanc, m'a souhaité un bon appétit et est partie servir d'autres clients. C'est là que j'ai remarqué qu'il n'y avait pas de poivrier sur ma table.

J'ai donc tenté d'appeler l'un des employés des deux sexes qui parcouraient la salle. Un peu comme un type qui serait né sans cordes vocales et tenterait d'attirer l'attention de serviteurs aveugles.

Alors, elle est apparue.

D'abord, je ne l'ai pas vraiment vue, parce que d'une certaine manière elle n'était qu'un prolongement utile, que l'appendice locomoteur de l'élégant cylindre de bois qu'elle tenait dans sa main droite. Elle a dit :

« Je crois qu'ils ont oublié de vous donner ceci... »

J'ai regardé quelques instants le poivrier avant de visualiser réellement celle qui me le tendait.

De Dieu !

Elle était blonde, mince, et salement belle. Avec son tailleur clair et son foulard, elle avait davantage l'air d'une attachée de presse de Wilson & O'Brien que d'une déléguée syndicale de chez Tarco.

J'ai bégayé une approximation de « Merci ! ». Elle a souri.

« Je vous en prie... »

Elle a pivoté sur elle-même avant de retourner prendre place à la table qu'elle occupait seule, à une douzaine de mètres de là. Pas étonnant que je ne l'aie pas remarquée plus tôt : il y avait trois tablées de dîneurs entre elle et moi, et le pilier près duquel j'étais assis me la dissimulait à moitié.

Et donc, en dépit de la distance abyssale, ignorant les obstacles accumulés de chair et de béton, cette gironde inconnue m'avait non seulement vu mais remarqué, intégré à sa conscience, avait poussé la perception de mon existence au point de réaliser quel objet me manquait à cet instant. D'une certaine manière, elle m'avait mis au monde.

Je venais de naître.

J'ai dû me reprendre, m'ébrouer mentalement, ou alors je serais resté figé, suspendu hors du temps, à regarder le poivrier comme s'il était descendu des cieux. Me penchant un peu sur ma chaise, je l'ai observée un instant à travers la barrière mouvante des mangeurs. Son regard a croisé le mien comme elle levait la tête pour avaler une gorgée de vin rouge ; il y a eu l'instant fugace, comme un scintillement d'étoile, de ce clin d'œil au-dessus de son verre, et dans mon souvenir, ce petit geste, obstinément, reste accompagné d'un léger tintement musical, comme une pichenette de l'ongle contre le cristal.

Je me suis senti pris en faute, un peu ridicule, et j'ai donné trois ou quatre tours de moulin à poivre au-dessus de mon assiette, moins par goût des subtiles saveurs que pour me gratifier d'une contenance.

Elle a quitté le restaurant peu de temps après. M'a-t-elle adressé, au-dessus des têtes, un regard complice ou seulement courtois, avant de s'en aller ? Je n'aurais su le dire.

J'avais laissé ma Sakura dans une rue perpendiculaire, à quelques minutes de marche du Shalimar. Elle était garée le long d'un trottoir, devant un mur sur lequel se trouvait une grande affiche du Parti socio-libéral, éclairée par un réverbère. Au moment où j'ouvrais ma portière, une voix de femme, derrière moi, a dit :

« Jolie voiture. »

Je me suis retourné.

Elle était là, sous le visage immense de John Rutherford.

GRIFFURE

J'AI dit :

« Je fais un truc un peu dingue. »

Elle a dit :

« Quoi ? »

Elle s'était redressée sur les coudes, elle me regardait en attendant la suite. Cela avait été plus fort que moi. Je m'étais piégé.

Je me suis traité de con.

Je ne voulais pas lui en parler. Ce n'était pas parce qu'on couchait ensemble, Myriam Lissing et moi (cinq semaines que ça durait), que je devais lui montrer mon jardin secret de psychopathe invisible. Lui dire : « Tu sais, je fais semblant de flinguer des gens… »

De la main, elle a écarté une mèche tombée devant ses yeux.

« Qu'est-ce que tu fais de dingue ?… »

Elle souriait en attendant que je réponde. Dans quelques secondes la mèche retomberait ; elle l'écarterait encore. Et ainsi de suite. Les femmes ont inventé le mouvement perpétuel.

J'ai soupiré. Me retournant, je me suis mis sur le ventre, comme elle.

« Alors, tu fais quoi ?…

— Non, rien, oublie ça… »

Compte dessus. J'avais mis le doigt dans l'engrenage, et j'avais fait exprès. Le besoin de m'ouvrir, de parler. Le besoin de partager. C'est universel. Si j'avais été branché sur la pêche à la ligne, à un moment, il aurait fallu que je lui montre mes hameçons.

Elle attendait sans rien dire. Comme moi, elle savait que ça venait. Inexorable comme un orgasme en partance.

Maintenant, je devais assumer. J'ai encore soupiré, je me suis mordu la lèvre, j'ai tracé des dessins nerveux sur l'oreiller, avec mon doigt. Elle n'était pas pressée.

« C'est un jeu. Un drôle de jeu.

— Ah oui ?… »

Soupirs, dessins.

« Il y a ces… Ces politiciens qui organisent des meetings… »

J'ai levé la tête, j'ai regardé tout autour de moi. Est-ce qu'elle existait vraiment, cette femme superbe qui m'avait remarqué, appréhendé ?

« Enfin, pas tout le temps, mais il y en a eu plein avant les élections. »

Elle a écarté la mèche qui venait de retomber.

« Et alors ?

— Ils craignent tous un attentat. Ou ils le font croire. Alors ils sont des services de sécurité, des tas de types, les policiers, des agents privés, de vraies petites armées...

— Et tu fais quoi, tu leur lances des tomates dans la figure ?

— Pas vraiment, je... »

Dessin dans l'oreiller : une coquille d'escargot. J'ai soulevé mon doigt et l'oreiller, en partie, a repris son volume, effaçant presque la spirale ; on aurait dit qu'il respirait.

« Je fais semblant de les tuer ! »

Je l'ai regardée. Elle ne comprenait pas.

« Tu fais semblant de les tuer ? a-t-elle scandé.

— Oui. Avec un pistolet. »

Elle s'est tournée sur le flanc.

« Je ne suis pas sûre de...

— Un vrai. Enfin, oui, c'est un vrai flingue, mais il a été neutralisé par un armurier. On ne peut plus tirer avec. Mais ça, on ne peut pas le deviner quand on le voit.

— Tu me racontes quoi, là ? Que tu vas te balader devant des politiciens en campagne, au milieu de leurs gardes du corps, avec une arme braquée sur eux ?!...

— C'est à peu près ça, oui… La première fois, c'était il y a deux ans, pendant la campagne pour l'élection du maire. Et j'ai recommencé, quand les candidats à l'investiture du Parti conservateur se sont mis à tenir leurs meetings. »

Pendant un moment, elle n'a rien dit. Elle observait les murs de la pièce, et je la sentais mal à l'aise, perturbée. Il y avait de quoi. Ou j'avais dit la vérité, et j'étais un peu barge, ou j'avais fabulé, et je n'étais pas beaucoup plus net.

C'était la sixième fois qu'elle venait chez moi. Je me suis demandé si elle allait se lever, se rhabiller et disparaître de ma vie.

« C'est parce que… Tu sais, il y a un truc bizarre avec moi. »

Elle a ri.

« Ah oui ? »

Doucement, elle a posé l'index sur une petite blessure que j'avais dans le dos, la griffure qu'elle m'avait faite avec un ongle, quelques jours plus tôt. Fougueuse, Myriam.

« Oui, je suis… »

J'avais presque crié. Plus doucement, j'ai terminé :

« Je suis… invisible. Imperceptible… Je… Je sais que c'est dingue, mais…

— C'est drôle, a-t-elle dit. Je te perçois bien. »

Je lui ai tout expliqué. J'ai raconté le coup des petites salopettes vertes, l'histoire du téléphérique au mont Sarawan. Pour Sabrina, je n'ai rien dit.

Ensuite, j'ai dessiné dans l'oreiller.

Elle a dit :

« Alors, je suis une exception... »

Et de son propre index, comme en un reflet de mon geste, elle caressait, près de mon épaule, le méridien coagulé, la griffure de plaisir qu'elle m'avait infligée.

« C'est bien plus vrai que tu le crois. Et je vais te le prouver. »

Je me suis levé, je suis parti nu chercher les preuves de ma folie : mon arme morte et mon album.

MONTAGNE

CHAQUE alpiniste rêve d'escalader un jour l'Everest ou le K2.

Je ne courais pas le pays sur la trace de mes cibles. Mes victimes, je ne les photographiais, je ne les tuais virtuellement, ne mystifiais leurs protecteurs, que lorsqu'elles venaient dans ma ville. C'était une condition absolue pour avoir le droit de figurer dans mon album. Et c'était valable pour tout le monde.

Un soir, ils ont annoncé que l'Everest passerait par Aston Cove.

Sur le moment, nous n'avons rien dit. Mais plus tard, comme nous savions qu'elle le ferait, Myriam, ayant écarté la mèche tombée devant ses yeux, m'a demandé :

« Dis donc, le président... Tu ne vas quand même pas ?... »

J'ai souri, j'ai regardé sa main qui se promenait sur ma poitrine.

« Je ne vais pas rater ça. »

Elle est devenue grave.

« C'est trop dangereux, Conrad !

— Pourquoi ? Parce que c'est le président ? Mais ce sera exactement la même chose ! Ils vont mobiliser des milliers de flics, interdire le survol de la région dans un rayon de cinquante kilomètres, il y aura un croiseur dans la baie, des hélicoptères militaires au-dessus des toits, mais à proximité du président, ce sera la même chose. Les mêmes mesures, les mêmes gardes – et surtout, moi, je serai le même ! »

Elle était sombre.

« Tu ne devrais pas...

— Ça c'est vrai. C'est vrai depuis le début, depuis le meeting de Stanwick. Mais je l'ai fait quand même, parce que c'était ce que je voulais vraiment. Et là... Le président. Je n'aurai pas deux fois cette chance... »

Je me suis tu, je me suis durci, arc-bouté dans mon esprit. J'attendais qu'elle me dise que je devais choisir entre elle et mes photos de John Rutherford.

Elle ne l'a pas fait. On ne se met pas entre un fou de montagne et le toit du monde. Elle a seulement murmuré :

« Ça me fait peur. »

Fenêtre

Ils avaient tracé une allée, avec des barrières d'acier, que le président emprunterait, entouré d'un peloton de protecteurs en costumes sombres, en descendant de l'estrade après son allocution.

Pour arriver jusque-là, au deuxième ou troisième rang de citoyens agglutinés dans l'espoir de serrer peut-être la première main de la nation, il avait fallu venir tôt – et franchir non pas un, mais deux points de contrôle successifs où des agents des deux sexes inspectaient chacun au moyen de détecteurs mobiles, procédant également à un examen par fouille manuelle. Palpation, ça s'appelle. On aime ou on n'aime pas.

Deux fois, il avait fallu que je sois moi-même, insubstantiel, caché par d'autres, une vivante abstraction.

Ocean Plaza est une grande place circulaire, entourée sur les deux tiers de sa périphérie par des immeubles résidentiels ou d'affaires ; l'ouverture sur la mer – la plage est à moins de deux kilomètres, en contrebas – donne le sentiment d'un envol possible au-dessus des vagues.

La place, bien sûr, était noire de monde ; j'ai estimé qu'il y avait un flic en uniforme pour quinze personnes présentes. Il semblait y avoir des spectateurs derrière chaque fenêtre des hautes façades.

Avant Rutherford, notre maire Simon Stanwick et le vice-président Donohue ont fait une brève allocution. Finalement, annoncé par Stanwick qui se retenait de jouir dans son froc, le président est apparu sur l'estrade. Un orage d'applaudissements a retenti sur la place.

Rutherford a mis en pièces la politique des conservateurs, s'interrompant lorsque de nouveaux applaudissements ou des clameurs enthousiastes ponctuaient ses propos, levant les mains pour endiguer cette ferveur.

J'écoutais à moitié. Son discours, je le connaissais : j'y adhérais. Mais j'étais trop occupé à retourner dans mon esprit ce qui se passerait quand il descendrait de l'estrade, commencerait à serrer des mains, arriverait près de moi. J'attendrais l'ouverture, le couloir éphémère et vivant qui s'ouvrirait entre les gens nous séparant, et « Bang, bang, bang ! ». S'il n'y avait pas un garde différent des autres, un garde qui aurait, comme Myriam, l'improbable faculté d'appréhender mon existence, d'accoucher de moi, j'aurais conquis l'Everest.

Et après ?

Là, c'était l'incertitude. Un peu comme avec la mort : qu'est-ce qu'il y a, après ? Tu retournes au néant, tu vois une lumière vivante qui t'accueille au sortir d'un tunnel, tu te réincarnes avec ta boîte noire appelée karma, tu deviens un ange ?

Et donc, tu fais quoi lorsque tu as conquis le plus haut sommet, planté ton drapeau tout près du ciel ? Tu retournes t'éclater en faisant des ascensions mineures ? Je n'étais pas certain qu'après le coup du président, aller faire semblant d'abattre un conseiller municipal ou une candidate au Sénat me ferait encore distiller des endorphines.

Je rangerais probablement le Pratt au fond de ma cave et de temps en temps, je ressortirais mon album et regarderais mes photographies, celles d'aujourd'hui tout à la fin, l'apothéose. À moins que le pape ne passe dans le coin…

Et je trouverais autre chose. Peut-être que, comme j'y avais parfois pensé, je me mettrais au bricolage, que je créerais des figurines d'acier, des sculptures mécaniques. Ou que j'épouserais Myriam ou une autre femme, et qu'on ferait des mômes. Paraît que ça occupe un max.

C'était à cela que je pensais tandis que Rutherford se rapprochait de l'endroit où je l'attendais.

Un jour, elle avait dit : « Ça me fait peur… »

Nous n'en avions plus jamais parlé.

La veille, nous avions fait l'amour. Elle s'était rhabillée quelques minutes après minuit. Et puis, juste avant de partir, elle s'était approchée de la table du salon, avait sorti de son étui le pistolet préparé là pour sa dernière virée, comme la moto d'un vieux biker.

Glissant l'objet dans son sac, elle avait dit :

« Je pourrais t'en empêcher, Conrad. Comme ceci. »

Nous nous étions regardés quelques secondes : elle, grave, presque hiératique. Moi, les mains dans les poches de mon peignoir.

« Tu me ferais ça, Myriam ? »

Elle avait soupiré, remis l'arme dans son étui.

« Non, je ne te ferais pas ça. Mais je t'en prie, fais attention…

— Tout se passera bien.

— C'est ce que j'espère ! »

Un baiser pour la route. Soudain, j'avais eu comme un doute.

« On se revoit bientôt ?

— Très bientôt, Conrad. Je te le promets. »

Maintenant, dans la foule agglutinée, j'avais le bras replié sur mon flanc, pour que personne, avec son corps, ne sente la présence de mon jouet.

Le président est arrivé à ma hauteur, marchant entre ses gardes. Il y avait trois épaisseurs d'humains entre nous. J'ai glissé la main jusqu'à la crosse, sorti à demi l'arme de son étui, attendu que le mouvement des quidams enthousiastes m'ouvre un axe de tir.

C'est incroyable, le poids de l'habitude : ni le premier coup de feu, assourdissant, monumental, ni le vacarme titanesque du second, ni le recul répété du pistolet dans ma main n'ont arrêté le geste de mon doigt, la séquence invariable des trois coups, et là aussi j'ai murmuré « Bang, bang, bang ! » comme les balles tuaient le président, frappant au ventre, au cœur, à la mâchoire.

Après, ce fut l'ensevelissement sous les corps, mes bras tordus dans mon dos, mon visage écrasé sur le sol, l'horreur et l'hystérie de la foule. Je ne sais combien de temps ils m'ont tenu ainsi, mais juste avant que les gardes me submergent tout à fait, j'ai vu deux choses, enregistré deux images que je garderai jusqu'au bout.

Là où je m'étais tenu, un peu de fumée stagnait, sortie de l'arme ressuscitée.

Et puis, derrière une fenêtre, à quatre ou cinq étages de moi, il y avait deux personnes immobiles, observant ensemble cet instant d'histoire. L'une d'elles était Myriam.

Quant à l'autre, je ne l'ai pas reconnue tout de suite, même si j'étais certain de l'avoir déjà vue. Ça m'est revenu plus tard ; c'était, avec vingt de plus, le plus jeune des deux hommes qui m'avaient interrogé à l'école, après l'histoire du mont Sarawan.

Aiguille

La seule chance, d'après mon avocat, c'est de plaider la démence. Mais ce sera difficile. Ce qui revient à dire que selon toute vraisemblance, je finirai sur une civière, avec une aiguille dans le bras.

Ils voudraient comprendre. Je leur ai tout raconté, à lui, et d'abord aux policiers qui m'ont interrogé cent fois. Ils ne me croient pas. Ma capacité de me faufiler dans des périmètres contrôlés avec une arme chargée, ça, ils sont bien obligés de l'admettre. Mais le reste…

Il faut se mettre à leur place. En fouillant mon appartement, ils n'ont pas trouvé l'arme neutralisée, ni l'album de cuir noir, ni le matériel dont je me suis servi pour transformer le Pratt en appareil photos.

L'école n'a conservé aucune trace de l'entretien que j'ai eu avec les deux hommes, dont celui qui se trouvait avec Myriam à Ocean Plaza. Monsieur Ritter, le principal, est mort depuis onze ans.

Et la seule Myriam Lissing qu'ils ont retrouvée repose depuis un demi-siècle dans un cimetière abandonné, quelque part dans le Nord-Ouest.

Ils ont trouvé, par contre, un permis d'acquisition pour un Pratt Defender parfaitement opérationnel. Pas de trace du document certifiant que j'avais acquis une arme inoffensive. Manque de chance, l'armurier chez qui je l'ai achetée est décédé deux jours avant que je tue l'un de nos plus grands présidents.

Je crois que l'idée de la mort ne m'a jamais fait peur. Il m'arrive de penser que j'arriverai devant elle et que cette grande conne avec sa faux ne me verra même pas.

Parfois, dans le silence de ma cellule, je me dis que je pourrais suivre mon avocat, la prochaine fois qu'il se lèvera et quittera la pièce où je le rencontre. Il ne réaliserait pas que je marcherais à deux pas de lui, et les gardes ne me repéreraient pas davantage.

C'est de la connerie, bien sûr. Ça ne pourrait pas marcher parce qu'ils sont totalement concentrés, focalisés sur moi, parce que je suis la première chose qui leur vient à l'esprit quand ils se réveillent. Ils surveillent l'assassin du président. Je suis le sommet de leur carrière.

Mais je sais ce que je ferais, si j'arrivais à sortir de cette prison, en attendant qu'ils me reprennent. J'irais manger au Shalimar. Un gigot de lotte. Et je donnerais quelques tours de poivrier au-dessus de mon assiette.

Ce qui me manque le plus, ici, je crois bien que c'est le poivre.

Comme une fumée,

Première parution : *Galaxies*, N° 34, septembre 2004

Les auteurs

par Jean-François Thomas

Léon BOPP

Une fable

Léon Bopp (1896-1977), écrivain et philosophe, est né à La Chaux-de-Fonds et mort à Grange-Canal (Genève).

Il passe ses années d'enfance et de jeunesse à La Chaux-de-Fonds, puis étudie les lettres à l'Université de Genève, et enfin, dès 1915, à l'École normale supérieure de Paris. D'abord journaliste en Angleterre, de 1920 à 1922, il revient en Suisse pour rédiger, en spécialiste incontesté, une thèse magistrale sur Amiel. Il obtient le doctorat ès lettres à la Sorbonne en 1926. La même année, il s'installe dans sa maison de Grange-Canal, qu'il ne quittera plus.

La majeure partie de son œuvre de romancier, philosophe et essayiste sera publiée dans la *Nouvelle revue française* à laquelle il collabore. Son œuvre est riche de plus de trente volumes, du roman à l'essai politique, du théâtre au traité pédagogique en passant par la satire et des études sur Amiel et Baudelaire.

Léon Bopp est l'auteur d'épais romans, qu'il parsème d'éléments conjecturaux. Ainsi, dans *Jacques Arnaut et la somme romanesque* (1933), il a eu l'idée d'écrire le roman d'un écrivain en incluant dans ledit roman les œuvres dudit écrivain sous forme d'analyse ou de nouvelles. On y trouve, entre autres, la création d'une Compagnie internationale contre la guerre (qui aboutit) ou un peuple télépathe qui vit dans le Matto Grosso.

Mais son œuvre la plus importante est sans conteste le roman-fleuve *Liaisons du monde: roman d'un politique* (1938-1944). En près de deux mille pages, il réussit le tour de force de construire une uchronie unique en son genre. *Liaisons du monde* est le monument de la science-fiction suisse, un chef-d'œuvre uchronique, le seul de son genre : une histoire parallèle rédigée en même temps que la vraie, la tragique, se déroulait.

L'œuvre de Léon Bopp témoigne d'une extraordinaire puissance de création. Il a aussi écrit quelques courtes nouvelles. *Une fable* est tirée de *Drôle de monde*, paru aux Éditions du Dialogue, à Genève, en 1940. Ce récit satirique conte la funeste rivalité de deux monarques, en un tourbillon d'imagination et d'inventivité langagière qui aurait fait les délices de San-Antonio !

Les archives de Léon Bopp sont déposées à la Bibliothèque de La Chaux-de-Fonds.

Bernard COMMENT

Château d'eau

Bernard Comment est né le 20 avril 1960 à Porrentruy. Ce fils du peintre Jean-François Comment est un homme aux multiples talents. Romancier, essayiste, directeur de la fiction à France culture, éditeur, scénariste pour plusieurs films d'Alain Tanner, il avait auparavant passé cinq ans à Florence comme Lecteur auprès de l'Université de Pise, fait du journalisme sportif, et passé une année à Rome comme pensionnaire de la Villa Médicis. Écrivain suisse établi à Paris, il publie son premier roman, *L'Ombre de mémoire*, en 1990 chez Christian Bourgois. Il a suivi les cours de Jean Starobinski et de Roland Barthes, auquel il a consacré un de ses essais. Pour la petite histoire, il a aussi été secrétaire de l'Association suisse de football dans les années quatre-vingt-dix. Enfin, il a été distingué à plusieurs reprises par des prix littéraires : Prix Lipp (1990), Prix de la République et Canton du Jura (1991), Prix du Canton de Berne pour l'ensemble de son œuvre.

Au XIIIe siècle, la Suisse est née d'une rébellion contre le pouvoir central des Habsbourgs. Aujourd'hui, le pays ne fait pas encore partie de l'espace Schengen. La Suisse est une île au milieu de l'Europe. Issu du recueil *Même les oiseaux* (1998), *Château d'eau* est un récit de SF qui traite avec maestria de cette situation insolite. Mieux qu'un long discours, ce récit montre, avec un humour grinçant, tout l'absurde de cette situation.

Marie-Claire DEWARRAT

Le Trou

Écrivaine suisse d'origine fribourgeoise, Marie-Claire Dewarrat est née en 1949. Elle passe son enfance à Bex et fait des études à Saint-Maurice. Elle déménage ensuite à Châtel-Saint-Denis, où elle travaille comme ouvrière dans un atelier de cuir, avant de publier son premier recueil de nouvelles et de se faire connaître du public avec *L'été sauvage* en 1985 (Prix Bibliothèque pour tous en 1986). Depuis, elle se consacre pleinement à l'écriture. Auteur de plus d'une quinzaine de romans, de recueils de nouvelles et de poèmes, elle a aussi reçu le Prix Michel Dentan (1988) pour son roman *Carême*.

Marie-Claire Dewarrat trouve parfaitement sa place dans les littératures de l'imaginaire. Plusieurs de ses récits ressortent clairement au registre fantastique. En digne émule de Lovecraft ou de Borges, elle raconte des histoires dans lesquelles la réalité se trouve peu à peu contaminée par un dérèglement quelconque, qui fait glisser le récit vers les zones floues de l'étrange.

Le Trou, publié dans *En enfer mon amour* (1990) est à la fois une nouvelle de science-fiction et une histoire d'amour. Réfugiés sous terre suite à une catastrophe nucléaire, les survivants obtiennent du « gouvernement fragmentaire » le droit de sortir. Solis, le héros, adopte alors le comportement d'un Énée du futur.

Michel EPUY

Anthéa ou l'étrange planète

Michel Epuy est le pseudonyme de l'écrivain suisse Louis Vaury, né en 1876 et mort en 1943.

Dans ses *Souvenirs d'un homme de lettres* (1933) – ouvrage dans lequel il parle essentiellement de son enfance et non de son œuvre littéraire – sa bibliographie compte douze titres. Mais il publiera au moins six autres livres après cet ouvrage. Il est l'auteur de récits pour la jeunesse et de plusieurs recueils, dont une *Anthologie des humoristes anglais et américains du XVIIIe siècle à nos jours* (1920) et d'anthologies de pensées sur l'amour, les heureuses pensées (*Comment être heureux*, 1912) ou la nature, qui donnent une idée de ses intérêts. Romancier et conteur, il fut aussi traducteur, car trente-cinq volumes traduits sont signalés dans *Souvenirs d'un homme de lettres*.

Sa présence ici est due à une longue nouvelle intitulée *Anthéa ou l'étrange planète*. Publiée à l'origine en 1918 en revue, cette histoire fut éditée en volume dans la collection « la Plume de Paon » chez Delachaux & Niestlé sous forme d'un original petit livre-objet en 1923. L'écrivain français Serge Lehman, qui s'est récemment penché sur l'âge d'or de la science-fiction française, a redécouvert et publié cette histoire en 2006 dans son recueil *Chasseurs de chimères* aux Éditions Omnibus. Ce fait seul devrait suffire à prouver sa qualité.

Mais il y a plus. Le célèbre Rosny aîné a louangé ce récit lors de sa parution en magazine, car Michel Epuy se place directement dans les traces de ce maître. La description des trois règnes que le jeune héros rencontre sur la planète Anthéa – minéral, végétal et animal –, dont la caractéristique est de glisser l'un vers l'autre, retrouve ce ton mélancolique et lyrique qui révèle le pressentiment des choses à venir ainsi que la nostalgie de celles à jamais disparues...

Roger FARNEY

Les Anekphantes

Malgré mes recherches, il m'a été impossible de recueillir des éléments biographiques sur Roger Farney. Sa bibliographie nous éclaire davantage. Dans ses études sociologiques empreintes de mysticisme, Roger Farney tente de dégager les facteurs qui sont source de progrès pour l'humanité. Le problème de la conscience le préoccupe tout particulièrement. On connaît de lui quatre ouvrages, qui sont les suivants :

1. *Deux histoires fabuleuses*. V. Attinger, Paris, Neuchâtel, 1931. Contient *Les Anekphantes* et *La Double formule.*
2. *La Religion de l'empereur Julien et le mysticisme de son temps*. F. Alcan, Paris, 1934.
3. *Le Nous et le Moi*. Aubier, Paris, 1939.
4. *Consciences fugitives*. V. Attinger, Paris, Neuchâtel, 1956.

Comme nous l'avons exposé dans la préface, il existe peu d'extraterrestres dans les récits de science-fiction d'auteurs suisses romands. Quelques Martiens, des lunaires. Des banlieusards, en somme. Parmi ceux-ci, il faut citer les anekphantes que Roger Farney nous décrit dans tous leurs détails microscopiques. Ce sont des cellules vivant entre elles en symbiose, invisibles et sereines, qui figurent cependant parmi les plus originales créatures extraterrestres imaginées. Les anekphantes sont en effet très loin de l'anthropomorphisme primaire, vagues copies humaines, que l'on voit souvent dans les récits ou les films de science-fiction.

Gabrielle FAURE

Homo Ludens

Gabrielle Faure (1917-1996) est le pseudonyme de Marie-Rose Degoumois. Après des études de lettres à Berne et à Lausanne, elle travaille comme lectrice à l'Université de Lausanne, puis comme professeur jusqu'en 1977. À cette date, elle devient journaliste à la Radio Romande et collaboratrice au Service de presse suisse. Elle se fait connaître en 1979, avec un recueil de nouvelles à dominante fantastique, *Evora* – dont est extraite la nouvelle *Homo Ludens* – et un roman, *L'Excavation*, avec lequel elle s'inscrit dans la lignée naturaliste. Auteur de jeux radiophoniques, de pièces de théâtre et de radio, elle s'est également consacrée à la traduction d'auteurs alémaniques.

Elle a reçu de très nombreuses distinctions, notamment le Prix Schiller (1980) pour *Evora* et le Prix du Canton de Berne (1982).

Homo Ludens décrit une société idéale dans laquelle le travail est presque aboli. Mais…

Jean VILLARD GILLES

Le Feu de Dieu

Soucoupes volantes

Les Surhommes

Les Soudards

Jean Villard, dit Gilles, est né en 1895 à Montreux et mort en 1982 à Vevey. Acteur, compositeur et interprète suisse romand, Gilles est une des personnalités vaudoises les plus connues dans le monde. Poète, auteur, compositeur, humoriste, chansonnier, sa carrière est prestigieuse.

Le duo qu'il a formé avec Armand Maistre, sous le nom de « Gilles et Julien » (1932 à 1939), allait révolutionner le tour de chant tel qu'on le concevait au milieu des années trente. Ils transférèrent l'esprit et la technique de scène du théâtre dans leurs chansons, qui devinrent des sortes de mini-pièces en trois actes. Ils préparèrent ainsi la voie aux tours de chant de ceux qui ne se contentèrent plus de chanter n'importe quelle rengaine, mais d'axer leurs chansons vers un côté plus dramatique et plus engagé. Comme Juliette Gréco, Yves Montand ou les Frères Jacques, par exemple. En 1939, mobilisé, Gilles revient en Suisse. En 1940, il fonde le cabaret « Coup de soleil » à Lausanne, lieu de résistance au nazisme. De 1940 à 1948, ce fut le duo « Édith et Gilles », avec Édith Burger. En 1947, il ouvre le cabaret « Chez Gilles » à Paris, où il permettra à de nombreux débutants de faire leurs premiers pas : Jacques Brel, Michel Serrault, Jean Poiret, Henri Salvador, etc. Puis, après la disparition d'Édith, de 1948 à 1975, ce fut « Gilles et Urfer » avec Albert Urfer. Tout en continuant ses activités à Paris, il ouvre en 1956 un autre cabaret à Lausanne, appelé aussi « Chez Gilles ». Il ne reviendra définitivement en Suisse qu'en 1959.

En 1932, il écrit *Dollar*, première chanson engagée du XXe siècle. Plusieurs de ses chansons sont devenues célèbres. *Les Trois Cloches* (1940), chantée par Édith Piaf et les Compagnons de la chanson ; *Le Bonheur* (1948) ; *Le Männerchor de Steffisburg* (1949) ; *À l'enseigne de la fille sans cœur* (1951) ou encore *Nos colonels* (1958).

Gilles laisse derrière lui quelque trois cents chansons, poèmes et autres textes. Son poème, *La Venoge*, est un classique parmi les classiques.

À travers son œuvre multiforme, Gilles s'est parfois laissé tenter par l'anticipation. Les quatre chansons retenues ici le montrent avec clarté.

Rolf KESSELRING

Martien vole

Rolf Kesselring est né à Martigny le 26 octobre 1941. Il suit les cours de l'École normale, puis bifurque vers les métiers du livre. En 1969, il reprend une maison d'édition aux escaliers du marché à Lausanne et crée les Éditions Les Egraz avec Charles-Alphonse-Henri Roulin. La même année, il sort *Martiens d'avril*, contes de science-fiction rigolards inspirés par ceux de Fredric Brown. Ce livre sera republié en 1988 aux Éditions Pierre-Marcel Favre et deviendra même un feuilleton radiophonique. Entre 1969 et 1972, Rolf Kesselring fonde les librairies La Marge avec André Malby. Il démarre à Paris comme éditeur de bande dessinée pour adultes puis ouvre six librairies en Suisse romande. Co-auteur de plusieurs bandes dessinées, il écrit des nouvelles et des romans : *La Quatrième Classe* (1985), *Putain d'amour* (1986), *Ça commence dans le ventre de sa mère* (1987), *Lettre à Mathieu* (1991), *Piège* (2004). En tant qu'éditeur, il a participé de près à la mouvance politique de la science-fiction française à la fin des années septante (1977 à 1980), en publiant la collection « Ici & maintenant » dirigée par Bernard Blanc et le périodique *Alerte !* À ce titre, il a été un découvreur de nombreux dessinateurs et écrivains devenus célèbres depuis, comme Gilles Vigneault, Roland Topor ou Jean-Claude Forrest. En 1990, il reçoit un hommage spécial Plans-Fixes de la Fondation vaudoise pour la promotion et la création artistique.

Tiré de *Martiens d'avril*, contes écrits en prison, *Martien vole* est un conte drolatique qui narre les aventures d'un cambrioleur aidé par un Martien. Enfin, aidé... L'art d'écrire de Rolf Kesselring s'y dévoile pleinement, style marqué par la tchatche et un côté truculent ; tout le charme de l'auteur.

Claude LUEZIOR-DESSIBOURG

Granules

Claude Luezior-Dessibourg est le pseudonyme de Claude-André Dessibourg, médecin neurologue et chargé de cours à l'Université de Fribourg, né à Berne en 1953.

Médecin le jour, écrivain matin et soir, sa bibliographie touche à tous les domaines de la littérature : romans, nouvelles, poèmes, textes d'anthologie. De nombreuses revues littéraires ont sélectionné les textes de cet écrivain fécond et talentueux.

Son premier roman, *Monastères*, a été d'emblée remarqué et récompensé par deux prix : le Prix Marcel Grancher (1985) et le Prix européen de l'Association des écrivains de langue française (1995). Par ailleurs, Claude Luezior-Dessibourg accumule les prix de poésie, dont le Prix Maïse Ploquin-Caunan 2001 attribué par l'Académie française pour son recueil *Fragile*. À ce jour, il a publié plus d'une trentaine d'ouvrages.

Ses livres tirent leur substance à la fois de l'expérience du médecin et de celle du poète et de l'artiste. En bon observateur de la nature humaine, ses textes sont remplis d'humanisme et de compréhension pour les êtres qui souffrent. Un style tissé d'humour, de dérision et de tendresse. Une écriture comme prolongement et approfondissement de la relation qui unit le praticien à son patient, au point qu'un critique a pu dire : « La littérature de Luezior est une médecine douce. »

Ce chevalier de l'Ordre national des arts et des lettres est aussi intéressé par la symbiose avec d'autres arts comme la peinture ou l'art fantastique et a publié quelques ouvrages en collaboration avec des artistes.

Venise et autres contes fantastiques a reçu le Prix Voltaire 2000. Ce recueil de nouvelles réunit en ses pages plusieurs contes en autant de critiques de nos sociétés contemporaines. *Granules* revisite avec un humour caustique et rafraîchissant un thème ô combien présent dans tous les récits de l'âge d'or de la science-fiction : les pilules nourrissantes ! Mais en observant de près leurs effets...

Sylvie NEEMAN ROMASCANO

Mais aussi un cadenas, des menottes, une bille et un désir

Sylvie Neeman Romascano est née à Lausanne le 9 mai 1963, ville dans laquelle elle a effectué sa scolarité et mené à bien ses études de lettres. Elle a donné des cours de français et de littérature et collaboré à la revue *Écriture*. Actuellement rédactrice responsable de la revue *Parole*, organe de l'Association romande de littérature pour l'enfance et la jeunesse (AROLE), elle vit à Clarens, dans le canton de Vaud.

Elle reçoit le Prix de la Bibliothèque pour tous 2002 pour son premier roman *Rien n'est arrivé* (Éditions Denoël, 2001). D'une écriture très accomplie, ce roman remarqué évoque la dérive d'une jeune femme appelée auprès de son père mourant, voyage marqué par des péripéties révélatrices.

Publié en 2003 dans le recueil *Écrire au futur antérieur: l'archéologie du futur en nouvelles*, ouvrage collectif produit par le Musée romain de Lausanne-Vidy à l'occasion d'une exposition tentant d'imaginer l'archéologie du futur, *Mais aussi un cadenas, des menottes, une bille et un désir* est un beau texte de science-fiction. Sous forme épistolaire, cet émouvant récit, empli de poésie et de nostalgie du temps passé, prouve l'existence des « cages à écrivains », en un temps où les hommes vénéraient les clés…

Si l'archéologie est une science difficile, le rythme de la phrase de Sylvie Neeman Romascano est envoûtant !

Georges PANCHARD

Comme une fumée

Imaginez la situation suivante: la plus prestigieuse collection de science-fiction, « Ailleurs & Demain », dirigée depuis 1969 de main de maître par Gérard Klein aux Éditions Robert Laffont, n'a plus publié de roman de science-fiction francophone depuis 1985, estimant la qualité de la production insuffisante pour entrer dans le cadre de la collection.

Et soudain, en 2005, paraît *Forteresse*, de Georges Panchard, fribourgeois né en 1955, qui n'avait jamais publié de roman auparavant ! L'onde de choc provoquée par cette publication peut encore se ressentir aujourd'hui. C'est dire la qualité de l'ouvrage. Voici ce qu'en dit Jean-Louis Kuffer, dans un article de *24 Heures* du 14 mars 2005 :

Cet "amateur" pourrait en remontrer aujourd'hui, du point de vue de la narration, de la construction polyphonique, de la psychologie, de l'intelligence thématique et de l'écriture, à une kyrielle d'écrivains ou supposés tels: Forteresse*, écrit en sept ans, est en effet d'un superpro ! {...} C'est dans sa vision globale, son intelligence acérée voire tordue, et l'elliptique beauté de son écriture, que* Forteresse *en impose le plus.*

Georges Panchard est probablement le meilleur écrivain suisse de science-fiction actuel. *Forteresse*, un techno-thriller futuriste et haletant, est en vérité un récit sur la perversion de la mémoire, thème que l'auteur avait déjà exploité dans quelques-unes de ses nouvelles. Car Georges Panchard est un excellent nouvelliste, qui écrit depuis plus de vingt ans. La moitié de sa dizaine de nouvelles a déjà été reprise en anthologies. Il faut dire que Georges Panchard a du style, un fort sens de l'esthétique, un goût avéré pour le détail insolite, qu'il met au profit d'une écriture elliptique et racée.

Comme une fumée (*Galaxies* N° 34, 2004) est son avant-dernière nouvelle publiée. Je l'ai retenue, car elle se déroule dans le même univers, à peu de choses près, que celui de *Forteresse*. Le décor peu réjouissant, très inquiétant, très crédible, d'un futur proche…

Les Cercles intérieurs, sa dernière nouvelle, a paru en été dans la revue *Galaxies*, nouvelle série, N° 1.

Wildy PETOUD

La Maison de l'araignée

Wildy Petoud est « venue au monde au solstice d'hiver 1957, à la lune noire ». Son activité littéraire s'est entièrement déroulée dans les domaines du fantastique et de la science-fiction. Elle est l'auteur de deux romans, *La Route des soleils* (Éditions Fleuve noir, 1994) et *Tigre au ralenti* (Éditions Destination Crépuscule, 1997). Auteur de huit nouvelles, elle a reçu pour l'une d'entre elles, *Accident d'amour* (1992), le Grand Prix de l'imaginaire et le Prix Rosny aîné en 1993, deux prestigieuses récompenses décernées par les spécialistes francophones des littératures de l'imaginaire.

La Maison de l'araignée (1986) est sa première nouvelle publiée – sélectionnée par Philippe Curval pour figurer dans une anthologie consacrée aux auteurs débutants, *Superfuturs* (Éditions Denoël, 1986). Curval dit avoir retenu sa nouvelle parce que « ce texte ne ressemble à rien de connu », ajoutant même que « son écriture est plus large que sa surface et son talent plus important que son volume ». Il précise aussi que Wildy Petoud ressemble tellement à sa nouvelle « qu'il est difficile de ne pas confondre l'écrivain et l'œuvre ».

On comprendra que Wildy Petoud est une auteure originale et atypique, inclassable et déroutante. *La Maison de l'araignée* donne, en effet, un solide aperçu de son talent.

La science-fiction, ce ne sont pas que des aventures spatiales. Ce peut être, aussi, de la « fiction spéculative » : un espace dans lequel la littérature se réinvente à travers le délire intime et l'invention verbale.

Cette Valaisanne d'origine s'est exilée et vit actuellement aux États-Unis.

Jacques-Michel PITTIER

Ego Lane

Originaire de Bex, Jacques-Michel Pittier est né le 26 mars 1955 à Aigle. Après des études de lettres et d'archéologie à l'Université de Lausanne, il se consacre au journalisme et à l'écriture. De 1992 à 2000, il est rédacteur en chef de la *Revue musicale de Suisse romande*. Il est également cofondateur du journal littéraire *Le Passe-Muraille*, qui rend compte de l'activité littéraire de ce pays et d'ailleurs et paraît cinq fois l'an.

Il a commencé par publier des recueils de nouvelles, dont *La Corde raide* (1980) et *L'An de grâce* (1981). Puis il est passé au roman, avec *Kriegspiel ou Le jeu de la guerre* (1982) et *Les Forçats* (1988). Il a aussi publié deux livres d'entretiens, l'un avec l'éditeur Albert Mermoud, le second avec l'écrivain Étienne Barilier, ainsi qu'un recueil de poèmes, *New York calligramme* (1988). Sa passion pour la musique l'a amené à écrire ensuite *L'Homme de musique: portrait de Victor Desarzens* (1992) et *Une histoire en crescendo: la musique classique à Lausanne* (2000).

La Corde raide, publié au début de sa carrière, est un recueil de contes fantastiques. On y trouve *Ego Lane*, petit récit dans lequel Jacques-Michel Pittier plonge avec fantaisie et originalité au cœur de la Création.

Odette RENAUD-VERNET

Ce jour-là

Odette Renaud-Vernet est née en 1932 et décédée en 1993. Après une licence en lettres obtenue à l'Université de Lausanne, elle a exercé les professions de journaliste, d'enseignante et de critique littéraire. Grande voyageuse, elle a vécu aux États-Unis où elle a étudié l'ethnologie et travaillé pour plusieurs journaux. De retour en Suisse, elle a obtenu une seconde licence en égyptologie.

Sa bibliographie se compose des titres suivants :

1. *Trois heures de présence.* Récits. Éditions d'Aujourd'hui, Lausanne, 1959.
2. *Récit des peuples sauvages*, Éditions J. Corti, Paris, 1966.
3. *Les temps forts.* Récit autobiographique. Éditions de l'Aire, Lausanne 1974.
4. *Xannt. Contes fantastiques.* Éditions de l'Aire, Lausanne, 1979.
5. *Le Scribe de Ramses II*, Éditions Sillages/N. Blandin, Paris, 1993.

Sous le pseudonyme de Philodette, elle a aussi écrit un poème en compagnie de son mari Philippe Renaud, professeur à l'Université de Genève.

Ce jour-là raconte – y a-t-il thème plus classique que celui-ci en science-fiction – la fin du monde. Mais d'une manière très originale, à travers une journée morne et terne comme le sont toutes celles que vit Benoît Bérard (dit Bébé), fonctionnaire et suisse moyen. Ce 27 octobre, chez le couple Bérard, tout s'est arrêté à midi cinquante-neuf. Une fin du monde calme et tranquille, sans pathos ni effets spéciaux façon Hollywood.

Une fin du monde suisse, en quelque sorte.

Édouard ROD

*L'Autopsie du docteur Z****

Né à Nyon en 1857 et mort à Grasse en 1910, originaire de Ropraz, Édouard Rod est un écrivain, critique littéraire, journaliste et professeur suisse.

En 1878, il monte à Paris, bien décidé à réussir une carrière littéraire. Ami et disciple de Zola, il commence sa carrière en écrivant des romans naturalistes.

En 1884, il devient rédacteur en chef et éditeur de la *Revue contemporaine*. Critique réputé, il collabore à plusieurs périodiques, dont *Le Figaro*, *Le Journal des débats*, *La Revue des deux mondes* et *La Semaine littéraire* (Suisse).

De 1887 à 1893, il occupe le poste de professeur de littérature comparée à l'Université de Genève.

Auteur de vingt-six romans, Édouard Rod est un des principaux littérateurs de Suisse romande. D'abord chantre du naturalisme, il se caractérisera dans son œuvre par l'analyse des motifs psychologiques et moraux: cas de conscience, lutte entre passion et devoir, vertus du renoncement.

Élu à l'Académie française, il déclinera cet honneur qui l'aurait contraint à prendre la nationalité française et à abandonner sa nationalité suisse.

Auteur tombé dans l'oubli, l'influence de Rod sur la littérature romande a été grande. On redécouvre cependant Édouard Rod aujourd'hui. Son nom est perpétué par un prix littéraire créé par Jacques Chessex et qui est décerné tous les deux ans à Ropraz depuis 1996.

En 1884, Édouard Rod publie *L'Autopsie du docteur Z****, un recueil de nouvelles dont la première donne son titre au recueil. Dans son *Encyclopédie de l'utopie, des voyages extraordinaires et de la science-fiction*, Pierre Versins dit : « C'est une nouvelle que l'on peut rapprocher de la nouvelle de Villiers De L'Isle Adam *Le secret de l'échafaud*, parue dans *Le Figaro* en octobre 1883 : le cerveau ne meurt que sept jours après la mort du corps. Un médecin a inventé un appareil pour déceler, ainsi, les pensées des défunts et il l'a expérimenté sur un suicidé. »

Vie après la mort, immortalité, Édouard Rod traite admirablement bien d'un sujet qui ne cesse de hanter religion et science-fiction.

Noëlle ROGER

Les Secrets de Monsieur Merlin

Il aurait été regrettable de ne pas voir Noëlle Roger figurer dans cette anthologie. Elle est, en effet, quantitativement (avec Léon Bopp), l'écrivain qui a le plus publié de science-fiction en Suisse.

Noëlle Roger est le pseudonyme d'Hélène Pittard-Dufour, née en 1874 et décédée en 1953. Dans le domaine qui nous intéresse ici, elle est l'auteur de huit romans de science-fiction et d'un recueil de nouvelles, mais son œuvre est plus vaste. Elle partageait un intérêt commun pour la préhistoire avec son mari, Eugène Pittard (1867-1962), professeur d'anthropologie à l'Université de Genève. Dans ses livres, elle a abordé plusieurs thèmes chers à la science-fiction. *Le Nouveau Déluge* (1922), son premier roman d'anticipation, qui conte la fonte des glaces aux pôles et l'affaissement du plateau continental européen, semble étrangement actuel avec les craintes liées au réchauffement planétaire... *Le Nouvel Adam* (1924) est un surhomme. *Celui qui voit* (1926) acquiert le pouvoir de lire l'avenir. *Le Soleil enseveli* (1928), son chef-d'œuvre, voit resurgir l'Atlantide et sa science oubliée. Audacieuse, Noëlle Roger n'hésite pas à retrouver un monde perdu au beau milieu des Alpes valaisannes avec *La Vallée perdue* (1939). Elle est aussi l'auteur de : *Le Livre qui fait mourir* (1927), *Le Chercheur d'ondes* (1931) et *Le Nouveau Lazare* (1935).

Avant leur édition en volume, les romans de Noëlle Roger paraissaient souvent la même année dans la revue hebdomadaire *La Petite Illustration*.

Plus à l'aise dans la dimension romanesque que dans le récit court, Noëlle Roger a cependant laissé quelques nouvelles. Issue du recueil *Au seuil de l'invisible* (Éditions Victor Attinger, 1949), *Les Secrets de Monsieur Merlin* traite de la télévision et de la communication à distance. Noëlle Roger semble avoir été fascinée par les ondes et leurs formidables possibilités, que ce soit de manière scientifique, comme ici, ou sur un plan parapsychologique. La plupart de ses héros sont en effet de simples mortels auxquels un pouvoir quasi divin a été conféré. Voulant s'en servir pour faire le bien, ils ne parviennent qu'à rendre l'humanité plus malheureuse encore.

Le rôle de l'homme dans la société, le rôle de la science dans la transformation de l'homme, telles sont les préoccupations de Noëlle Roger qui s'inquiète du devenir de la spiritualité dans un monde mécanisé et scientifique. « La science, que nous substituons à Dieu, nous fait commettre des crimes. » À elle seule, cette phrase résume l'idée récurrente que Noëlle Roger, disciple de Jean-Jacques Rousseau, développe dans ses œuvres d'anticipation.

Les Secrets de Monsieur Merlin donne cependant une image positive de la science.

François ROUILLER

Délocalisation

François Rouiller est sans conteste l'une des figures majeures de la science-fiction suisse. Homme aux multiples talents, ce pharmacien né en 1956 possède la rare faculté d'être à l'aise et reconnu dans plusieurs domaines. Dessinateur réputé, il a illustré plusieurs livres, dont la couverture de celui-ci. On peut admirer son travail graphique dans *Après-demain : 100 vues imprenables sur le futur* (L'Atalante, 2002) et apprécier son humour décapant. Plusieurs expositions en Suisse et à l'étranger ont présenté ses œuvres. Il a aussi réalisé des décors de théâtre.

Cet artiste emploie la plume autant pour dessiner que pour écrire. Il a ainsi rédigé plusieurs nouvelles, publiées en anthologies ou dans des revues spécialisées en France, au Québec et en Suisse. Enfin, « last but not least », François Rouiller est encore un essayiste de génie. Il a ainsi sorti un essai sur les drogues dans la science-fiction, *Stups & fiction : drogue et toxicomanie dans la science-fiction* (Encrage, 2002), mariant ses connaissances professionnelles à sa passion et un gros ouvrage de vulgarisation destiné au grand public, *100 mots pour voyager en science-fiction* (Les Empêcheurs de penser en rond, 2006), qui a reçu le Grand Prix de l'imaginaire 2007, catégorie « Essai ». Brillant conférencier, il a animé plusieurs colloques où les gens ont pu apprécier son savoir, sa bonhomie et sa chaleur tranquille. Il a aussi été l'un des piliers de la Maison d'Ailleurs, le musée de l'utopie, des voyages extraordinaires et de la science-fiction, présidant successivement le comité de l'Association des Amis de la Maison d'Ailleurs, puis son conseil de fondation, dont il est longtemps resté membre.

Pour en savoir plus sur cet homme-orchestre, il est possible de visiter son site www.noosfere.com/rouiller/.

Le protagoniste de *Délocalisation* (*Galaxies* N° 32, 2004) est un journaliste détestable, privé de toute chaleur humaine. Une enquête va le conduire à affronter l'empathie dans ce qu'elle peut avoir de plus fort. C'est un défi de lire *Délocalisation* sans avoir les larmes qui viennent aux yeux.

François Rouiller vit à Rivaz.

Albert ROULIER

La Grande Découverte du savant Isobard

Pas de renseignements biographiques sur Albert Roulier ; je n'en ai point trouvé. En revanche, sa bibliographie nous éclaire davantage.

Dans la première moitié du XXe siècle, Albert Roulier a écrit des nouvelles et des poésies. Il a surtout été auteur de théâtre, se spécialisant dans les « vaudoiseries », pièces mettant en scène des personnages paysans ou montagnards dans leur cadre naturel. Le tome II de l'*Histoire de la littérature en Suisse romande*, publié sous la direction de Roger Francillon, nous apprend que « Bien d'autres auteurs obtiennent un fort succès populaire, comme Albert Roulier et Charles Rieben, qui publient une dizaine de pièces au début des années trente, seuls ou en collaboration (sous les pseudonymes de Grattesillon et Dujardin) » (p. 338). Certaines de ses pièces comportent des éléments musicaux, avec l'appoint de chœur. Par ailleurs, Albert Roulier a écrit plusieurs livres d'histoire, dont *Jean-Marc Bussy, appointé voltigeur* ou *Mon premier livre d'histoire* en collaboration avec A. Regamey. Dans la même ligne, il a rédigé un opuscule sur *Le Cercle démocratique de Lausanne: 1843-1943*. Ce fin connaisseur du mouvement radical a aussi été un collaborateur régulier, « apprécié pour son humour », de *La Revue*, journal du parti radical.

Albert Roulier est donc un écrivain vaudois bon teint, bien ancré dans la culture du Pays de Vaud et ses traditions.

Et pourtant. Son recueil de nouvelles intitulé *Sous le vieux tilleul: histoires de chez nous*, paru chez Victor Attinger en 1938, fait la part belle à l'imaginaire. On trouve des éléments conjecturaux dans quatre récits au sommaire de ce recueil: *Autres temps…*, *Le Rêve du paysan*, *Voyage de Gulliver au pays des Vohdouas* et *La Grande Découverte du savant Isobard*.

Cette grande découverte qui montre que tout progrès scientifique n'est pas forcément bon à révéler… mais aussi, avec humour, que nul n'est prophète en son pays.

Table